L'ORIGINE
DE LA PENSÉE
ET
DE LA PAROLE

ÉTUDE

PAR

M. MONCALM

" Language is the autobiography of the human mind."
The Science of Thought.

" Language is our Rubicon which no brute will dare to cross."
The Science of Language.

MAX MÜLLER.

PARIS
ANCIENNE LIBRAIRIE GERMER BAILLIÈRE ET Cⁱᵉ
FÉLIX ALCAN, ÉDITEUR
108, BOULEVARD SAINT-GERMAIN, 108

1900

2043

8°R
16675

L'ORIGINE
DE LA PENSÉE
ET
DE LA PAROLE

Ouvrages qui ont servi à la rédaction de ce travail.

MAX MÜLLER

Origin and growth of Religion.
Chips from a german workshop.
The science of Thought.
The science of Language.
Natural Religion.
Physical Religion.
Anthropological Religion.
Introduction to the science of Religion.
Theosophy, or Psychological Religion.

CH. DARWIN

Origin of Species.
The Descent of Man.

L. NOIRÉ

Der Ursprung der Sprache.
Die Lehre Kants und der Ursprung der Vernunft.

L'ORIGINE
DE LA PENSÉE
ET
DE LA PAROLE

ÉTUDE

PAR

M. MONCALM

" Language is the autobiography of the human mind. "
The Science of Thought.

" Language is our Rubicon which no brute will dare to cross. "
The Science of Language.

Max Müller

PARIS
ANCIENNE LIBRAIRIE GERMER BAILLIÈRE ET Cie
FÉLIX ALCAN, ÉDITEUR
108, BOULEVARD SAINT-GERMAIN, 108
—
1900
Tous droits réservés.

ERRATA

P. 38, ligne 18 : *au lieu de* tentation, *lisez* : tentative.
P. 47, ligne 20 : *au lieu de* l'un deux, *lisez* : l'un d'eux.
P. 130, ligne 6 : *au lieu de* du, *lisez* : dû.

ORIGINE
DE LA
PENSÉE ET DE LA PAROLE

INTRODUCTION

En ouvrant les yeux le matin, et pendant que je lutte encore avec un reste de sommeil, j'entrevois ce que la journée me tient en réserve ; mais ce sont des images très confuses, et ma volonté n'y a aucune part.

Depuis longtemps je suis poursuivi de l'idée que les facultés mentales de la généralité des hommes n'ont pas encore réussi à secouer une sorte de torpeur qui rappelle l'état d'une personne sortant à peine du sommeil ; la supposition que cette torpeur empêche notre esprit d'atteindre le degré de lucidité auquel il a le droit de prétendre, est peut-être chez moi une hallucination ; mais il se pourrait que j'aie trouvé juste.

Combien d'idées indistinctes traversent en un seul jour mon cerveau sans s'y arrêter, et qu'elles sont rares, celles dont je tâche de suivre le fil ! nous connaissons l'injonction très commune qu'adressent les parents à leurs enfants, et les maîtres d'école à leurs élèves : « Apprenez à appliquer votre attention ! » On dirait vraiment que ce qu'on peut raisonnablement exiger de l'enfance est au-dessus de mes forces ; car à peine ai-je pris la résolution de débrouiller une question quelconque, que les obstacles, sous forme de pensées inutiles, futiles, ineptes, s'entassent en travers de mon chemin. J'en conclus que cette fatale somnolence paralyse mes facultés.

Lorsqu'il s'agit de réveiller un individu qui ne veut pas qu'on le dérange, on le secoue fortement ; quel est le moteur qui imprimerait à un homme mentalement assoupi un mouvement assez énergique pour lui donner conscience de lui-même ? Je n'en vois point qui puisse lui venir du dehors ; et un effort personnel ne se peut attendre d'une volonté engourdie.

Et pourtant, je suis possédé du besoin de pénétrer le mystère de mon existence ; je me demande ce que je suis et pourquoi je me trouve sur cette terre ; du moment que je m'adresse cette question, j'ai tout lieu de supposer que le réveil n'est pas impossible pour moi. Je sais deux classes de gens qui ne se font jamais cette question : ce sont d'abord les personnes qui ne se doutent même pas qu'il y aurait là un problème à résoudre ; puis, celles qui s'en tiennent à un enseignement plus ou moins enfantin et superficiel, ou plus ou moins élaboré et savant, mais, en tout cas, issu d'une autorité qui se présente comme étant dépositaire d'une somme de vérités surnaturellement révélées. Je constate que je n'appartiens pas à la première de ces classes, parce que je n'aurai pas de repos tant que j'ignorerai ce qui se passe en moi et autour de moi ; je n'appartiens pas non plus à la seconde classe, car celle-ci se contente de croire ; mais croire n'est pas savoir, et je veux savoir ce qui, à l'heure qu'il est, a déjà pu être découvert, être su et avéré. Mais comment m'astreindre à ce travail de recherche, quand l'état habituel de mes pensées est de flotter au gré de mes impressions, et que mon esprit me semble incurablement distrait ?

Nous vivons dans une atmosphère d'idées de toutes espèces ; d'idées vraies et fausses, bonnes et mauvaises ; elles pullulent dans l'air que nous respirons ; elles sont comme ces graines ailées des synanthérées que la moindre brise soulève dans les jours d'automne et qu'elle emporte au loin ; nous n'y faisons pas autrement attention ; mais s'il arrive à quelques-unes de ces graines de s'accrocher à nos vêtements, nous remarquons combien leurs formes diffèrent les unes des autres.

Parmi cette foule d'idées errantes dans l'espace, se trouve cet aphorisme : que nous ne connaissons jamais une chose tant que nous en ignorons le commencement ; ou en d'autres termes, en l'envisageant à un point de vue pratique : celui qui veut apprendre à faire une chose, quelle qu'elle soit, doit savoir par où la commencer. Cette vérité date de si loin que nous ne nous souvenons même pas d'une époque où elle aurait été absente de notre esprit ; seulement, elle a eu le sort de tant d'autres vérités avec lesquelles nous nous sommes si bien familiarisés qu'elles semblent n'avoir plus rien à nous apprendre ; et cet aphorisme est presque à nos yeux un vieux radoteur qu'on peut laisser parler, mais qu'on se garde d'écouter.

Quant à moi, il m'est précieux, parce qu'il vient à l'appui de ma conviction que le brouillard qui m'empêche de distinguer les objets ne se dissipera pas que je n'aie remonté jusqu'à la source de certaines énigmes ; je sais par expérience que peu de phénomènes se laissent expliquer, quand on les examine tels qu'ils apparaissent à un moment donné, et que peu de questions ardues s'éclaircissent, tant qu'on ignore le point où elles prirent naissance.

Comment se fait-il qu'en dépit de circonstances aussi défavorables, l'humanité, marchant à l'aventure, les yeux à demi fermés, puisse progresser ? car le progrès est indubitable ; la conscience publique s'est développée et son action se fait sentir ; les nations civilisées sont devenues plus humaines ; elles comprennent mieux qu'on ne le faisait autrefois que la paix profite plus que la guerre ; certains problèmes sociaux sont sérieusement discutés, et quelques-uns sont en voie de se résoudre. Dans les sciences physiques, comme dans les arts mécaniques, le progrès est même frappant. Mais je crois comprendre que si l'imagination, l'observation et le génie de l'invention ont leur part dans ce progrès, la simple capacité d'imiter en est un puissant facteur. Quand William Herschel abandonna la musique pour l'astronomie, il perfectionna les instruments d'optique dont on se servait jusque-là, confectionna d'excellents télescopes d'un prix relativement modique, ce qui fit que les astronomes contemporains, et leurs successeurs s'adonnèrent à l'étude avec plus de facilité et d'entrain, et que la découverte d'Uranus fut bientôt suivie de la découverte d'un grand nombre de corps célestes. Et encore : tout le monde a pu voir, à une des expositions universelles de notre époque, le modèle tout à fait nouveau d'un appareil destiné au transport des blessés sur les champs de bataille ; depuis lors, chaque pays exposa son propre modèle déjà perfectionné, et les victimes de ce reste de barbarie qui est la guerre, bénéficièrent d'un progrès uniquement dû à l'art d'imiter.

Bref, le progrès existe, mais non pas sur toute la ligne. Comme la pensée, dans son propre domaine, travaille lentement, la science mentale est en retard; on n'imite pas une idée juste ; il faut la cultiver pour qu'elle porte fruit ; mais de quelle culture pourrait-il s'agir, si nous ne discernons qu'avec difficulté la limite qui sépare ce que nous connaissons déjà de ce que nous ne connaissons pas encore, alors que cette distinction est une condition indispensable du progrès conscient ?

En dehors de nous, tout conspire à nous retenir dans cette pénombre si favorable à l'inertie, à l'ignorance, au sommeil. Certains groupes d'idées philosophiques se condensent et se systématisent ; il peut y avoir des systèmes où il ne se rencontrera qu'une ou deux grandes idées. Cela suffit assurément ; celles-là restent, fermentent et dirigent les générations contemporaines et futures ; mais il arrive souvent que ces mêmes idées tombent dans des cerveaux mal préparés à les recueillir, dévient de leur chemin, s'égarent à mesure qu'elles avancent, et finissent par se travestir de telle sorte qu'il n'est plus possible de savoir ce qu'elles étaient à l'origine ; il s'est opéré un mouvement d'écart dont pâtissent les contemporains, et dont souffriront à plus forte raison les gens qui viendront plus tard. Ainsi croît le volume de toutes choses, le volume de la vérité et le volume de l'erreur ; et cette expansion fatale du vrai et du faux entrelacés l'un dans l'autre poursuit dans les esprits son œuvre envahissante et troublante.

Ce genre de confusion est quelque chose d'impersonnel : c'est un corps opaque qui s'interpose entre la vérité et nous, et nous empêche de la contempler ; mais la confusion peut aussi procéder directement de ceux dont c'est la mission de nous guider. J'ouvre un livre écrit par quelque grave penseur qui, je le suppose, possède à fond son sujet, et je me mets à lire en toute confiance ; d'abord, je crois comprendre ; mais un mot m'arrête et je me demande quel est le sens que l'auteur lui prête ; plus loin, je rencontre ce même mot qui me paraît revêtir là un tout autre sens ; cela me déconcerte ; je ferme mon livre, j'en prends un autre, mais la même désagréable surprise m'y attend ; partout des termes dont la signification varie selon la convenance de l'écrivain qui les emploie ; et ce qu'il nous faut entendre par ces mots ne nous est nulle part expliqué. Ces défauts ne seraient-ils pas dus à ce que certains philosophes, prenant leurs sentiments confus pour des idées nouvelles, cherchent des termes propres à les exprimer, n'en trouvent pas dans leur vocabulaire, et en forgent qui n'ont aucun sens déterminé ; et ces termes restent plus ou moins énigmatiques pour les auteurs eux-mêmes, et par conséquent inintelligibles pour les lecteurs : c'est ainsi que le trouble des idées se prolonge et se propage. Un philosophe — je crois que c'est Haman — a fait une réflexion très juste et très alarmante : « Le langage, a-t-il dit, est non seulement le fondement de notre faculté de penser, mais aussi le point central d'où procèdent les malentendus et les erreurs » ; et Hobbes dit aussi : « Il est évident que la vérité et le mensonge n'habitent que parmi les créatures vivantes qui font usage de la parole. »

Mais tout ce que je dis là n'est encore que la superficie de mes impressions journalières : en plongeant davantage, je découvre dans le passé d'autres causes de la perturbation actuelle de nos esprits. Depuis des siècles, nous fréquentons l'école pour apprendre à discerner la vérité de l'erreur ; et ce sont toujours des vérités et des erreurs qui nous y ont été enseignées. A quel résultat sommes-nous arrivés à la veille du xxe siècle ? nous en sommes à nous demander si la science peut, ou ne peut pas, s'accorder avec la religion. Après cela, comment pourrions-nous ne pas nous laisser aller au plus profond découragement, ne pas nous croiser les bras et ne pas nous résigner à ne jamais voir clairement les choses ?

Il y avait parmi nos aïeux des hommes particulièrement résolus qui, pour se punir d'être tombés dans la lâcheté et la mollesse, s'administraient la discipline ; l'invention n'est pas aussi grotesque qu'elle en a l'air ; quelques bons coups de fouet peuvent aboutir à raviver la volonté, et à la forcer de réagir contre l'assoupissement moral qui gagne de plus en plus ; mais la discipline n'est plus dans nos mœurs, et je l'ai remplacée pour mon usage personnel par une image que je tâche de ne jamais perdre de vue. C'est la figure d'un potier idéal dont toute l'ambition aurait été de faire de bons vases, et, après avoir réussi à en faire de très solides, d'en porter au marché d'une très belle forme ; et y étant parvenu, et à force de ne jamais penser à autre chose qu'à des vases, finissant par faire des vases absolument parfaits. Avec quel sentiment d'envie je pense à cette création de ma fantaisie que je destine à me servir de modèle! et toujours encore, l'éparpillement de la pensée ne me permet pas de l'imiter.

Il eût peut-être été prudent de ma part de faire comme cet ouvrier, et de m'exercer à réfléchir sur des sujets moins démesurément élevés que ceux qui ont pour moi un si puissant attrait ; mais l'impulsion une fois donnée, je la subis. Il m'arrive souvent de me perdre dans des considérations sur le monde où le destin m'a placé, et de me demander : comment la vie est-elle apparue sur la terre ? n'y avait-il d'abord qu'une seule cellule d'où serait sorti tout ce qui remplit l'espace ? y avait-il une cellule pour les végétaux et une autre pour les animaux ? et l'homme, s'il n'a pas surgi du berceau unique de tout ce qui vit et croît sur la surface du globe, était-il à l'origine un individu de son espèce, ou deux individus, ou plusieurs ? et comment l'homme parlait-il lors de son apparition, et à quoi pensait-il ? Comment s'expliquer, me demandais-je encore, que, de tous les membres du règne animal, un seul se soit étonné en face de l'univers et en face de lui-même ? qu'un seul ait manifesté le besoin de comprendre son rôle dans la vie, pendant que tous les êtres qui l'entouraient vivaient satisfaits dans leur ignorance ? car il ne nous est pas même possible de nous représenter un cheval ou un éléphant ou un mammouth en voie de s'enquérir de son origine et du but de son existence ; pourquoi l'homme seul s'est-il adressé cette question ? — Les savants qui s'occupent de ces matières, sont encore loin de s'entendre : ainsi moi, moi qui ne suis qu'un anneau de l'interminable chaîne d'unités qui composent l'humanité passée, présente et future, moi personnellement, je serais condamné à vivre et à mourir dans mon ignorance ?... Je m'insurge contre cette perspective que je reconnais inévitable, je refuse de m'avouer vaincu, et me sens irrésistiblement poussé à savoir plus que je ne sais ; puis, ignorant comment m'y prendre, je cesse de m'en soucier et me rendors.

Parfois, redescendu dans mon for intérieur, je songe à un phénomène purement intellectuel et moral que le tintamarre produit par le conflit de tant d'idées hétérogènes ne peut me faire oublier, quoiqu'il ne s'impose pas violemment à moi; il se tient au contraire à ma porte avec une patience, une discrétion sans pareilles. C'est le phénomène qui a été appelé du nom de religion.

Nous avons lu dans la Bible que Moïse, ayant un jour remarqué un buisson qui flambait et ne se consumait pourtant pas, s'en approcha pour se rendre compte de cette merveille. — La religion a été pour bien des gens ce que le miraculeux buisson fut pour Moïse, et ceux-là, comme Moïse, s'en sont approchés pour essayer de découvrir ce qu'elle pouvait bien être. — On s'est même toujours occupé de la religion ; ses traits métaphysiques ont été décrits dans de volumineux traités de théologie et de philosophie ; les historiens, de leur côté, ont recherché les formes qu'elle a revêtues sur la terre durant une longue suite de siècles et chez divers peuples; il est même des savants qu'on dit avoir étudié toutes les Bibles et tous les catéchismes; et l'on ajoute que bien peu d'entre eux savent ce que la religion est vraiment. Elle n'en joue pas moins un rôle très important dans notre existence ; c'est d'elle que procèdent ces actes de dévouement et de charité auxquels s'adonnent des millions de créatures humaines. Il n'en est guère qui se demandent d'où vient ce souffle qui les inspire si bien, et depuis quand son influence s'étend parmi nous ; se nourrir de ses fruits semble suffire. Telle est la disposition d'âme de la majorité des personnes pour lesquelles le mot de religion est plus qu'un mot quelconque prononcé dans une langue inconnue. Ne serait-il pourtant pas naturel de désirer la mieux connaître ? mais non ; nous l'acceptons comme quelque chose qui s'entend de soi, et sans nous émouvoir à son aspect.

J'ai remarqué ce fait étrange : en étudiant l'histoire très

attentivement, et dans une disposition d'esprit libre de toute préoccupation, il est possible de préciser les époques où des erreurs plus ou moins généralement reconnues pour telles ont apparu dans le monde ; mais j'ai vainement cherché dans l'histoire les moments où des vérités y ont fait leur entrée ; j'entends des vérités reconnues pour telles, ne serait-ce que par certains individus isolés, ou par certains groupes d'individus, de quelque race et à quelque période de la vie de l'humanité que ce fût. Mais puisqu'il est avéré que, parmi les erreurs qui nous troublent, nous possédons quelques vérités, il faut bien admettre qu'elles se sont manifestées ; mais quand et comment ? c'est ce que je ne parviens pas à savoir.

Ce silence de l'histoire n'indique-t-il pas que les vérités dont je cherche les origines se sont révélées aux hommes avant que l'histoire existât pour eux ? J'ignore ce qu'étaient les premiers humains venus sur la terre, mais je me les figure semblables à de la cire molle prête à recevoir une forme de la main de Celui qui l'a faite molle. Ces premiers venus qui ne savaient absolument rien, puisqu'ils n'avaient jamais été à l'école et n'avaient que leurs cinq sens pour arriver à savoir, étaient infiniment mieux placés que moi pour saisir les vérités ; car j'aurais, moi, à me débarrasser d'un amas d'idées qui ont défiguré la simplicité native de mon âme, j'aurais à tout oublier, jusqu'aux vérités que je crois posséder, et à me transformer en une cire blanche et flexible sans empreinte aucune, et à attendre que mon Créateur y imprime ce qu'il voudra ; et c'est cela qui n'est pas possible. Je n'en serais pas là, si j'avais pu être le contemporain de mes ancêtres, et s'il m'avait été donné de les suivre dans leur pèlerinage ; c'est bien cela qui m'aurait convenu.

Je vois mes amis décidément inquiets. « Prenez garde, font-ils ; une idée fixe, c'est dangereux ! »

Mais est-il bien sûr que toute idée fixe soit malsaine ? a-t-on jamais vu un homme égaré dans une forêt ne pas avoir l'idée fixe d'en sortir? est-il croyable que nos premiers pères n'aient pas eu l'idée fixe de découvrir ce qu'avait à leur dire ce vaste monde au milieu duquel ils vivaient sans qu'ils sussent pourquoi? pourquoi ce soleil et cette lune, et le feu, et les ouragans, et les orages, et le tonnerre, et les rivières, et les montagnes, pourquoi tout cela était-il là, toujours au-dessus d'eux, toujours autour d'eux? ils auront dû interroger la nature entière; en quoi l'idée fixe aura-t-elle pu leur être funeste? il est vrai qu'ils sont tous morts; mais ce n'est pas l'idée fixe qui les a tués. Et leur idée fixe devait même être extrêmement tenace et puissante, pour que cette soif de savoir soit descendue avec leur sang dans nos propres veines; c'est parce qu'ils ont voulu comprendre et qu'ils interrogeaient, que nous continuons à vouloir savoir et que nous interrogeons encore; c'est là le patrimoine que nos pères nous ont légué; singulier genre de patrimoine que celui qui, à l'inverse des patrimoines ordinaires dont les parts diminuent en se subdivisant, a passé tout entier à chacun de leurs milliards de milliards d'héritiers!

Est-ce à dire que nous soyons destinés à éternellement questionner sans recevoir de réponse? cela ne peut être; bien des choses que nos pères ne pouvaient comprendre sont claires pour nous; ce qu'ils ignoraient nous est connu. Ce qui nous empêche de suivre la marche de ce progrès à travers chacune de ses phases, c'est que chaque réponse obtenue enfantait immanquablement une question nouvelle; et il en sera toujours ainsi jusqu'à la fin, si jamais arrive la fin; mais cette dernière question, nous ne nous la posons pas, et c'est un indice que la réponse ne nous importe guère. Quand je compare l'état actuel de nos intelligences auquel j'ai donné les noms de torpeur et d'inertie — et ce sont bien là ses noms véritables — à ce qu'il était lors de la ténébreuse époque où la terre posait sur l'éléphant, l'éléphant sur la tortue, et où la tortue nageait dans le vide, je dois reconnaître que nous voyons les choses plus justement.

Mais poursuivre notre marche en prenant pour point de départ la somme des connaissances déjà acquises actuellement nous serait fatal ; le terrain sur lequel nous nous trouvons ne conservera quelque solidité que tant que nous ne perdrons pas de vue le chemin parcouru, avec tous les obstacles rencontrés et franchis, et cela ne sera qu'à la condition de refaire encore une fois, ou même plusieurs fois, le même chemin en compagnie de nos ancêtres.

Ici, mes amis me disent encore : « Vous aurez beau faire, vous ne concevrez jamais l'humanité dans son enfance : cela est tout à fait impossible. »

Probablement. Dès lors, comme je suis trop pratique pour vouloir l'impossible, m'abstenant de tout effort surhumain, et soumettant mon imagination à une stricte discipline, je consulterai encore l'histoire, mais non plus l'histoire telle que je la connais, l'histoire écrite de nos jours, châtiée, prudente, honnêtement critique, celle qui prend note des errements de l'esprit humain quand elle les rencontre sur sa route mêlés aux événements, et qui traite les vérités éternelles comme si elles n'existaient pas, — et vraiment, elles ne sont pas de son domaine ; — j'étudierai cette autre histoire qui d'abord fut contée, non écrite, parce que la parole était avant l'écriture ; c'est dans les plus vieilles littératures des peuples que je tâcherai de recueillir des renseignements sur la manière dont nos ascendants se représentaient la divinité dans ses rapports avec les mortels, alors que rien ne semblait si commun que ce perpétuel échange de visites entre les habitants du ciel et de la terre. Il est bien possible que l'absurdité qui, à l'âge où nous sommes arrivés, tue notre raison parce qu'elle est volontaire, donc sacrilège, ait pu dans les commencements ne pas exclure des échappées de lumière. Nous possédons l'Ancien Testament des Hébreux, les livres sacrés des Hindous, et les mythologies de la famille aryenne ; la mine est riche, si riche, que j'aurai le temps de mourir mille fois avant d'avoir achevé de fouiller dans cet amalgame bigarré de débris d'histoire, de récits fantastiques, de pensées sublimes et de flagrants mensonges. Heureusement, le travail qui consiste à s'enfoncer dans le passé pour en retirer une idée n'est pas celui d'un seul homme, ni d'une seule époque, mais de beaucoup d'hommes et de plusieurs époques, et ce travail se continue toujours.

Il y a plus : personne, il y a peu de temps encore, ne se serait attendu à ce que des documents bien antérieurs aux textes littéraires que je viens d'énumérer, pussent se découvrir dans des régions du monde physique et du monde mental restées jusqu'ici inexplorées. Deux hommes entreprenants, Darwin et Max Müller, les ont visitées et étudiées. Darwin chercha à s'expliquer ce qu'ont pu avoir été à l'origine les êtres organiques, et comment ils passèrent par une série d'évolutions, d'une forme à d'autres formes tout à fait différentes. Qui dit évolution dit recherche d'un commencement ; c'était justement ce qu'il me fallait. Tout le monde connaît le nom de Darwin, même les gens qui s'abstiennent d'aborder les problèmes scientifiques ; il a d'ardents admirateurs qui ne se rendent pas toujours compte de ce qu'ils admirent en lui, et des adversaires furieux qui, le jugeant souvent sur ouï-dire, s'en font une représentation ou très superficielle ou très fausse.

Le développement de la raison humaine a été un des principaux objets des recherches de Max Müller ; ce grand penseur, qui est en même temps le premier philologue de notre époque, a demandé à la science du langage l'explication de l'origine de l'homme pensant. Peu d'entre les gens du monde qui ne sont rien de plus que des gens du monde savent ce que représente le nom de Max Müller, et l'existence même d'une science du langage leur est inconnue.

Si Darwin et Max Müller n'ont pas été absolument les premiers à tenter de remonter, l'un jusqu'au principe du monde organique, l'autre jusqu'à l'aube du discours humain, personne n'a encore marché dans la nuit profonde avec autant de courage et de persévérance que ces deux hommes.

Ainsi, non seulement les voyages d'exploration se sont multipliés en ces derniers temps, mais un principe a été retiré de dessous les échafaudages qui servent à la bâtisse des nouvelles théories ; et ce principe est : « Si vous avez une idée, et que vous vouliez voir où elle peut conduire, prenez-la par le commencement, et marchez droit devant vous. » C'est ce que je vais faire.

J'entreprends un long voyage ; je n'emporte avec moi que quelques résolutions ; détournant les yeux de tout ce qui pourrait exciter ma curiosité à droite ou à gauche, j'aurai le plus grand soin de ne pas me laisser éblouir par les mirages qu'on dit fréquents dans ces contrées, ni effrayer par les fantômes que je rencontrerai peut-être en chemin ; je me rappellerai toujours qu'une heure de défaillance pourrait me faire perdre l'équilibre, et qu'il me suffirait d'un moment de vertige pour rétrograder jusqu'à l'éléphant et la tortue. A Dieu ne plaise ; c'est vers le pôle opposé que je me dirige ; si la vérité existe quelque part, la raison est là pour la trouver.

I

HYPOTHÈSES

Les penseurs de tous les temps se sont demandé d'où était venu ce monde où nous vivons. Curieux de savoir si l'univers s'était fait de lui-même, ou s'il était l'œuvre d'un être quelconque, ou bien de plusieurs êtres, les philosophes qui ont traité la matière dans son ensemble nous ont légué deux hypothèses. Selon l'une, au commencement était le chaos, ou autrement dit la possibilité de toutes choses, et du sein de ce chaos certaines réalités surgirent par suite d'une aptitude à se développer qui lui était inhérente ; cette aptitude reçut des noms divers, tels que : « sélection naturelle », « survivance du plus apte ». Les sages de la Grèce avaient déjà conçu cette pensée : Empédocle disait que ce qui est apte aura toujours la prépondérance, car il est de sa nature de se conserver, tandis que ce qui est inapte doit disparaître. Mais les partisans de cette théorie se heurtent à une grande difficulté : si une force aveugle a produit l'univers, d'où est venu l'ordre qui règne dans la nature? Car il est bien avéré que, pour peu que nous ouvrions les yeux, nous voyons les habitants du globe terrestre partagés en végétaux et en animaux, subdivisés à leur tour en classes distinctes que séparent de grandes lignes de démarcation. Si nous admettions qu'à l'origine le règne végétal et le règne animal n'étaient pas aussi complètement séparés qu'ils le sont actuellement, il y aurait toujours une question qui attendrait une réponse : d'où vient que ces différents genres, issus d'une même source, se soient séparés et aient ensuite continué à ne plus se confondre ?

Parmi les auteurs de la seconde hypothèse, les uns admettent un germe primordial quelconque produisant toutes choses de lui-même ; et d'autres, un Créateur personnel qui aurait tout fait, soit au moyen de matériaux préexistants, soit de rien. C'est à exclure de prime abord l'idée du pur hasard que servait cette théorie d'un être raisonnable, car c'est à lui qu'est généralement attribuée la permanence des divisions, divisions dont la constatation mène à croire que tout ce qui est a été prémédité et coordonné. Certains philosophes, laissant de côté la question de l'origine du monde organique considéré comme un tout, ont préféré restreindre leur champ d'investigations et procéder par le détail. Quelle est l'origine de l'homme ? comment se fait-il que l'homme pense et qu'il parle ? et qu'est-ce que la pensée humaine et la parole humaine ? est-ce sa nature même qui oblige l'homme à parler, ou le langage a-t-il été dès le début une affaire de convention ? — Les Grecs, poussant leurs recherches jusque dans les hautes régions de la métaphysique, ont émis à ce sujet des théories très subtiles, liées à de vastes systèmes qui embrassaient l'homme tout entier. Elles considèrent les mots qu'il énonce, la provenance de ces mots, les idées que ces mots représentent, et la source première de tous ces phénomènes ; car les anciens avaient compris que l'homme est un tout indivisible.

Héraclite disait que chaque objet a en lui une pensée et son expression réunies, qui émanent des objets, et que l'homme ne fait que recevoir ; c'est une sorte d'atmosphère spirituelle qu'il aspire ; de là vient que chaque nom appartient forcément à l'objet qu'il désigne.

Platon disait que tous les objets du monde extérieur ont en eux quelque chose qui constitue leur essence ; que cette essence est capable de passer des objets mêmes dans l'esprit humain ; que l'essence des objets, ce sont les idées et que les mots sont ainsi en relation nécessaire avec le contenu des objets et leur empreinte dans l'entendement humain.

Épicure disait que le langage humain est le produit de la pression exercée par le monde extérieur sur l'essence sensitive de l'homme, et que, dès que l'homme subit cette pression, il émet spontanément des mots ; les plus anciens mots ont été des sons échappés aux humains, et, chez eux, il est tout aussi naturel de parler que de gémir, de tousser ou d'éternuer.

Les anciens ne distinguaient donc pas la parole de la conception.

La question de l'origine de la parole, traitée dans l'antiquité avec autant de profondeur que de calme, passionna les esprits au moyen âge, et les théologiens ne purent manquer d'introduire dans l'exposition du problème cette variante : Le langage est-il d'origine humaine ou divine ? La philosophie chrétienne répondit : La pensée de Dieu créa le monde, et l'âme humaine, image de l'esprit de Dieu, a en elle-même la source de toute connaissance ; les idées et le langage sont d'origine divine ; jamais l'homme, à l'aide de ses seules forces, n'eût pu trouver la manière d'exprimer ses idées. — Telle était la croyance des plus grands penseurs du moyen âge ; et ils admettaient le fait d'une langue primordiale, que les hommes auraient reçue directement du Créateur ; cette opinion s'est perpétuée jusqu'aux temps les plus récents. Mais il y avait, dès les premiers siècles du christianisme, parmi les Pères de l'Église, des philosophes comme Grégoire de Nysse, qui, tout en croyant à l'existence d'une langue primitive universelle, jugeaient plus digne d'un Créateur Tout-Puissant de doter simplement la nature humaine de la disposition à parler, et niaient que cette langue, avec sa grammaire et son lexique, eût été divinement révélée.

Les matériaux pour l'étude de ces questions faisaient

défaut. Le seul document que l'on possédât sur l'origine de l'humanité, l'Ancien Testament, était soigneusement consulté ; là, on lisait que Dieu créa l'homme à son image, qu'il le fit du limon de la terre, qu'il insuffla dans ses narines la vie, et qu'ainsi l'homme devint une créature vivante. La Bible raconte tout cela comme de simples faits ; et il fallait bien l'entendre comme autant de faits, car tenter de pénétrer le sens de ces paroles mystérieuses, c'eût été tâtonner dans le vide. On lisait encore un autre récit dans la Genèse : Dieu amena tous les animaux terrestres et tous les oiseaux de l'air devant Adam afin de savoir comment il les appellerait ; et le nom qu'Adam donna à chacun de ces animaux fut son nom véritable. Tout cela était fort obscur, et l'impossibilité d'en rester là était évidente. Les mêmes questions se renouvelaient sous d'autres formes : l'homme à l'origine, était-il semblable à l'enfant nouveau-né qui crie, mais ne peut parler ? dans ce cas, comment a-t-il commencé à exprimer ses pensées ? et si l'homme a été créé adulte, mais n'a pas reçu du ciel une langue toute faite, comment, encore une fois, a-t-il acquis la faculté de parler, cette faculté que nous savons être le signe distinctif des créatures humaines, et qui manque à toutes les autres ?

Le xviii° siècle décida que cette manière de traiter des question scientifiques, n'avait pas le sens commun : on n'avait pas su procéder, et tout était à refaire. Les premiers hommes, dirent quelques philosophes croyant simplifier le débat, furent un jour fatigués d'errer dans les bois comme font les bêtes ; ils trouvèrent bon de se grouper en société ; les membres de la communauté sentirent la nécessité de s'entendre mutuellement et imaginèrent d'exprimer leurs sensations à l'aide de certaines grimaces et de certains gestes ; puis, ils se mirent à pousser des cris particuliers destinés à signifier telle ou telle chose ; puis, d'une façon ou d'une autre, de vrais mots furent prononcés. On raisonnait ainsi au xviiiᵉ siècle, et, ne sachant trouver mieux, on était content de sa perspicacité; le langage, considéré autrefois comme un don de Dieu, devenait un art physiologique, une affaire purement conventionnelle; ce siècle avait une si franche horreur du surnaturel, que tout système lui semblait bon du moment qu'un Dieu créateur n'y figurait point.

On a beaucoup critiqué la légèreté avec laquelle le siècle dernier édifiait ses hypothèses concernant les débuts de la société humaine, et il faut convenir qu'elles étaient bien superficielles; il n'en est pas moins clair que tous ces tâtonnements avaient cela de sérieux qu'ils étaient les fruits de l'action exercée sur les intelligences peu mûres de l'époque par le besoin de s'expliquer d'une façon rationnelle le réveil de la raison humaine.

On cherchait toujours. Enfin, le siècle où nous vivons crut un instant pouvoir être fixé. Certaines idées sur lesquelles à diverses époques l'attention s'était déjà portée furent recueillies, triées, examinées de plus près et groupées, et de ce travail surgirent les deux théories de l'interjection et de l'imitation. Selon la première, le langage est issu des sons involontairement arrachés aux hommes sous l'influence de leurs émotions et de leurs sensations; peu à peu, les hommes s'accoutumèrent à reproduire volontairement les mêmes exclamations pour exprimer les mêmes mouvements intérieurs; et ces exclamations auront donné naissance aux racines des mots : c'est la *théorie interjective*. La théorie mimique a un autre point de départ; en présence de tous les objets du monde extérieur, les hommes se prirent à imiter les sons qui s'en échappent; les cris des divers animaux, le sifflement du vent, la chute d'une pierre, les mille bruits qui remplissent l'air, furent reproduits par la voix humaine et devinrent des bases pour les mots futurs. Mais les objections ne manquent à aucune de ces deux théories. Si des émotions telles que la joie ou la douleur, la colère, l'amour, le dégoût, si des sensations physiques comme celles qui résultent de la piqûre d'une abeille ou d'un coup de poing avaient pu fournir des racines à une langue, et s'il en était de même de l'imitation des bruits de la nature, les sons des mots eussent dû garder une certaine empreinte de ces émotions et de ces sensations et reproduire du moins approximativement ces divers bruits. Mais, en admettant qu'une petite société des plus primitives se soit mise à imiter le murmure d'un ruisseau, le roulement du tonnerre, l'aboiement d'un chien, les gémissements d'un blessé, il n'en serait résulté qu'une variété infinie de clameurs impossibles à démêler entre elles et à comprendre ; à la rigueur, le son *bée* prolongé pouvait bien évoquer dans l'esprit l'image d'une chèvre, et le son *mou* prolongé, celle d'une vache ; mais, pour donner l'idée d'un troupeau de bestiaux, il aurait fallu éviter de dire *mou* et *bée* comme étant des sons particulièrement affectés à deux espèces distinctes de bêtes. Les notes gazouillées des oiseaux ont généralement attiré l'attention, et on essaie toujours de les mettre en musique ; mais elles ne sont pas rendues chez tous les peuples d'une façon identique, et, dans la plupart des cas, il n'y a pas l'ombre de ressemblance entre les noms des oiseaux et leur chant. Après avoir revendiqué le témoignage, convaincant par lui-même, du nom du coucou, ce grand trophée de la théorie mimique appelée par Max Müller *la théorie du wow-wow*, on ne parvint pas à aller plus loin. Darwin, qui, dans son livre sur la descendance de l'homme, a émis la pensée que le langage a pu naître d'interjections et d'imitations, s'est hâté d'ajouter avec sa bonne foi accoutumée : « Toute cette théorie des différents sons poussés par l'animal ou par l'homme, dans certains états de l'âme et du corps, est si obscure, qu'il m'est à peine donné d'en tirer un peu de lumière, et les observations que je hasarde ici ont peu d'importance. »

Des savants, des littérateurs ont mis à contribution toutes les richesses de leur imagination pour se retracer le tableau des commencements du langage ; de nos jours encore, des gens très sérieux persistent à aller chercher parmi les nourrices entourées de leurs nourrissons des indices sur la manière dont les premiers mots furent forgés par les premiers hommes. Autant vouloir étudier la nature des roches primitives du globe dans un tas de briques et de mortier ; car elle est grande la distance qui sépare la pensée que peuvent avoir nos enfants quand ils commencent à parler de celles qu'ont dû avoir les premiers hommes s'essayant à nommer les objets. Nous qui parlons parce que nous savons, nous désignons du doigt à un petit enfant sa mère et son père, et en même temps nous les nommons : ceci est maman, ceci est papa ; peu à peu, un attribut après l'autre s'ajoute dans l'esprit de l'enfant à chacun de ces mots ; ce sont les cheveux, et c'est la robe de maman ; c'est la barbe, c'est l'épingle à cravate de papa ; et ces objets, en les montrant, nous les nommons encore, et, parce que l'enfant répète ces mots à sa manière, c'est-à-dire parfaitement mal, le défaut de prononciation devient pour nous une sorte de poteau indiquant la direction à suivre pour arriver au point de départ du parler naturel et primitif. Plus tard, l'enfant fait une distinction entre le sourire qui caractérise la mère et le son de voix du père ; plus tard encore, son esprit comprend sous ces deux noms tous les attributs particuliers, physiques et moraux, qui composent ce qu'on appelle la mère, et le père ; et ainsi de tous les objets : voici la vache et voici le morceau de sucre, dont l'aspect devient promptement familier à l'enfant, et les traits spéciaux, tels que le lait et la douceur, lui sont vite connus. Nos enfants apprennent donc à parler dans des conditions absolument autres que celles où se trouvaient nos premiers ancêtres, quand, sans expérience d'aucune sorte et sans souvenir, ils eurent à proférer leurs premiers mots.

Les suppositions se multipliaient, devenaient des systèmes qui cependant ne contenaient rien d'autre que des germes de nouvelles suppositions et de nouveaux systèmes, dont aucun ne reposait sur une base rationnelle.

Il était très excusable au commencement du siècle passé de ne pas savoir quel chemin prendre pour arriver jusqu'au début du langage humain. Fallait-il remonter à la source de toutes les langues que l'on connaissait? mais, en présence de la masse d'idiomes parlés sur la surface du globe, on se sentait éperdu comme si l'on se fût trouvé au pied de la tour de Babel. Une idée universellement répandue contribuait à enrayer les progrès de cette étude; elle partait de ce postulat que l'humanité avait reçu du Créateur le don du langage; et comme le peuple juif passait pour avoir été seul gratifié d'une révélation surnaturelle, il s'ensuivait que l'hébreu devait être la première langue des humains, et par conséquent, que toutes les langues existantes dérivaient de l'hébreu. On ne se figure pas tout ce que l'érudition enfanta d'ouvrages destinés à mettre hors de doute cette singulière filiation; la difficulté était de la prouver en découvrant comment l'hébreu avait pu donner naissance au grec, au latin et au reste; on avait beau torturer cette langue biblique pour en faire sortir toutes les autres, on n'obtenait aucun résultat satisfaisant. Leibniz conseilla de recueillir autant de données sur la linguistique que faire se pourrait; il fit appel aux souverains et aux princes de l'Europe, aux ambassadeurs des puissances, aux missionnaires et aux voyageurs. Et tout en marchant ainsi au hasard dans toutes les directions, quelques philologues se mirent à étudier le sanscrit, langue déjà morte trois cents ans avant notre ère, et dont l'Europe érudite s'était jusque-là fort peu inquiétée.

Il régnait en Grèce, au temps de Platon et d'Aristote, une vague notion que l'Inde était, de même que l'Égypte, la patrie d'une incomparable sagesse; seulement on ignorait en quoi cette sagesse consistait, et le nom même des Védas, le plus ancien livre sacré des Hindous, n'était pas connu des philosophes. Les premiers écrivains chrétiens qui parlèrent des religions indiennes, et surent distinguer jusqu'à un certain point les enseignements des brahmanes de ceux des bouddhistes, ne citent jamais les Védas ; ce titre est mentionné pour la première fois par des Chinois convertis au bouddhisme au commencement de notre ère et qui avaient coutume de se rendre en pèlerinage dans l'Inde, regardée par eux comme une terre sainte. Au xvi° siècle, François Xavier y alla comme missionnaire, mais sans savoir le sanscrit ; au xvii° siècle, Robusto dei Nobili, autre missionnaire, connut cette langue et fit faire une compilation des doctrines hindoue et chrétienne, œuvre très enfantine, très maladroite, dont la traduction fut envoyée à Voltaire ; celui-ci en parla avec de grands éloges, comme du don le plus précieux que l'Orient ait pu offrir à l'Occident. Le Père Calmette, ayant eu vent de l'importance des Védas, fut le premier Européen qui s'en procura quelques fragments non absolument défigurés, mais auxquels l'Europe ne fit cependant pas attention. Dans les premières années de notre siècle, des orientalistes anglais résidant à Calcutta découvrirent le recueil des lois de Manu, deux poèmes épiques, le Râmayana et le Mahabharata, des traités de philosophie, d'astronomie et de médecine, ainsi que des drames et des fables. Ces ouvrages intéressèrent vivement des savants qui s'occupaient de l'histoire de l'humanité, tels que Herder, Schlegel, Gœthe et Humboldt. La majorité des lettrés les accueillirent avec des idées préconçues qui diminuèrent la somme de profit qu'on en aurait pu tirer, car ils voulaient à toute force, selon la mode du temps, y trouver la constatation d'un courant d'idées commun entre la littérature sacrée des Hindous et la Bible, et mettre le doigt sur de prétendus rapports entre les récits historiques de l'Ancien Testament, les légendes indiennes et les mythologies grecque et latine. Certains manuscrits contenant des passages du code sacré hindou, ayant été traduits du persan en latin par Anquetil-Duperron, Schopenhauer put y puiser les principes fondamentaux de sa philosophie ; il ne fallait rien de moins que le génie du savant allemand pour pressentir, au moyen de cette défectueuse traduction, les sublimes vérités que l'original devait contenir. Un des premiers historiographes du bouddhisme fut Barthélemy Saint-Hilaire, dont les travaux ne soulevèrent pourtant pas le voile derrière lequel se cachait la vraie signification des écrits brahmaniques ; car, sans la connaissance du sanscrit primitif, il n'était pas possible de saisir le sens d'une littérature que les sages de l'Inde avaient mis plus de quinze siècles à enfanter. C'est ainsi que pendant longtemps l'Europe dut se contenter d'en connaître les parties les plus accessibles et les mieux faites pour frapper l'imagination, mais non certes les plus importantes. On écrivait beaucoup sur le bouddhisme, bien assez pour épouvanter le clergé catholique par la découverte que les Lamas du Thibet l'ont devancé dans la confession auriculaire et l'usage du chapelet et de la tonsure, et pour étonner les philosophes par le fait qu'ils ont été dépassés, dans le positivisme et le nihilisme, par les moines chinois. Le public, captivé par l'étrangeté de cette religion, se familiarisait surtout avec les taches qui, à des époques de décadence, étaient venues ternir sa pureté originelle, et quoique des travailleurs sérieux continuassent à s'adonner à une étude de plus en plus approfondie de la langue sanscrite, ils s'attendaient si peu aux résultats qui devaient suivre, que certaines universités d'Allemagne furent le théâtre d'un véritable scandale, lorsque quelques érudits prétendirent avoir trouvé une communauté d'origine entre le peuple d'Athènes, celui de Rome et les Indiens, et la stupéfaction des philologues ne connut plus de bornes à l'apparition, en 1833, de l'ouvrage de Bopp, la grammaire comparée des langues grecque, latine, gothique, sanscrite, zende, lithuanienne, slave et allemande ; quant à la jeunesse studieuse, elle fut prise de vertige.

Mais ce qui eut le plus de retentissement par toute l'Europe, ce fut l'exposé des découvertes scientifiques d'Eugène Burnouf, professeur des langues orientales au collège de France. De longs siècles s'étaient écoulés sans qu'aucun document sanscrit original fût tombé sous les yeux des savants, et voilà que, dans le bref espace de dix années, on connaissait trois littératures orientales complètes, celles des brahmanes, des bouddhistes et des mages. L'examen critique des manuscrits, les rudiments d'une grammaire zende, la traduction et l'analyse philosophique d'une grande partie des écrits zoroastriens, et la publication des textes, furent l'œuvre du jeune savant français. Jusque-là il avait été impossible de déchiffrer sur les murs des palais persans autre chose que des noms propres et quelques titres ; les orientalistes n'avaient su voir dans les caractères cunéiformes de ces inscriptions qu'un fantastique amalgame de baguettes, de clous et de flèches ; quand on parvint à en débrouiller le sens, on reconnut avec stupeur une étroite parenté entre des langues jusque-là tenues pour être complètement distinctes. Des faits simplement soupçonnés ne tardèrent pas à se confirmer ; ceux qu'on avait ignorés furent découverts et acquis, conditionnellement du moins, à la science. Historiens et philologues s'engagèrent avec enthousiasme dans la voie nouvelle. Regardant en arrière, ils purent voir le genre humain divisé en trois groupes principaux : la famille sémitique, la famille aryenne appelée souvent indo-germanique, et la classe touranienne ou ouralo-altaïque ; je dis classe, parce que les traits qui la caractérisent ne lui méritent pas le rang de famille. Ils trouvèrent aussi le langage humain fixé sous trois aspects différents, formant trois familles principales de langues qui correspondent aux trois grandes races humaines. La famille sémitique avait produit l'hébreu de l'Ancien Testament, l'arabe du Coran et les idiomes gravés sur les monuments phéniciens, carthaginois, babyloniens et assyriens ; le grec et le latin, le persan et le sanscrit, les langues germaniques, celtiques et slaves étaient la propriété de la famille aryenne ; du groupe ouralo-altaïque étaient sortis le toungouse, le mongol, le turc, le samoyède et le finnois ; il y avait encore le chinois, langue monosyllabique, unique représentant d'une forme très ancienne du langage, et qui fut rangée à part.

Ces découvertes donnèrent lieu à un grand revirement dans la méthode et les procédés de la philologie. A l'heure qu'il est, les anciens systèmes de classification des langues sont complètement abandonnés ; on ne s'inquiète plus ni de leur zone géographique, ni de leur degré d'ancienneté, ni de leur caractère classique ou barbare ; les langues ont pu être classées généalogiquement selon leur parenté, et l'hébreu, enfin descendu de son piédestal fabuleux, a pris tout naturellement sa place parmi les langues de la famille sémitique.

Si je reviens un instant sur les méthodes du passé, ce n'est que pour citer une page de Platon qui met sous nos yeux le maigre résultat de la méthode purement spéculative dans le traitement de la philosophie chez un des plus profonds esprits de l'antiquité.

« N'est-ce pas dans ce lieu-ci, au pied de ce platane, disait Phèdre à Socrate, que Borée enleva Orithyie ? — On le suppose, répondit Socrate. — Mais, Socrate, penses-tu que cette histoire soit vraie ? — Si je ne le pensais pas, répondit encore Socrate, je ne serais pas éloigné de la vérité, et je pourrais exposer une théorie ingénieuse en racontant qu'Orithyie, frappée par Borée, le vent du nord, fut précipitée du haut de ce rocher dans la mer, ce qui donna lieu au rapport que Borée l'avait enlevée. Ce genre d'interprétation des mythes n'est pas sans intérêt, cependant je n'envie pas l'homme capable de s'adonner à ce travail, car, après avoir interprété un mythe, il faudrait en interpréter un second, puis un troisième, et beaucoup de temps se perdrait ainsi. Pour moi, je n'ai pas de loisir à consacrer à une semblable occupation, et voici pourquoi : je ne parviens pas encore à obéir au précepte de l'oracle de Delphes qui m'ordonne d'apprendre à me connaître moi-même, et je trouve risible qu'un homme qui ne se connaît pas soi-même s'occupe de choses qui ne le concernent pas. J'accepte donc ces récits comme on le fait généralement, sans les expliquer ; je me borne à songer à moi et à me demander si je suis un monstre plus compliqué et plus désordonné que Typhon, ou une créature simple et maniable à laquelle la nature a fait un sort modeste et béni. »

Ainsi, pour Socrate, l'homme était l'individu ; il cherchait à résoudre l'énigme de la nature humaine en creusant dans les profondeurs de son propre esprit, en surveillant chaque mouvement de son âme, en analysant les organes de la connaissance et tâchant d'en déterminer les limites, et le dernier résultat de sa philosophie fut le sentiment de ne savoir qu'une seule chose, et c'était qu'il ne savait rien.

Plus de 2300 ans se sont écoulés depuis que Socrate s'entretenait ainsi avec son disciple. Mais les problèmes dont nous, gens du XIX° siècle, n'avons pas encore réussi à trouver la solution accaparent si complètement notre attention, que nous songeons rarement à mesurer la distance qui nous sépare du début des études philosophiques. Pour peu cependant que notre pensée, dans une heure de loisir, se reporte sur ce qui composait tout le capital scientifique de nos pères, nous sommes surpris de voir à quel point, relativement à nous, ils étaient indigents.

Les Grecs ne comprenaient pas la terre ; ils la prenaient pour un objet isolé et qui n'avait pas son semblable : pour nous, elle est une planète au milieu d'autres planètes, toutes soumises aux mêmes lois, se mouvant toutes autour d'un centre commun. Il en est de même de l'homme, cet autre objet resté incompris des anciens. L'étude raisonnée de l'histoire du monde, qu'ils ne pouvaient connaître que très imparfaitement, a enrichi nos langues modernes d'un mot que les lèvres de Socrate, de Platon et d'Aristote n'ont jamais prononcé : l'humanité. Là où les Grecs voyaient des barbares, c'est-à-dire des humains tout autres qu'eux-mêmes, nous reconnaissons des frères ; ce qu'ils appelaient des demi-dieux, ce sont nos aïeux ; ce qui était pour eux des peuples divers sans liens entre eux est à nos yeux une famille en travail et en souffrance, divisée par ses langues et ses haines intestines, mais se dirigeant pas à pas et sans le savoir vers un but inconnu; nous avons cessé de voir dans la nature environnante les agissements d'un mauvais esprit, et dans l'histoire une agglomération d'événements amenés par le hasard ou déterminés par la force d'un despotique destin ; nous fouillons le passé, cherchant une pensée cachée dans les actes de la race humaine, et nous comprenons que chaque effet a sa cause, que tout s'enchaîne dans le monde moral comme dans la nature physique, qu'il n'est rien d'irrationnel, ni dans l'histoire, ni dans la nature, et nous croyons que la raison est appelée à découvrir dans l'histoire comme dans la nature la manifestation d'une puissance transcendante et le motif de notre existence.

Mais ce résultat, nous ne pouvions y parvenir avant d'avoir appris qu'un individu n'est pas un être isolé et complet en soi; qu'on ne peut, pour l'étudier, le disjoindre de sa famille dont tous les membres sont gouvernés par les mêmes lois, se meuvent tous autour d'un même centre, et reçoivent tous leur lumière du même foyer : il fait partie d'une classe, d'un genre ou d'une espèce, et ne saurait être compris autrement que dans ses rapports avec ses semblables.

« Pour comprendre l'homme, » a dit récemment un illustre naturaliste, « c'est trop peu de ne le pas disjoindre des êtres qui lui sont en tout point semblables ; il est tout aussi nécessaire de l'étudier dans ses rapports avec ses plus proches parents, les animaux inférieurs. »

Je n'ai pas fait mention jusqu'ici d'une hypothèse sur l'origine de l'homme, parue de nos jours, et qui eût été la plus remarquable de notre siècle, si ce même sujet n'avait pas été simultanément traité à un point de vue bien autrement profond.

Pendant un voyage qu'il fit dans l'Amérique du Sud, Darwin avait été frappé des étroits rapports qui existent entre les espèces vivantes et les espèces fossiles de ce continent : ce lien qui unit le passé au présent lui parut devoir jeter du jour sur l'obscure question de l'origine des espèces. Il fallait avant tout se rendre compte de la manière dont les organes peuvent se modifier ; l'étude des animaux domestiques et des plantes cultivées mit Darwin sur la voie ; cette continuité de caractère dans la structure des êtres organiques, rehaussée bien plus qu'atténuée par une succession de modifications, lui fit voir dans tous les êtres vivants non des créatures indépendantes les unes des autres, mais des descendants d'autres êtres éteints.

L'idée de l'évolution, comme du reste toute autre idée, peut être dangereuse si elle n'est pas bien comprise et si elle mène à nier la permanence des grandes lignes de démarcation dans la nature. L'évolution, selon Darwin, part de commencements distincts et aboutit à des fins distinctes ; Darwin admet donc, non un progéniteur unique pour les grands genres naturels, mais plusieurs, et rien ne prouve mieux sa parfaite sincérité scientifique que ce qu'on s'est plu à appeler son inconséquence.

Au bout de plusieurs années d'un travail persistant, Darwin publia son livre traitant de l'origine des espèces.

Il n'est pas question pour moi de le résumer. L'auteur ne procède pas comme un savant exposant son système ; ses allures sont celles d'un naturaliste qui, pendant ses excursions, examine la nature dans ses innombrables et plus minutieux détails ; quand deux faits qu'il juge pour le moment exacts lui semblent pourtant se contredire, il les mentionne l'un et l'autre, car il est infiniment trop sincère pour dérober à la connaissance du public celui de ces faits qui pourrait porter atteinte à sa théorie. Du reste, il avoue à chaque pas que cette théorie n'est pas encore sortie de la brume qui enveloppe toute idée nouvelle à sa naissance ; un explorateur comme lui, qui a réussi à expliquer tant de mystères, aurait eu le droit de s'enorgueillir, mais c'est ce qui ne lui arrive jamais. Jamais sa pensée ne se replie sur lui-même ; sa propre personne avec tout son génie paraît ne pas exister pour lui ; une seule chose existe : les phénomènes qu'il étudie.

L'idée que tous les êtres organiques ont été dès l'origine tels que nous les voyons à présent était presque inévitable aussi longtemps que l'on croyait le monde de formation relativement récente, et ceux qui ne cherchaient pas ailleurs que dans la théorie traditionnelle de la création indépendante de chaque espèce l'explication du monde sous son aspect actuel ne pouvaient dire qu'une seule chose : si chaque animal, chaque plante sont tels qu'ils sont, c'est qu'il a plu au Créateur de les faire ainsi. — Parce que la théorie darwiniste a fait crouler l'ancienne croyance en la création successive des êtres, on a dit que les opinions de Darwin blessaient le sentiment religieux. Ces sortes d'impressions sont passagères, comme l'ont été celles de Leibniz qui reprochait à Newton d'avoir introduit dans la science « des propriétés occultes et le miracle », et qui attaquait la loi de l'attraction universelle comme subversive de la religion naturelle et, dans ses conséquences, de la religion révélée.

Après avoir expliqué comment, d'un très petit nombre de germes, la nature avait pu produire tous les genres de végétaux et d'animaux inférieurs, Darwin n'eut pas besoin d'ajouter un germe de plus pour faire paraître sur la scène ce qui devait s'appeler plus tard l'humanité ; le principe de l'évolution nécessaire du monde organique suffisait à résoudre toutes les difficultés ; les forces naturelles, entraînées dans un même mouvement, se ramifièrent et poussèrent en divers sens jusqu'à ce qu'elles eurent atteint le point culminant en s'incorporant dans la créature humaine.

Le livre de la *Descendance de l'homme* contient la généalogie de cet animal supérieur que Darwin compare constamment à l'animal inférieur. Si tous deux ont tant de choses en commun dans la composition chimique de leurs corps, leurs vésicules germinatifs et leurs lois de croissance et de reproduction, c'est qu'ils descendent d'un même ancêtre ; en outre, tout prouve que l'homme a reçu du prototype des mammifères tous les caractères spécifiques de ses propres organes. On comprend dès lors pourquoi, aux yeux de la plupart des naturalistes, la structure de l'embryon est plus importante, pour une classification rigoureusement exacte, que celle de l'adulte, car l'embryon étant l'animal dans son état le moins modifié, c'est lui qui représente le mieux la forme originale du progéniteur primitif.

Pour qu'une espèce d'animal inférieur ait pu atteindre le niveau de l'homme, il fallait qu'obéissant à la loi universelle, elle variât corporellement et mentalement durant une longue suite de générations ; on ignore les causes premières de la variabilité, mais il a été prouvé que les conditions de vie auxquelles les êtres se trouvent soumis ne sont pas étrangères au renouvellement du phénomène. Comme toutes les autres espèces, l'homme s'est multiplié au delà de ses moyens de subsistance ; il aura dû lutter pour préserver sa vie, et les individus les mieux armés pour le combat auront survécu en plus grand nombre et généré plus de descendants robustes. L'homme acquit la possibilité d'exprimer ses besoins à l'aide d'un langage d'abord peu différent de celui des animaux inférieurs, mais l'usage continu de la parole réagissant sur le cerveau le munit de l'instrument auquel il dut l'épanouissement de ses facultés mentales, qui seules permettent d'établir entre l'homme et la bête une véritable distinction ; la différence ne s'entrevoit pourtant qu'à partir d'une certaine époque de leur existence, car, dans sa première phase, l'intelligence des jeunes humains ne diffère point de celle des autres petits mammifères. C'est plus tard qu'elle commence à poindre, qu'elle grandit et enfin devient énorme, même si l'on prend pour point de comparaison l'intelligence du singe le mieux organisé et celle du plus abject sauvage qui n'a pas su trouver de mot pour exprimer l'affection la plus élémentaire. Mais les hommes ne sont pas non plus tous au même niveau : sans parler de la distance qui sépare les facultés d'un Papou de celles que nous savons avoir été le partage d'un Newton ou d'un Kant, nous remarquons de sensibles écarts entre le pouvoir mental de deux individus de même race; mais toujours et partout ces points extrêmes sont reliés entre eux par des nuances qui se fondent les unes dans les autres par d'insensibles gradations. Darwin en conclut que la distinction à faire entre l'intelligence de l'homme et celle de la bête réside dans le degré et non dans l'essence.

Darwin partage l'avis des personnes qui regardent le sens moral dans l'homme comme le distinguant particulièrement des animaux inférieurs, et il en découvre la source dans les instincts sociaux dont les plus importants éléments sont les liens de la famille et les émotions qui en proviennent. Ce sens rend l'homme capable d'approuver certains de ses actes et d'en désapprouver d'autres ; après avoir été maîtrisé par une passion passagère, il réfléchit, établit une comparaison entre l'impression déjà affaiblie des motifs qui l'ont fait agir et l'appel que lui adresse actuellement son instinct de la sociabilité, et il forme le propos d'agir autrement à l'avenir; l'opinion d'autrui influe sur sa conduite, mais c'est moins l'opinion de la généralité de ses concitoyens que celle de la petite communauté à laquelle il appartient.

L'instinct social est également propre à un grand nombre d'animaux inférieurs, mais cette mutuelle sympathie chez eux ne s'étend pas à toutes les espèces de leur genre; de même que chez l'homme, elle ne se porte que sur les individus de leur petite communauté.

Avec le progrès de la civilisation et à mesure que les communautés de petites deviennent grandes, la raison incline l'homme à étendre sa sympathie à tous les membres de sa nation; arrivé à ce point, il n'a plus devant lui qu'une barrière artificielle à franchir pour envelopper dans le même sentiment de bienveillance les hommes de toutes races; mais si ces races se distinguent fortement de la sienne dans l'aspect extérieur et les habitudes de la vie, il lui faut beaucoup de temps encore pour apprendre à reconnaître en elles des agglomérations d'humains semblables à lui.

Le sens moral qui élève l'homme fort au-dessus de la bête, l'a pu mener à concevoir le précepte : « Agis envers les autres comme tu veux qu'ils agissent envers toi. » La sympathie qui va au delà des confins de l'humanité, la pitié pour les bêtes, semble être celle de ses acquisitions morales qui se développe en dernier lieu. Le sens moral de l'homme a son équivalent dans les animaux d'ordre inférieur : c'est lui qui les rend capables de se perfectionner sous l'influence de l'intelligence, de l'habitude et de l'hérédité, au point d'avoir transformé le prototype du loup et du chacal en chien.

Rien ne nous fait supposer qu'à l'origine l'homme ait pressenti l'existence d'un principe supra-humain; tout semble plutôt indiquer que ce que nous appelons le sentiment religieux lui était alors inconnu; mais la question change de signification si, par le sentiment religieux, nous entendons la croyance en des agents invisibles quelconques, car cette croyance-là a été générale. Et cela est naturel ; à peine certaines facultés de l'imagination, comme l'étonnement et la curiosité, se furent-elles éveillées dans l'homme, il aura voulu comprendre ce qui se passe autour de lui ; sa première pensée aura été que tous les phénomènes de la nature proviennent de la présence en eux d'êtres inconnus poussant à l'action de la même manière que l'homme se sent lui-même poussé à agir. Cette croyance, dans le cours des âges, l'aura facilement mené au fétichisme, puis au polythéisme, et enfin au monothéisme ; elle lui aura simultanément inculqué diverses superstitions étranges dont quelques-unes ont eu des effets terribles, tels que le sacrifice d'êtres humains à une puissance avide de sang humain, car l'homme sauvage attribue volontiers à des pouvoirs supérieurs le désir de la vengeance, ainsi que toutes les autres mauvaises passions qu'il porte en lui-même.

Parmi les peuples civilisés, la représentation d'un Dieu qui sait tout, qui voit tout, exerce une puissante action sur la moralité : l'homme apprend peu à peu à ne plus regarder la louange ou le blâme de la société comme son seul guide ; ce guide extérieur est remplacé par des convictions personnelles qui procèdent de la raison, et c'est là la conscience. Un sentiment humain très compliqué est celui de la dévotion religieuse : c'est un mélange d'amour, de soumission, de gratitude, d'espoir, et peut-être d'autres éléments encore ; nul n'est en état d'éprouver une émotion aussi complexe, tant que ses facultés intellectuelles et morales n'ont pas atteint un niveau du moins médiocrement élevé. Mais l'on voit quelque chose qui s'en rapproche dans la profonde affection du chien pour son maître, laquelle est un mélange de complète soumission, de crainte, de dépendance, et peut-être d'autres éléments.

Les savants étaient depuis longtemps d'accord pour voir dans le langage la barrière qui sépare la bête de l'homme : c'est ce que constatent tous les livres de logique. Mais ce caractère spécial à la créature humaine n'attire que fort peu l'attention de Darwin. « L'homme, dit-il, faisait d'abord, comme les animaux inférieurs, usage de cris inarticulés, accompagnés de gestes et de mouvements de la face, pour exprimer ses sensations. Certains animaux, dit-il encore, ne manquent d'aucune des conditions physiques nécessaires au langage articulé, car il n'est pas une lettre de l'alphabet qu'un perroquet ne puisse prononcer. » Darwin s'avance encore plus loin : « Ce n'est pas le simple pouvoir d'articuler qui distingue réellement l'homme des autres animaux : c'est surtout son pouvoir d'unir des sons définis à des idées définies. »

Il eût été difficile de mieux dire, et il faut avouer que c'est là, de la part de Darwin, une grande concession ; mais ensuite, et peut-être pour atténuer la portée de cet aveu, il ajoute : « Si des membres de l'ordre des primates n'usent pas de leur organe vocal pour parler, c'est que leur intelligence n'est pas encore suffisamment développée. »

Cependant, aucun effort de raisonnement, en l'état actuel de nos connaissances, ne saurait nous faire comprendre comment des milliers de siècles passés à hurler et à aboyer pourraient mettre les loups et les chiens à même d'unir une seule idée définie à un seul son défini ; et si nous disions qu'à l'aide de circonstances particulièrement favorables quelque genre inconnu d'animal primitif a pu apprendre à parler, et aurait ainsi élevé ses descendants au niveau des hommes, nous raconterions là des contes fantastiques, mais ce ne serait pas faire des recherches scientifiques.

Darwin ne se déconcerte pas. « Dans une série de formes allant insensiblement d'une espèce simienne quelconque jusqu'à l'homme tel qu'il est à présent, dit-il, il est impossible de fixer le point où le terme *homme* pourrait être appliqué. » Il est évident que si les gradations étaient insensibles, il n'y aurait nulle possibilité de préciser le point où l'animal finit et où l'homme commence ; l'admission de degrés insensibles effacerait non seulement toute différence réelle entre une brute et un homme, mais aussi la différence entre le blanc et le noir, le chaud et le froid, le son aigu et le son grave ; toute connaissance exacte cesserait d'exister du moment que ces lois de la nature, les lignes de démarcation, qui nous mettent à même de compter et de savoir, disparaîtraient.

Je rapprocherai maintenant les uns des autres quelques passages dispersés en divers endroits de l'*Origine des Espèces* et de la *Descendance de l'homme*, qui ont particulièrement attiré l'attention des critiques.

« Tout ce que nous voyons autour de nous, et tout ce que nous sommes, est le produit de lois toujours agissantes ; ces lois, prises dans leur sens le plus vaste, sont : la loi de croissance et de reproduction ; la loi d'hérédité presque impliquée dans la reproduction ; la loi de variabilité résultant de l'action directe et indirecte des conditions extérieures de la vie ; la loi de multiplicité dans une progression si forte qu'elle conduit immanquablement à la lutte pour l'existence, et de là à la sélection naturelle, laquelle détermine les divergences des caractères et l'extinction des formes moins parfaites. Le résultat final de cette guerre de la nature, qui procède par la famine et par la mort, est le fait le plus admirable qu'il nous soit donné de concevoir : la production des êtres organiques supérieurs. »

Et ailleurs : « Il y a une vraie grandeur dans cette conception de la vie avec toutes ses puissances infusées à l'origine par le Créateur dans quelques formes rares ; il est pardonnable à l'homme d'éprouver quelque orgueil à la pensée d'avoir gravi, quoique sans effort de sa part, jusqu'au faîte de l'échelle du monde organique ; et la conscience de se trouver à une si grande élévation après être parti de si bas peut lui faire supposer qu'il marche vers une destinée plus haute encore... on entrevoit, dans les temps futurs, des champs ouverts à des recherches bien plus importantes que toutes celles qui ont déjà mené à tant de découvertes ; la psychologie sera basée sur un fondement nouveau : celui de l'acquisition graduelle et nécessaire de tout pouvoir mental ; et alors, la lumière se fera sur l'origine de l'homme et son histoire. »

Et ailleurs : « Le sens moral, qui tend à primer sur tout autre principe d'action, se résume dans le mot bref et impérieux : *Il faut !* et Darwin cite l'apostrophe de Kant que je résume ainsi : « Devoir ! grande parole qui agis, non par insinuation ou par menace, mais en dressant dans l'âme l'image d'une Loi, et l'obligeant à la vénérer, sinon toujours à lui obéir, et devant laquelle tous les appétits se taisent, alors même qu'ils s'irritent contre elle ; Devoir ! quelle est ton origine ? »

Darwin poursuit : « Cette grave question : quelle est ton origine ? a été souvent et très habilement débattue ; si j'y touche à mon tour, c'est que personne encore, que je sache, ne l'a abordée du point de vue de l'histoire naturelle de l'homme. Quand l'amour du prochain et l'abnégation de soi-même se sont fortifiés dans le cours d'un nombre incalculable de générations, sous l'influence de la réflexion et de l'habitude, l'homme peut ne plus hésiter à risquer sa vie pour sauver celle d'un de ses semblables ou à la sacrifier pour quelque grande cause, et cela sans qu'un entraînement irréfléchi s'unisse au raisonnement ; il se dit : Je suis le juge suprême de ma propre conduite, et la dignité humaine n'aura pas à souffrir en moi. »

Les plus chaleureux partisans de Darwin eussent désiré qu'il se soit exprimé plus clairement. Les uns ont été étonnés de rencontrer le mot de *Créateur* dans quelques éditions de l'*Origine des Espèces* et non dans toutes ; d'autres ont fait remarquer que Darwin a pu dire avec une bonne foi parfaite : « Je ne vois pas que mes vues puissent blesser les sentiments religieux de qui que ce soit. » La pensée de Darwin n'a donc pas été saisie, et les commentaires ont été nombreux. En tout cas, du moment que l'auteur de la *Descendance de l'homme* a cru avoir trouvé dans les instincts sociaux le premier germe de l'idée du devoir, on peut s'étonner qu'il ait cédé au désir de prononcer le nom de Kant et de citer son apostrophe. Mais il est évident que Darwin ne voyait pas dans l'univers le produit fortuit d'une combinaison de matières ; il admettait l'existence d'une loi fonctionnant d'elle-même à l'origine, et continuant à fonctionner. Pour mieux comprendre sa pensée, il faudrait pouvoir définir les termes dont il se sert. Il parle de la sélection naturelle ; mais, dans le parler ordinaire, la sélection présuppose quelque chose qui distingue et qui choisit, et pour distinguer et choisir, l'intelligence est nécessaire ; et si la nature est intelligente, qu'est-ce donc que cette nature ?

La tentation de faire descendre l'homme d'une créature qui n'eût pas été homme émut puissamment notre génération, et la plupart parmi nous n'eurent qu'à se laisser aller à un sentiment naturel de répugnance pour la repousser avec indignation. Pourtant, cette voix intérieure qui nous dit qu'une chose est fausse ne prouve pas encore qu'elle soit fausse : en y regardant de près, nous devons reconnaître que bien des faits humiliants sont acceptés par nous sans nous faire sourciller ; nous ne nous scandalisons pas plus d'être composés exactement des mêmes éléments chimiques que tous les animaux inférieurs, que nous ne regimbons contre l'injustice du sort qui nous impose à tous de naître et de mourir ; mais cette soumission irréfléchie n'a pas plus de base rationnelle que la révolte de nos sentiments devant la prétention de nous donner un simple animal pour ancêtre. L'idée que des animaux aussi disparates que le singe, l'éléphant, l'oiseau, le poisson et l'homme, pouvaient être provenus des mêmes parents, nous semble trop monstrueuse pour être vraie ; ce sentiment, au point de vue de la science, n'a aucune valeur : devant toutes les protestations de notre conviction morale, la science, en tant que science, demeure impassible ; la seule arme admise dans les débats scientifiques, c'est le fait objecté à un fait, un argument à un argument. Aussi, tous les appels qui peuvent être faits à notre orgueil, à notre dignité ou à notre piété, resteront également hors de propos tant que nous n'aurons pas obtenu la preuve que l'homme possède quelque chose qui n'existe point dans les bêtes, ni actuellement, ni virtuellement.

Il est fâcheux d'avoir à enregistrer le fait qu'il ne suffit pas d'unir un profond savoir à la sincérité dans les recherches pour doter le monde d'une idée juste : le monde se hâte trop d'accepter ou de rejeter un nouveau système avant de s'être donné la peine de faire dans ce système deux parts, dont l'une se rangerait promptement parmi les vérités évidentes, tandis que l'autre demande à être soumise à un minutieux examen et au triage. Justement, la grande œuvre darwiniste se laisse diviser en deux ; c'est d'abord l'histoire de la formation et du développement graduel du monde organique représenté par les végétaux et les animaux, y compris l'homme (*Origine des Espèces*), et c'est encore l'histoire, intimement liée à la première dans la pensée de l'auteur, de la formation et du développement graduel de l'homme considéré comme être composé de corps et d'esprit (*la Descendance de l'homme*).

On dirait à première vue qu'un tribunal apte à distinguer, dans cette doctrine, la vérité de l'erreur n'a pas encore été trouvé. En effet, le matérialisme scientifique n'a pas voix au chapitre, car sa mission à lui consiste à travailler sur la matière telle qu'elle est actuellement ; et quand, des faits qu'il a constatés, il s'aventure à en appliquer les conséquences aux origines, il sort de sa sphère, et ses conclusions ne peuvent être qu'arbitraires ; c'est ainsi que, trouvant la théorie de Darwin entachée d'idéalisme, il la condamne sans preuves. Le dogmatisme religieux ne s'est pas montré plus capable de décider la question : car ce dogmatisme-là, par cela même que son domaine est la foi, ayant trouvé que cette théorie ne fait pas une part suffisante à l'action divine, juge qu'il n'a que faire de l'examiner à la lumière de la science, et il se borne à la condamner aussi sans preuves. Mais toute condamnation qui ne peut prouver qu'elle frappe juste n'a pas de valeur scientifique ; un seul tribunal est compétent à juger et à résoudre la question, c'est la philosophie du langage, qui seule possède le dossier complet du procès. Le point où l'animal finit et où commence l'homme peut être déterminé avec une rigoureuse précision, car il coïncide avec le commencement de la période radicale du langage, et le langage, c'est la raison.

II

AU TEMPS DE NOS ANCÊTRES ARYENS

J'ai passé en revue les études entreprises et poursuivies à tâtons dans le but de savoir ce qu'est cet être complexe, l'homme ; j'ai mentionné les suppositions plus ou moins fantaisistes hasardées sur ce sujet, et je me suis longuement étendu sur un système récent dont la partie fondamentale, magnifique monument scientifique auquel la méthode expérimentale a donné une base solide, est suivie d'une seconde partie qui traite spécialement de la descendance de l'homme. Le moment est venu d'examiner les travaux d'une école philosophique qui, dirigée par une lumière absolument nouvelle, remonte dans le passé et juge à son propre point de vue tout ce qui a été entrevu, ou simplement soupçonné, ou complètement faussé par les écoles précédentes.

La science du langage, basée sur l'identité de la pensée et de la parole, ne date que du commencement du siècle; le premier problème qu'elle se pose est celui de l'origine, chez l'homme, de la pensée et de la parole, qui toutes deux essentiellement unies ont fait que l'homme est l'homme; l'instrument avec lequel cette science opère s'appelle la philologie comparée; c'est au moyen de l'analyse des langues, tant vivantes que mortes, qu'elle s'est proposé d'atteindre aux premières couches de la pensée humaine. Il est évident que, pour pénétrer aussi profondément, cette analyse doit suivre la marche de la parole durant toute la période de temps où elle aura retenti, ce à quoi aucune autre école philosophique n'avait songé ; toutes d'ailleurs semblent avoir ignoré qu'au delà du commencement du langage humain, il ne pouvait y avoir le moindre vestige d'humanité ; il s'ensuit qu'elles devaient de même ignorer que les seules archives où il soit possible d'étudier l'histoire de l'humanité et le développement de la raison sont celles du langage lui-même.

Partout où il existe des codes sacrés, nous les trouvons composés dans la plus ancienne langue des peuples qui les possèdent ; tel est le cas en Perse, en Chine, en Palestine, en Arabie et dans l'Inde ; c'est donc dans les littératures tenues pour divinement révélées qu'il faut chercher les couches successives de la pensée de ces peuples.

Mais les vieilles littératures diffèrent beaucoup entre elles ; la plupart contiennent des idées qui semblent appartenir à différents âges ; souvent aussi, précisément en Grèce, à Rome et en Perse, nous nous trouvons en présence d'idées déjà parvenues à un très haut degré de développement, ou bien en train de perdre leur première clarté. Chez les Hindous seuls il nous est donné de pouvoir suivre pas à pas la croissance des conceptions et les transformations des noms qu'elles revêtirent ; plus qu'aucun autre monument littéraire du monde entier, les Védas nous montrent la suite ininterrompue de l'évolution du langage et de la pensée, depuis les premiers mots prononcés par nos ancêtres primitifs jusqu'à notre dernière pensée à nous.

L'Inde n'a pas de restes d'anciens temples ni d'anciens palais ; ce genre d'édifices y était probablement inconnu avant l'invasion d'Alexandre ; le peuple hindou s'est toujours senti étranger sur la terre, et le constant souci des rois de l'Égypte et de Babylone, de perpétuer leur renommée pendant des milliers d'années au moyen de briques et de blocs de pierre, ne lui entra pas dans la tête avant que des gens venus du dehors ne le lui eussent inspiré. En revanche, dès les temps les plus reculés, il était en possession de textes sacrés, et c'est sous leur forme première qu'il les conserve encore. Le nombre des œuvres sanscrites dont les manuscrits sont dans nos mains s'élève à plus de dix mille. Qu'auraient dit Platon et Aristote, s'ils avaient su que, dans cette Inde qu'Alexandre venait d'envahir, il existait une littérature non seulement plus volumineuse que la leur, mais datant de si loin que déjà à cette époque, le vieux sanscrit qui servit à formuler la pensée religieuse et philosophique de ses premiers habitants, était une langue morte! Cette littérature, qui depuis lors n'a pas cessé de grossir, comprend maintenant les livres canoniques des trois principales religions du vieux monde aryen: il y a le *Zend-Avesta*, livre des mages, écrit en zend, l'ancien persan; le *Tripitaka*, livre des bouddhistes, qui contient des traités de morale, de philosophie dogmatique et de métaphysique; et enfin le livre des brahmanes, intitulé les *Védas*.

Il serait difficile de dire lequel des deux livres, de l'Ancien Testament ou des Védas dans quelques-unes de leurs parties, compte le plus de siècles d'existence; ce qui est certain, c'est que la race aryenne n'en a pas d'antérieur aux Védas; le substantif *Védas* signifie: « connaissance »; *veda*, grec *Foida*, est un verbe qui veut dire en sanscrit comme en grec : « je sais ». Le livre des Védas contient l'ensemble de la plus antique science brahmanique et renferme d'abord quatre collections d'hymnes : celle qui a pour titre le Rig-Véda (hymnes de louanges) est le vrai Véda; et les autres Védas sont au Rig-Véda ce que le Talmud est à la Bible. Ce Rig-Véda, qui durant plus de trois mille ans a fait le fond de la vie morale et religieuse d'innombrables millions de créatures humaines, n'avait pas été publié avant que, par un heureux hasard, Max Müller pût en donner une édition complète, accompagnée des commentaires les plus autorisés sur la théologie indienne.

Les poètes hindous mirent plusieurs siècles à composer leurs hymnes, et, six cents ans avant notre ère, la collection en était complète ; d'anciens traités nous apprennent qu'à cette époque les écoles de théologie avaient déjà achevé un grand travail, celui de compter chaque verset, chaque mot, chaque syllabe de ces hymnes ; le nombre des syllabes est de 432.000, le nombre des mots de 153.826, celui des versets varie dans ces traités de 10.402 à 10.622 ; et, jusqu'à l'introduction de l'écriture, les hymnes védiques se sont conservés de mémoire et avec une fidélité que constatent les calculs consignés dans les traités avec la description exacte de chaque hymne, de son mètre et de la divinité qu'il célèbre. C'est ce Rig-Véda qui est maintenant le fondement de toutes les études de linguistique, de mythologie et de religion ; sans lui, jamais nous n'aurions pu obtenir un aperçu des croyances de nos ancêtres.

Je me transporterai d'emblée au berceau des Aryas, « des gens de bonne famille », situé selon les uns, sur le continent asiatique, selon d'autres plus au Nord, entre la mer Baltique et la mer Caspienne. Ce sera ma première étape ; je n'y ferai qu'un peu d'histoire et un peu de grammaire.

Il y eut une époque où la masse du peuple aryen s'ébranla pour abandonner son habitat primitif et se répandre dans deux directions différentes. Cette famille se composait de deux branches ; il y avait les tribus du nord et celles du midi ; les premières se dirigèrent vers le nord-ouest de l'Asie et de l'Europe ; elles s'y établirent et leurs enfants furent les Celtes, les Grecs, les Romains, les Germains, les Slaves, peuples historiques par excellence, car toujours et partout la plupart d'entre eux ont joué les grands rôles. Doués de toutes les aptitudes pour la vie active, ils les ont développées au plus haut degré ; ce sont eux qui ont fondé la société, perfectionné les mœurs, posé les bases des sciences et des arts, et trouvé les principes de la philosophie ; éternellement en conflit entre eux et les peuples de race sémitique et touranienne, ces Aryens devinrent, dans leurs descendants, les maîtres du monde. — Pendant que les tribus septentrionales suivaient la direction du nord-ouest, les tribus méridionales s'en allaient vers les montagnes qui s'étendent au nord de l'Inde ; traversant les cols de l'Himalaya et marchant le long des grands cours d'eau, elles descendirent dans de vastes vallées fertiles, et depuis lors l'Inde a passé pour être leur patrie. La paisible demeure de ces colons aryens, garantie pendant des siècles contre les invasions des peuples étrangers, d'un côté par de hautes montagnes, de l'autre par l'océan, ne fut troublée par aucun des conquérants de l'antiquité ; autour d'eux des royaumes furent fondés et ils disparurent, des dynasties surgirent et elles s'éteignirent, mais la vie intérieure des Hindous ne reçut pas le contre-coup de ces événements. Les anciens Hindous, calmes, rêveurs, contemplatifs, étaient un peuple de philosophes qui ne connut de luttes qu'avec sa propre pensée ; l'atmosphère des idées transcendantes dans laquelle il vivait ne pouvait qu'arrêter le développement des vertus sociales et politiques et du sentiment du beau et de l'utile ; dans le passé, l'Hindou ne voyait que le mystère de la création, dans l'avenir que le mystère de la destinée ; le présent ne lui offrait rien qui pût éveiller en lui l'activité physique et semblait même ne pas exister pour lui ; il n'y eut jamais de peuple qui crût aussi fermement en la vie future et qui se préoccupât si peu de celle-ci ; et tel qu'il était au commencement, tel il est resté ; l'unique sphère où l'esprit indien se meut librement est la sphère de la religion et de la philosophie. Aussi, nulle part autant que dans l'Inde les idées métaphysiques n'ont poussé de plus profondes racines ; les formes qu'elles revêtirent à des époques de culture différentes et au milieu des diverses classes de la société étaient alternativement celles de la plus grossière superstition et du spiritualisme le plus élevé.

C'est dans ces deux branches aryennes, a-t-on affirmé, que nous trouvons nos ancêtres. Comment vérifier la justesse de cette assertion ? à quels traits de famille pouvons-nous reconnaître dans cette race nos pères ? les langues que nous parlons en sont empreintes. Supposons que nous ne sachions absolument rien de l'existence d'une langue latine et qu'aucun document ne nous parlât d'un empire romain, il nous suffirait de comparer entre eux les six idiomes romans usités parmi nous pour nous faire comprendre qu'à une certaine époque très reculée, il existait une langue de laquelle sont sortis tous ces idiomes. Conjuguez le verbe *être* en italien, en espagnol, en portugais, en français, en valaque et en rhétique, et vous verrez clairement d'abord que ce sont là des variétés d'une seule forme originale ; puis, que cette forme originale ne se peut trouver dans aucun des six dialectes mêmes, parce qu'aucun d'eux ne contient tous les éléments qui ont servi à les composer. Si la forme française : *j'ai aimé* s'explique par une simple référence au matériel grammatical que le français possède, ainsi que celle de : *j'aimerai*, qui est : *je aimer-ai*, il n'en est pas de même avec le changement de *je suis* en *tu es* ; celui-ci ne trouve pas sa raison d'être dans la grammaire française ; il doit donc tenir à la construction d'une langue qui aura précédé les idiomes romans ; et en effet, c'est le verbe *être* en latin qui résout cette difficulté ; il en est de même avec chacun des autres idiomes romans ; tous ne sont qu'une métamorphose de l'original latin.

On savait que les racines sont les mêmes dans toutes les langues aryennes, que les rouages grammaticaux des mots sont partout les mêmes, qu'une grande quantité de noms les plus nécessaires et les plus communs, tels que père, mère, ciel, soleil, lune, cheval, vache, ainsi que les principaux noms de nombre, sont les mêmes ; mais ce n'est que l'étude du sanscrit dans sa forme primitive qui permit aux érudits de découvrir la raison des changements de voyelles dans certains mots dont nous faisons usage tous les jours, et qui transformèrent le mot anglais: *to wit*, savoir, en *I wot*, je sais, et le mot allemand : *ich weiss*, je sais, en *wir wissen*, nous savons; ces changements tiennent à une loi générale dont nulle part on ne voit mieux l'application que dans le sanscrit védique, et que l'on ignorait avant de s'être mis à étudier cette langue dans le livre des Védas. (J'observerai ici que le sanscrit n'étant pas le père, mais un frère des autres idiomes aryens, là où Max Müller se sert d'une phrase sanscrite, il ne le fait que pour donner une idée des procédés du langage qu'il juge avoir précédé l'existence du sanscrit.)

Il est une autre liste de paradigmes qui, sous un aspect beaucoup moins familier que le premier, nous présente le même phénomène. Conjuguez le verbe *être* en grec, en latin, en slave, en sanscrit, en celtique, en lithuanien, en zend, en gothique et en arménien, et vous verrez que ces neuf idiomes ne sont que des variétés d'un seul original, et qu'il est impossible de considérer l'un deux comme étant la forme primitive des autres, car, ici comme là-bas, aucune de ces langues ne possède le matériel grammatical nécessaire à leur formation; le sanscrit n'aurait pu être la source des autres langues, car le grec, en plusieurs cas, a conservé des formes plus organiques que le sanscrit; le grec non plus n'a pu leur avoir donné naissance, car on ne saurait voir dans le latin un dérivé du grec, le latin ayant gardé certaines tournures plus primitives que le grec. Ainsi, tous ces neuf idiomes témoignent de l'existence d'une langue antérieure qui fut pour eux ce que fut le latin pour les dialectes romans ; seulement, ce modèle original appartient à une époque où il n'y avait pas de littérature qui eût pu nous transmettre un reste quelconque d'un langage qui, en mourant, produisit toutes les langues aryennes.

Un détail à noter: quand on compare entre elles les conjugaisons du verbe être en ces dialectes, on remarque que le sanscrit ne diffère pas davantage de la langue grecque d'Homère, de la langue gothique d'Ulphilas ou de l'anglo-saxon du roi Alfred, que les idiomes romans ne diffèrent entre eux, et qu'il y a même une ressemblance plus frappante entre le sanscrit et le lithuanien, et le sanscrit et le russe, qu'entre le français et l'italien; cette circonstance prouve que toutes les principales formes grammaticales de ces langues datent d'avant la séparation des membres de la famille aryenne, c'est-à-dire d'un temps où il n'y avait pas encore de Grecs pour parler le grec, ni de brahmanes pour invoquer le nom de Dieu en sanscrit.

La science qui constate la filiation des langues aryennes, nous fait encore entrevoir l'état social de nos ancêtres avant qu'ils fussent sortis de leur première demeure. Tout document historique concernant cette époque nous faisant complètement défaut, par la simple raison qu'il s'agit d'un temps antérieur à l'histoire, c'est encore la philologie comparée qui nous met aux mains un télescope d'une telle puissance qu'il nous est possible de distinguer des contours, des figures, là où nous n'apercevions d'abord que nuages et brouillard. Nous voyons d'ici que nos ancêtres n'étaient pas des sauvages, mais des agriculteurs nomades; qu'ils labouraient, faisaient des routes, tissaient, cousaient, bâtissaient des villes, possédaient des animaux domestiques, vivaient sous le régime monarchique et comptaient au moins jusqu'à cent. Ce qui nous l'apprend, c'est que non seulement les noms de père, mère, fils, fille, ciel, terre, mais encore ceux de maison, ville, roi, chien, vache, hache et bien d'autres, se trouvent être identiques dans les langues germaniques, celtiques, slaves, grecque, latine et sanscrite; et ils sont identiques parce qu'ils appartiennent à une langue unique, la langue mère en usage avant la séparation des tribus aryennes ; de ce temps datent aussi les mots qui, dans ces langues, désignent tous les degrés de parenté, même de la parenté par alliance ; preuves certaines que la famille était alors formellement constituée.

A cette même époque appartient le système décimal, les nombres de un à cent, un des plus merveilleux actes de l'esprit humain, produit d'une conception abstraite de la quantité, réglé par un esprit de classification philosophique et pensé, mûri et achevé avant que le sol de l'Europe eût été foulé par les Grecs, les Latins, les Slaves et les Germains. Un semblable système ne pouvait naître qu'au sein d'une société très peu nombreuse, où, à l'aide d'une sorte d'entente tacite, chaque chiffre arriva à n'avoir qu'une seule signification. Si nous étions actuellement forcés de créer d'autres termes pour un, deux, trois, nous sentirions vite la difficulté de cette tâche ; forger de nouveaux noms pour des objets matériels serait aisé, car ceux-ci ont tous différents attributs qui peuvent servir à les désigner ; nous pourrions nommer la mer : eau salée, et la pluie : eau du ciel ; mais les nombres sont des conceptions si abstraites que ce serait folie de prétendre découvrir en eux un élément palpable quelconque ; et revêtir d'un nom spécial une idée de quantité pure ne se fait pas deux fois. Si les noms de nombre jusqu'à cent sont les mêmes dans toutes les langues aryennes, il faut qu'ils datent du temps où notre race vivait resserrée dans des limites très circonscrites. Il en est autrement du mot de mille, qui diffère dans les langues germaniques et slaves, parce qu'il date d'après la dispersion de la famille ; il n'a conservé son identité qu'en sanscrit et en zend, ce qui prouve la continuité des rapports, après leur exode, entre les ancêtres des brahmanes et des zoroastriens.

C'est ainsi que des faits de linguistique pure, et si simples que l'esprit d'un enfant est capable de les saisir, nous font remonter du connu à l'inconnu et constatent notre descendance de la petite famille des Aryas.

L'homme, en tant qu'être abstrait, est étudié depuis longtemps. Max Müller étudie cet être abstrait dans l'homme de race aryenne, notre ancêtre direct, et ceci est nouveau.

Certes, nous, aryens d'aujourd'hui, nous différons grandement de nos premiers pères; mais nous n'en différons pas du tout au tout; le lien qui nous unit n'ayant jamais été rompu, ce sera lui qui nous fera comprendre comment nous sommes vraiment les enfants de nos pères.

III

LA PHILOSOPHIE DU LANGAGE

Nous remarquons en nous quatre choses : la sensation, la perception, la conception, et les signes au moyen desquels nous désignons ces choses, c'est-à-dire leurs noms, qui nous servent précisément à les distinguer les unes des autres; mais aucune de ces choses n'est une identité séparée, car les noms donnés par nous aux objets ne peuvent exister sans les conceptions, ni les conceptions sans les perceptions, ni les perceptions sans les sensations; ces quatre éléments constitutifs de la pensée ne sont que quatre phases dans la croissance de ce que nous appelons notre entendement.

Je viens de me servir de plusieurs termes usités dans le langage philosophique, parce que je ne pouvais pas m'en passer; je le regrette; il est encore plus lamentable que les philosophes en aient constamment une quantité d'autres dans la bouche, et qu'ils en créent toujours de nouveaux, car c'est à cette grande abondance de termes que nous devons en partie la confusion de nos idées. Des mots tels que impression, sensation, perception, intuition, représentation, conception, âme, raison, et tant d'autres encore, si on pouvait les bannir tous de nos dictionnaires de philosophie et ne permettre qu'à un certain nombre d'entre eux d'y rentrer, et ceux-ci épurés et revenus à leur signification première, ce serait rendre un immense service à la science mentale; car chaque écrivain s'attribuant le droit de définir ces mots à sa guise, ou même de s'en servir sans les définir, on en est presque venu à se figurer que, s'il y en a tant, c'est qu'il faut faire beaucoup de distinctions. Parce que les Allemands ont deux mots, *Verstand* et *Vernunft*, originairement destinés à exprimer exactement la même chose, les plus grands efforts ont été faits pour démontrer qu'il est une chose qu'on doit appeler *Verstand*, toute différente de celle qu'on appelle *Vernunft*; et parce que la langue allemande possède le mot *Vernunft* à côté du mot *Verstand*, les philosophes anglais ont été très anxieux d'introduire dans la langue anglaise une distinction entre *understanding* et *mind*; et parce que nous avons un mot pour l'impression et un autre mot pour la sensation, nous nous imaginons que les impressions existent à côté des sensations, tandis que l'impression n'est qu'une face de la sensation, son côté passif, dont on peut certainement parler à part, mais qui est inséparable du côté actif, lequel est la sensation. On peut admettre que chaque effet de la sensation a été distingué et nommé dans un but pratique et utile, mais grand est devenu l'inconvénient quand les termes se sont multipliés outre mesure. Usons donc — avec précaution — de la richesse de langage accumulée par une longue suite de penseurs, mais à condition de ne pas accepter la monnaie pour plus qu'elle ne vaut; pesons nos paroles comme on pesait jadis l'or et l'argent, et ne nous laissons pas tromper par leur valeur courante. Quand nous aurons bravement résolu de nous moins préoccuper d'une foule de mots reconnus superflus, ne nous imaginons pas en être devenus plus pauvres, car nous ne perdons que ce qu'en réalité nous ne possédions pas. Cependant, telle est l'action de la parole sur la pensée, qu'à peine avons-nous rejeté un de ces noms, il nous semble que la chose même nous a été volée; nous oublions que nous pouvons parler du lever du soleil tout en sachant fort bien que le soleil ne se lève point. Ces choses qu'on appelle l'âme, l'intellect, l'entendement, la raison; la mémoire, n'existent pas comme telles. Cette assertion peut paraître exorbitante aux philosophes qui croient que la dignité de l'homme consiste à posséder tous ces pouvoirs et d'autres encore; mais c'est simplement du polythéisme philosophique tout pur que d'en parler comme d'autant de forces indépendantes; et bien que ce polythéisme soit devenu orthodoxe, il n'est pas trop tard pour protester contre lui. Faisons usage de ces termes si nous les trouvons commodes, mais comprenons bien qu'ils ne représentent rien d'autre que certains modes d'action du *moi*.

Il est à regretter que nos langues modernes n'aient pas, pour remplacer le mot d'entendement, ce que possède la langue sanscrite, un mot qui signifie : *travail interne;* il nous est très difficile, quand nous disons l'*entendement*, de ne pas nous le représenter comme quelque chose qui habite en nous; or, l'entendement n'est que le travail interne qui consiste en sensations, en perceptions, en conceptions et en appellations; et l'ouvrier qui accomplit ce travail, c'est *le moi*.

Nous ne sommes rien que le moi ayant conscience de lui-même.

Il est un vieux mot pourtant qu'il serait désirable de réintroduire dans notre phraséologie philosophique : c'est le mot grec *logos;* il veut dire le mot et la pensée inséparables l'un de l'autre; *logos* est un seul acte intellectuel sous deux aspects; ce mot est absolument intraduisible. Il est étrange, nous disait-on à l'école, que les Grecs n'aient pas distingué entre logos-parole et logos-raison; et l'on nous représentait comme un progrès que des philosophes modernes ont su faire la distinction entre logos, le mot prononcé, et logos, le mot pensé; mais à l'école on avait tort, et ce sont les Grecs qui avaient raison; car s'il y a quelque avantage à distinguer les deux faces d'un même objet, cet avantage est plus que neutralisé si nous voyons dans les deux faces, deux objets différents. Évitons l'erreur très commune de croire que deux choses qui se laissent distinguer l'une de l'autre ont droit à une existence indépendante; nous distinguons une orange de son écorce, mais une orange ne peut croître sans l'écorce, ni une écorce d'orange sans le fruit.

Mais entendons-nous : on ne demande pas aux partisans du principe d'unité de pousser le fanatisme jusqu'à proscrire entièrement tous ces termes de leur vocabulaire; disons sens en parlant du moi compris comme percevant; disons intellect en parlant du moi compris comme concevant, et disons langage en parlant du moi compris comme parlant; employons même le mot de mémoire quand nous voulons parler de la permanence partielle des sensations, des perceptions et des conceptions, et appelons raison ou même entendement, faute d'un meilleur terme, la faculté de produire ce que les logiciens nomment des propositions et des syllogismes; mais n'oublions jamais que ni se rappeler, ni raisonner ne présuppose la possession de choses appelées mémoire et raison. Dans notre for intérieur, laissons tomber ce que prétendent représenter tant d'expressions qui troublent la perspective; tenons-nous-en à cette chose unique qui est le moi; le moi seul existe, lui seul travaille; et le mot logos l'exprime.

Cette vérité, que la pensée et la parole sont inséparables, que la pensée sans la parole est tout aussi impossible que la parole sans la pensée, a été tout récemment constatée par la philologie comparée. Mais un grand nombre de savants se refusent encore à admettre que les idées sont impossibles sans les mots, tout en concédant que les mots sont impossibles sans les idées. Nous possédons une masse énorme de livres traitant de la logique, et nous n'y trouvons que des vues fort peu claires sur ce sujet; John Stuart Mill lui-même appelle le langage un des principaux secours de la pensée, et ne fait nulle part mention de l'existence d'autres instruments; cette lacune peut tenir en partie à l'influence néfaste des langues modernes qui ont deux mots, l'un pour le langage, l'autre pour la raison, ce qui nous fait supposer qu'entre ces deux mots, il est une différence substantielle et non purement formelle; et en partie aussi, à ce que les logiciens ont honte d'avouer que ce que nous avons en nous de plus spirituel, nos pensées, ne se peut passer de si misérables béquilles que le sont à leurs yeux les mots. Cependant, on ne peut faire le premier pas dans la saine philosophie avant d'avoir reconnu que nous pensons dans les mots, et dans rien d'autre que les mots. Nous le comprendrions plus aisément si nous ne prenions pas pour des pensées ce qui n'est pas des pensées; car il faut savoir que la sensation, la peine, le plaisir, le rêve, le vouloir, ne sont pas des vraies pensées, mais diverses espèces d'activité intérieure; sachons aussi que des cris, des hurlements, même les sons de vrais mots d'une langue inconnue, ne sont pas plus le langage que des émotions ne sont des pensées. Le mot logos explique tout cela, parce qu'il avait à l'origine les deux sens de rassembler et de combiner; c'est ainsi qu'il devint le mot propre à exprimer ce que nous entendons par raison; mais comme il signifiait en même temps langage, il nous apprit que l'opération de rassembler et de combiner, qui commence par la sensation et passe à la perception et à la conception, est accomplie au moment où l'acte s'achève dans le logos ou le discours.

Le langage n'est donc pas, comme on se le figure souvent, la pensée plus le son; c'est la pensée qui est réellement le langage moins le son; les mots ne sont que les signes extérieurs de la pensée; signes sonores quand nous les articulons à voix haute, muets, quand nous nous bornons à les penser; de là le fait que nous pensons en mots, et qu'il ne nous est pas possible de penser autrement. C'est parce que nous possédons le langage que nous sommes à même de tracer de vraies phrases au moyen de signes idéographiques tels que les signes astronomiques de nos almanachs, qui n'ont pas besoin d'être prononcés, et de substituer à de vrais mots des figures algébriques;

mais il nous est aussi peu donné de calculer sans des nombres que de raisonner sans mots. Notons que des symboles moins parfaits de la pensée, font aussi partie du langage : entre gens s'interpellant en langues différentes et ne se comprenant pas entre eux, il suffit de lever cinq doigts pour évoquer l'idée du nombre cinq ; la main devient alors le signe de cinq, deux mains deviennent le signe de dix, deux mains et deux pieds le signe de vingt. En Amérique, en Australie, entre tribus parlant des dialectes différents, cette façon de communiquer sa pensée a atteint un haut degré de perfection ; mais remarquons que, dans tous les cas observés, les deux parties communicantes pensent chacune dans sa propre langue, puis traduisent leur pensée en pantomime.

On ne manque pas d'observer que les sourds-muets pensent sans pouvoir parler ; mais l'argument est nul, car il est maintenant constaté qu'un sourd-muet de naissance qui aurait toujours vécu parmi d'autres sourds-muets et n'aurait pas appris à exprimer une pensée par un signe, serait incapable d'avoir une idée plus claire que celle que possède un singe ou un éléphant, et cela, sans que les naturalistes aient pu découvrir la plus légère différence de structure dans les cerveaux d'un sourd-muet et d'un individu parlant. Pour qu'un sourd-muet puisse penser et raisonner, il faut qu'il l'ait appris des hommes qui font usage de la parole ; alors seulement il manifeste des conceptions par des signes de convention qu'il substitue à des mots. Huxley accorde néanmoins à ces êtres infortunés le bénéfice d'une certaine part d'héritage mental qu'ils ont pu recevoir de leurs parents.

Tels sont les principaux points de la science du langage. Ce que cette science considère comme la loi fondamentale de la raison, l'unité de la pensée et de la parole, est le flambeau qui projette sa lumière sur l'origine de l'homme.

IV

LES BÊTES

Tandis que les philosophes et les moralistes se sont toujours occupés de l'homme, et les naturalistes des bêtes, Darwin jugea nécessaire, pour faire une bonne biographie de l'être humain, d'étudier l'homme et la bête simultanément. Type du savant modeste, par cela même qu'il était réellement savant, le naturaliste anglais avouait que beaucoup de ses vues étaient spéculatives, et il admettait que plusieurs pouvaient être fausses; mais il se consolait en pensant que, si des faits erronés font du tort à la science parce qu'ils persistent souvent longtemps, des opinions erronées, pour peu qu'elles soient basées sur une certaine évidence, sont peu dangereuses, car il ne manque jamais de gens tout prêts à les réfuter; et une fois la réfutation bien appliquée, un des chemins qui conduisent à l'erreur se trouve barré, et la vérité a plus de chance de rester maîtresse du terrain. S'il n'est pas douteux que les faits observés par Darwin, et consignés dans son livre de l'*Origine des espèces*, ne soient parfaitement exacts, je crois pouvoir ranger parmi ses opinions personnelles l'idée « que l'homme et la brute suivent dans leurs vies des voies parallèles, mais que l'homme marche plus vite et prend les devants ».

En résumant brièvement quelques observations qui ont été faites par Noiré et d'autres savants sur les animaux, j'essayerai, moi aussi, d'établir une comparaison entre ces deux proches parents, l'animal supérieur et l'animal inférieur.

Darwin n'a pas été seul à vouloir prouver qu'il n'existe pas de différence essentielle entre l'homme et la bête ; plusieurs ont même assuré que l'intelligence de certains animaux est non seulement égale, mais parfois supérieure à l'intelligence humaine. Gardons-nous des anecdotes qui ont réussi à tromper même des philosophes ; et, pour introduire de l'ordre dans nos idées troublées par des observateurs superficiels et par des faiseurs de systèmes, ces ennemis jurés de la vraie science, commençons par mettre de côté toute idée préconçue, et confessons que nous savons fort peu de chose de l'esprit des bêtes ; nous ignorons leur manière de philosopher, et nous n'avons pas encore appris comment une vache reconnaît la porte de son étable. Au lieu d'établir des parallèles entre les facultés mentales des animaux et les nôtres, étudions simplement ce qui se passe en nous, et nous verrons que jamais nous ne percevons une chose à moins de la distinguer d'autres choses, soit en la nommant, soit en la désignant par un signe quelconque, et cela, en passant par les quatre phases de la sensation, de la perception, de la conception et de l'appellation, cette dernière phase la plus importante de toutes pour la question qui nous occupe. Du moment qu'il est reconnu que les idées sont impossibles sans les mots, et que l'homme seul, parmi tous les êtres organiques, possède le langage, il en résulte, non que les animaux manquent de conceptions, mais que les leurs diffèrent des nôtres, non par le degré seulement, mais par le genre ; dès lors, la présomption que l'homme et la bête suivent des voies parallèles, et que l'homme la devance et doit par conséquent arriver plus vite au but, est une hypothèse insoutenable.

Autrefois, pour caractériser la nature de l'homme et celle de la bête, on entrait en matière en attribuant à cette dernière l'instinct pour la gouverner, au lieu de la raison qui restait l'attribution de l'homme ; et quoiqu'une affirmation ne soit pas une explication, celle-là paraissant très plausible, on s'en contentait. — Le fait est que l'instinct est dans l'homme, et qu'il est dans la bête ; si l'araignée tisse sa toile par instinct, l'enfant de l'homme cherche par instinct le sein de sa mère ; dans ces deux cas, les deux êtres sont, sous le rapport de l'instinct, à un même niveau. Nous remarquons aussi que l'homme étend involontairement le bras en avant quand il voit tout à coup un objet quelconque, animé ou inanimé, sur le point de tomber sur lui et de le renverser. Mais si nous déchirons la toile de l'araignée, et que nous voyions l'araignée fuir désespérée, puis revenir, et tâcher de réparer sa perte, nous supposons que le don de l'observation et la faculté de comparer et de réfléchir se combinent en elle dans une certaine mesure avec l'instinct. Je dirai tout de suite que personne jusqu'ici n'a réussi à expliquer l'instinct chez les animaux. Cuvier et d'autres naturalistes l'ont comparé à l'habitude ; c'est une notion vraie de la disposition d'esprit dans laquelle un acte instinctif s'accomplit, mais ce n'est pas expliquer l'acte même.

A mesure que la raison se développe dans l'homme, l'instinct joue en lui un rôle de moins en moins important, tandis que, dès leur naissance jusqu'à leur dernier jour, le chat chasse la souris, l'oiseau vole et le poisson nage par instinct ; et tous les travaux des fourmis, des abeilles, des taupes, ne cesseront pas de nous émerveiller, parce qu'ils sont inséparables de la structure morphologique et des fonctions vitales de ces créatures. Les impulsions naturelles qui seules dirigent les bêtes pendant qu'elles font des nids, des ruches, des greniers à provisions, des écheveaux de soie sous formes de cocons et qu'elles enrichissent leur monde et en partie le nôtre de tant de produits de leur industrie, ces impulsions ont été exercées et fortifiées par l'habitude résultant des actes de toute l'espèce, dans le cours d'innombrables générations. C'est pour n'avoir pas distingué l'instinct qui est dans l'homme de celui qui est dans l'animal, et pour avoir cru pouvoir attribuer les actes des créatures conscientes au penchant naturel qui détermine ceux des créatures inconscientes, que Renan, supposant les Hébreux en possession de l'idée intuitive du monothéisme, l'expliqua comme le produit d'un instinct religieux.

Il est sûr que, pour l'homme et pour la bête, le point de départ est le même ; chez les deux, la connaissance des choses procède des impressions des sens qui transmettent à l'intelligence l'image des objets extérieurs ; mais leurs capacités divergent. L'animal reste, dans toute la force du terme, l'esclave de ses organes ; la vue d'un os à ronger, la vue du coin où il est accoutumé de s'étendre, l'accueil amical qu'il reçoit de la créature humaine, provoquent dans un chien des enchaînements de sensations qui lui tiennent lieu des enchaînements d'idées qui sont propres à l'homme.

Le privilège de l'homme d'introduire de nombreux intermédiaires entre ses intentions et les résultats qu'il se propose d'obtenir témoigne de sa grande liberté d'esprit, de son expérience du passé et de sa prévoyance de l'avenir, toutes choses qu'il doit uniquement à son pouvoir de se représenter ce qui n'est plus et ce qui n'est pas encore ; il renouvelle donc à volonté en son esprit l'image des objets extérieurs qui ne sont plus devant lui. C'est que l'homme, qui a la parole pour nommer les objets, *pense* les objets ; mais l'animal, faute d'avoir le langage, ne *pense pas* les objets et, dès qu'il n'est plus en leur présence, ne peut pas se les représenter.

L'usage et le non-usage d'instruments creuse un abîme entre l'homme et l'animal. La brute la plus intelligente, un singe d'un ordre supérieur, n'emploie jamais un instrument quelconque, pas même le plus primitif, pour servir d'intermédiaire entre sa volonté et la réalisation de cette volonté ; l'animal ne crée donc jamais rien, c'est-à-dire ne transforme jamais un objet en un autre qui lui serve à atteindre un but nouveau ; jamais on n'en a surpris un, transportant, par exemple, un objet d'un endroit dans un autre pour s'en faire un marche pied et l'aider à saisir un fruit hors de sa portée, et qu'il convoite.

Mais ce que nous pouvons, je crois, concéder à Darwin, c'est que, même dans la sphère mentale, nous ne nous séparons jamais entièrement des bêtes. Nous avons l'expérience d'un certain état d'âme où le rêve alterne avec des tressaillements passagers, qui procèdent d'un fond d'émotions parfois intenses mais toujours très confuses; nous ne nous en rendons pas compte à nous-mêmes, parce que cet état, n'ayant rien de commun avec la vraie pensée, inséparable de la conscience des choses, manque de mots pour s'exprimer. Mendelssohn, auquel cette disposition morale était parfaitement connue, a dit : « C'est juste au moment où le langage est impuissant à dire ce que l'âme éprouve que s'ouvre pour nous la sphère de la musique ; si tout ce qui se passe en nous pouvait être rendu par la parole, je ne ferais plus de musique. »

Une troupe d'oiseaux fend l'air, et salue de quelques notes brillantes poussées à l'unisson un départ que détermine un motif inconnu de ceux qui lui obéissent ; il y a là une excitation de l'humeur et de la volonté, une activité collective, une impulsion sociale, qui partent des insondables profondeurs de la vie sensitive, et emportent tous et chacun en avant. Si trouble que soit le contenu de cette sympathie générale, elle est ce qu'il y a de plus élevé dans le monde animal inférieur, et même l'aptitude des bêtes pour les travaux mécaniques est au-dessous d'elle ; mais dans ces manifestations vocales des oiseaux, il n'y a point de véritable pensée, partant pas de germe du vrai langage.

Maintenant, mon chien, à nous deux ; je ne saurais converser avec les fourmis, avec les abeilles, avec les singes, les taupes et les oiseaux, car je ne les reconnais pas pour mes congénères, et c'est pourquoi je ne vis pas dans leur intimité ; mais toi, je te connais bien, et je veux te dire que tes juges ont fait preuve d'impartialité à ton égard. Ils ne t'accusent d'aucun des vices qui dégradent tes supérieurs, — nous autres ; — tu n'es ni gourmand, ni voleur, ni paresseux, ni hypocrite ; mais tu manques de toutes les belles qualités qui auraient pu être ton partage si tu possédais seulement la faculté de combiner ; tu ne crées rien, a-t-on dit, parce que tu ignores à quoi les instruments peuvent servir ; et tu l'ignores, faute de comprendre cette grande vérité : a étant donné, b doit suivre ; car c'est cela qu'on appelle combiner. Mais quand nous regardons les choses de près, nous trouvons parmi tes supérieurs, — parmi nous autres, — des êtres stupides ou simplement maladroits, qui ne font aucun usage des moyens qui sont à leur service pour sortir d'une fausse position, d'un mauvais pas, ou, ce qui est plus important, de leur état d'ignorance ; oui, il y en a, de ces gens, et ceux-là ne savent pas non plus combiner.

Tes juges ont aussi découvert, mon chien, que, faute de savoir relier une idée à une autre, tu ne penses pas à ton maître quand il n'est pas avec toi... ingrat ! — Mais moi, je me demande : est-ce que chacun d'entre mes amis qui protestent du plaisir qu'ils ont à me voir pense à moi en mon absence ?... pas plus que toi, peut-être.

Laisse-moi t'examiner pendant cinq minutes encore ; supposons-nous à nous deux dans mon cabinet de travail ; je suis absorbé dans la lecture d'un livre et ne songe pas du tout à toi ; et toi, étendu à mes pieds, le museau entre les pattes, tu suis du regard une mouche qui vole ou qui marche sur le tapis près de toi. Tout à coup, je fais un mouvement, tu lèves les yeux sur moi, et au même instant, tu remues la queue... Voyons, puis-je supposer que tu la remues expressément pour me cacher que tu ne m'aimes pas ? la grande qualité que je possède, et que possèdent tous tes supérieurs, te manque ; tu n'as pas la parole pour penser, pour combiner, et pour me dire que tu m'aimes; mais si tu pouvais parler, — c'est-à-dire, si tu étais comme un de nous, — serais-tu aussi véridique que tu l'es, n'étant qu'un chien qui n'as que ta queue pour faire comprendre à ton maître ce que tu éprouves?... Schopenhauer... mais tu ne sais pas qui est Schopenhauer; si tu pouvais parler, je t'aurais appris à lire, et alors, tu connaîtrais Schopenhauer; Schopenhauer est un grand, grand philosophe qui a dit : « Combien ce mouvement de la queue surpasse en sincérité tant d'autres assurances d'amitié et de dévouement ! »

Voilà une bien longue digression à propos de cette idée de Darwin, que l'homme et la bête suivent le même chemin dans la vie, mais que l'un marche vite, et l'autre lentement; je pense avoir montré qu'il n'est nullement question de mesurer la rapidité et la lenteur de la marche, mais bien de voir si les deux voyageurs sont munis des mêmes moyens de passer le Rubicon.

V

PREMIÈRES SOCIÉTÉS HUMAINES

Il faut du courage pour aborder le sujet traité par certains savants de l'école de philologie comparée ; leur plan est hardi, car ils essaient de se transporter à une époque si reculée que l'histoire n'a pas le moindre mot à en dire, mais où l'humanité naissante s'efforçait déjà à exprimer ses sensations dans une langue qui, probablement, n'avait point de nom.

Tant que ma pensée, pendant que je prenais connaissance des travaux de l'école, se bornait à effleurer un monde inconnu et incommensurablement éloigné de nous, glissant sur lui trop rapidement pour pouvoir y distinguer des linéaments quelconques, il m'apparaissait comme un produit de mon imagination enfiévrée. Depuis, j'ai vécu dans ce monde merveilleux, et j'ai alors compris qu'il pouvait bien avoir été une réalité. Mais faire le voyage, séjourner dans cet étrange pays où l'on ne pénètre que par induction en compagnie de Max Müller et de Noiré, deux hommes qui semblent en être encore les habitants tant ils s'y meuvent à leur aise, et d'un autre côté, rendre compte de ce voyage et de ce séjour, sont deux choses fort différentes : j'aurai à puiser mes informations dans plusieurs ouvrages, et les données scientifiques et hypothétiques qui y sont disséminées, il me faudra les grouper à ma façon, afin de mieux me les assimiler ; il y aura là des difficultés que je ne surmonterai pas facilement.

Comment ce qui est raisonnable et parlant a-t-il pu sortir de ce qui n'avait ni raison, ni langage ?

Les plus anciennes traditions se taisent si l'on demande comment l'homme entra en possession de ses premières idées et de ses premiers mots. Mais de ce qu'un problème n'a pas encore été résolu, personne n'a le droit de le déclarer insoluble, à moins qu'on en ait préalablement obtenu une réfutation certaine, comme celle de la quadrature du cercle. Si tout le monde s'était toujours abstenu de pénétrer dans les choses cachées, remarque Noiré, il n'y aurait pas eu de sciences ; Newton aurait dit : « Le fait qu'une pierre tombe et que les planètes se meuvent, nous est connu par l'expérience même ; à quoi bon la recherche des lois qui déterminent ces phénomènes ? » et il n'y aurait pas eu de théorie de la gravitation. Lyell aurait dit : « Nous voyons que la croûte terrestre est composée de plusieurs assises ; à quoi bon mesurer le temps nécessaire à leur formation ? » et il n'y aurait pas eu de science géologique. Liebig aurait dit : « Il suffit de voir que le trèfle croît et que le bétail prospère ; que nous importe la liaison des effets aux causes ? » et il n'y aurait pas eu de chimie organique. Adam Smith aurait dit : « Nous savons par expérience que les objets de valeur s'échangent et que leur prix est sujet à des fluctuations ; à quoi sert d'étudier les causes de la hausse et de la baisse ? » et ce chapitre eût manqué à l'économie politique.

Je n'aperçois pas de chemin qui me puisse conduire jusque dans le sein des premières sociétés humaines ; j'ai donc forcément recours à l'analogie ; c'est encore, en pareil cas, le moins mauvais des expédients.

Quand les Romains rencontrèrent les Germains pour la première fois, ce qui les frappa d'abord, ce fut la haute stature, les yeux bleus et la blonde chevelure de cette horde ennemie. Tacite a voulu rendre cette impression, en disant que chaque Germain ressemblait exactement aux autres Germains. Nous-mêmes, familiarisés comme nous le sommes avec l'apparence extérieure de tant de peuples divers, nous serions impressionnés d'une manière quelque peu analogue, en nous trouvant inopinément transportés au milieu d'une multitude de nègres; ce ne serait que peu à peu que nous distinguerions un nègre des autres nègres. Des impressions infiniment plus confuses auront été ressenties par les premières générations humaines, alors qu'au milieu d'un monde qu'elles n'avaient absolument nul moyen de comprendre, la conscience de ce qu'elles voyaient vint à poindre dans leur être intellectuel et moral. Lentement, ces générations apprirent à distinguer des détails dans le grand tout de la nature environnante; elles suivaient du regard le disque étincelant marchant d'un bout du ciel à l'autre bout; elles remarquaient le feu qui venait on ne savait d'où, et disparaissait on ne savait pourquoi; elles entendaient le fracas du tonnerre répercuté par les échos de la montagne, qu'accompagnaient les effets destructeurs de la foudre et des tempêtes. Si un homme, un homme isolé, se fût trouvé seul spectateur de ces effrayantes apparitions de la nature, il eût été terrassé par la crainte; les pierres et les herbes des champs demeuraient impassibles; peu leur importait que le malheureux mourût ou non de terreur. Heureusement, l'homme n'était pas isolé; une foule d'individus de la même espèce s'agitaient en même temps autour de lui, et la même épouvante se manifestait chez tous par des signes que chacun comprenait instinctivement.

Tout dans le monde est régi par des lois naturelles. Le genre humain avait sa loi qui faisait de l'individu un membre d'un troupeau; le troupeau n'avait pas encore de langage, et partant pas de raison; mais un esprit commun, une sympathie générale l'animait, et ce sentiment devint le fondement de la communauté future.

Elle aura été longue, la période où l'humanité resta plongée dans un état qui tenait plus du sommeil que de la veille. Mais les sensations se spécialisaient, les nécessités physiques se multipliaient, et les premiers hommes durent en éprouver de très variées; il leur fallut agir pour échapper aux tourments des privations, et l'instinct leur vint en aide. Le besoin de se garantir des rayons brûlants du soleil leur fit entrelacer des branches d'arbres pour s'en faire des abris; le besoin de se préserver du froid en se couvrant les épaules leur fit arracher aux bêtes sauvages leur fourrure; ils creusèrent des refuges dans les flancs des montagnes, là où les cavernes naturelles ne suffisaient pas à abriter une multitude d'hommes; il fallut allumer et entretenir le feu, aiguiser des pierres qui servissent d'instruments de travail et d'armes de défense; les besoins de chacun étaient ceux de tous, et, pour les satisfaire, tous s'adonnaient à la même tâche. Il est si évident que l'activité humaine avait à se manifester collectivement, qu'il nous faut faire violence au bon sens pour nous représenter des hommes primitifs travaillant chacun pour soi et à part des autres. Le phénomène mental qui s'appelle l'*intention* aura été la propriété commune d'un groupe d'individus; la sympathie naturelle joua, dans l'homme, le rôle de l'étincelle électrique de nos laboratoires; et des sons inarticulés s'échappant involontairement des poitrines servirent de moyens de communication.

Pour mieux comprendre la fonction de la voix dans l'éducation primaire du genre humain, regardons autour de nous et prêtons l'oreille. Lorsque nos sens sont fortement excités et nos nerfs tendus, nous sommes portés à pousser des sons qui, par eux-mêmes, ne signifient rien; mais ils servent à modifier la respiration, ce qui nous soulage. Quand les hommes travaillent ensemble parce que leur tâche exige des efforts réunis, leur occupation est naturellement accompagnée de certains cris plus ou moins rythmiques qui opèrent une réaction bienfaisante contre le désordre intérieur, suite de tout effort ; il n'est pas naturel à une réunion d'hommes qui marchent, qui rament, qui enfoncent à tour de bras des pieux dans la terre, de faire toutes ces choses en silence. Les anciens peuples allaient au combat en chantant ; il a fallu la discipline introduite dans nos armées par les progrès de la civilisation pour que des fifres et des tambours remplaçassent les chants de guerre, et l'on constate toujours que nos soldats ne se passent pas volontiers de ces sons mesurés qui leur rendent plus supportable la fatigue ; les races sauvages ne dansent qu'en faisant retentir l'air de clameurs cadencées ; nos petites villageoises chantent en dansant la ronde ; et la coutume de chanter en travaillant est d'autant plus générale parmi les ouvriers et les ouvrières que ceux-ci appartiennent à des nations plus arriérées, que le travail manuel absorbe davantage, parce que les préoccupations personnelles y jouent un moindre rôle.

Ces sons inarticulés, que Noiré a appelés le *clamor concomitans* et auxquels Max Müller donna le nom de *clamor significans*, poussés par les hommes primitifs en travaillant, et toujours inséparables des actes, devaient se différencier en s'appliquant à diverses occupations ; et à une époque où la vraie parole n'existait pas encore, ils auront eu cela d'excellemment pratique, qu'éveillant le souvenir de certains actes accomplis dans le passé et à répéter dans le présent, ils étaient instantanément compris de tous et se fixaient aisément dans la mémoire. Mais qu'est-ce qui déterminait l'application de certains sons à certaines occupations ? On ne l'a pas expliqué ; Platon, Socrate et d'autres, qui pensaient que le langage avait pu commencer par l'imitation des bruits de la nature, se sont demandé s'il n'y aurait pas quelque ressemblance entre ces bruits et les sons de certaines lettres de l'alphabet ; mais quand même il serait possible de rencontrer çà et là une faible analogie, il est sûr que toutes nos investigations n'ont abouti qu'à nous faire tomber dans des contradictions. Il semble plutôt que, dans le principe, il n'y eut ni liberté ni nécessité absolues dans le choix des sons, et que ce choix tenait à quelque accident, ou à des causes que nous ignorerons toujours. En tout cas, les sons, quels qu'ils fussent, n'étaient encore que de simples matériaux du langage.

Il est aisé de comprendre que rien n'aurait pu pénétrer plus profondément dans la conscience humaine, et mettre les hommes à même de s'entendre mutuellement, que des actes entrepris et achevés dans un certain but par un certain nombre d'individus réunis. Pendant que des cavernes se creusaient, que des nattes se tressaient, que des grains se broyaient, les travailleurs, tant que duraient ces travaux, suivaient des yeux les transformations successives des matières, et les sons qui s'échappaient des poitrines, ou des mots à peine ébauchés, se modifiaient, se moulaient sur chaque nouvelle forme transitive; tous ces produits apparaissaient toujours de plus en plus distincts les uns des autres, de plus en plus spécialisés. Chez ces hommes primitifs, le sentiment de leur propre individualité devait être fort trouble; ce que l'un voyait, les autres le voyaient de la même manière : ils dessinaient vraiment chaque objet en le créant, en le défaisant, en le changeant; et c'est ainsi que ce monde devint pour eux un livre; et ce livre, produit de leur activité collective, ils apprenaient à le lire plus et plus couramment, au moyen de ces sons ou de ces mots qui se multipliaient en se diversifiant. C'est donc le travail, ce bon génie de l'humanité, qui se sera trouvé à la source même de ce qui seul mérite d'être appelé humain, la raison et le langage.

Ici, je note un fait curieux et parfaitement historique. A une époque où l'écriture était inconnue dans l'Inde, les brahmanes avaient déjà établi les règles du mètre poétique, toujours lié anciennement aux mouvements de la danse et de la musique. Ces règles ont été conservées dans le Véda; les divers noms sanscrits du mètre sont un antique témoignage de cette union des mouvements corporels et de la phonétique ; la racine de *khandas*, mètre, est la même que celle du latin *scandere*, au sens de marcher ; *vritta*, mètre, de *vrit*, *verto*, tourner, désignait d'abord les trois ou les quatre derniers pas d'un mouvement de danse, le tour, le *versus*, qui déterminait le caractère de la danse ou du mètre : *Trishtubh*, nom d'un mètre commun dans le Véda, signifiait : trois pas, parce que son tour, son *vritta* ou *versus*, consistait en trois pas, — trois pieds : ◡ — —. Ainsi, un besoin inné de l'homme, celui de joindre le jeu des fibres vocales à celui des mains ou des pieds, avait été soumis par les grammairiens hindous d'il y a bien vingt-quatre siècles à des règles fixes dont la justesse parfaite est confirmée par les plus récentes théories des métriciens modernes. La remarque qu'il est naturel aux gens simples de ne pas se taire en agissant, est donc d'ancienne date ; mais Noiré a été le premier à en tirer une donnée très scientifique.

L'étude de la littérature sanscrite nous a appris que les grammairiens indiens, il y a plus de deux mille ans, ont eu les premiers la pensée de remonter à l'origine des mots de leur langue ; ils découvrirent que tous les noms étaient issus de racines, et que toutes les racines exprimaient certains genres d'activité, donc des actes, qu'ils étaient par conséquent des verbes, et enfin, que le nombre de ces racines était très restreint. Nos philologues contemporains ont repris ce travail et ont pu non seulement constater l'exactitude des découvertes brahmaniques, mais certifier que ce que les Indiens ont produit en fait d'analyse grammaticale cinq cents ans avant notre ère n'a jamais été surpassé. Il importe de comprendre que les racines sont des éléments vitaux qui pénètrent dans tout l'organisme de la langue. L'hébreu a été réduit par Renan et d'autres hébraïsants à environ 500 racines ; il reste à recueillir celles de tous les autres idiomes sémitiques. Le même travail a été fait pour les langues aryennes; on a compté environ 800 racines sanscrites, 600 racines gothiques, un peu plus de 400 racines teutoniques et de 600 racines slaves. Les langues ouralo-altaïques ont aussi subi un commencement d'analyse, et le résultat jusqu'ici se rapproche de celui obtenu par l'examen des autres familles. Si, après avoir éliminé les racines tertiaires et secondaires, nous arrivons à compter 600 ou 500 racines sanscrites, nous aurons touché du doigt ce fait étonnant, que la langue sanscrite tout entière, et dans une très grande mesure toutes les langues aryennes, sont issues d'un nombre de racines extrêmement minime.

Comme les grammairiens indiens avaient prétendu que toutes les racines contiennent la représentation de divers genres d'activité, il s'agissait encore pour nos philologues de les examiner sous le rapport du sens qu'elles peuvent avoir. Noiré ayant trouvé que la conscience qu'avaient les hommes de leurs propres actes devait être l'origine des concepts primitifs de l'esprit humain, et que le langage n'était ainsi que l'explosion de l'action, Max Müller en donna la preuve en montrant que presque toutes les racines sanscrites étaient l'expression des occupations les plus familières à une société dans l'enfance. Ici, il est urgent d'observer que ce qu'on appelle le travail ne consiste pas en un acte isolé, mais en une succession des mêmes actes : creuser, ce n'est pas enfoncer une fois la pioche dans la terre, c'est l'action de piocher d'une manière continue; aiguiser, ce n'est pas passer une pierre sur une autre pierre une seule fois, c'est l'action continue d'aiguiser la pierre. La conscience d'accomplir ces actes répétés comme s'ils étaient un seul acte devint pour l'homme le premier germe de la conception. Durant cette phase initiale de la pensée, quand le sentiment conscient de s'adonner à une tâche s'éveilla dans l'homme, son savoir concerna exclusivement ses propres actes volontaires; et la volonté, l'acte et la connaissance furent alors un tout indivisible. Nous possédons les généalogies d'un grand nombre de racines aryennes ; en les examinant de près, nous découvrons que ce qui constitue leur base, l'activité, était toujours au commencement une activité créatrice, car elle appelait à la vie des conceptions qui, jusque-là, n'existaient pas.

Il n'est rien d'attachant comme la recherche des traces de la croissance de la pensée humaine, quand on procède non suivant les règles établies par certains systèmes philosophiques de nos jours, mais historiquement, à la manière du trappeur indien épiant sur le sable chaque empreinte des pas de celui qu'il poursuit.

Pour le moment, je ne citerai que trois racines primaires : la racine *Vê* qui signifie tresser, la racine *Mar* qui signifie broyer, et la racine *Khan* qui signifie creuser. Vê, Mar et Khan sont donc des verbes.

Quand nous songeons maintenant aux quatre arts de tisser, de filer, de coudre et de tricoter, nous les trouvons si différents l'un de l'autre, qu'il nous est impossible de les confondre et très difficile de nous représenter qu'il ait jamais pu exister entre eux une communauté d'origine. Cependant, ces quatre arts étaient contenus en germe dans l'acte primitif d'entrelacer des branches d'arbres pour en former une haie ou un toit. Cette racine *Vê* eut une énorme quantité de rejetons ; de l'acte d'entrelacer, de tresser, vinrent les conceptions de nouer, en latin *vieo* ; de tordre et de dévider, en allemand *winden* et *wickeln* ; les mots latins *vitis* — vigne ; *vimen* — osier ; *viburnum* — la plante grimpante ; le mot slave *vetla* — saule ; le sanscrit *vetra* — roseau, jonc ; l'allemand *Binse* — jonc, s'accordant avec *binden* — nouer, joindre, et les sens secondaires de liens de parenté et d'alliance ; l'ancien haut-allemand *nothbendig* ou *Nothwendigkeit* — lier de force, et le gothique *naudibandi* — lien, chaîne ; tous ces mots, dans tous les dialectes romans, germaniques et slaves, ont conservé la racine *Vê*, de façon qu'on ne peut méconnaître le tronc dont ils sont les branches. Ainsi se sont enchevêtrées les unes dans les autres une foule de représentations en apparence disparates ; et à mesure qu'on se rapproche du point de départ de ces mots, on les voit abandonner de plus en plus leurs diverses significations particulières, et se confondre à la fin dans la seule conception originale d'entrelacer et de tresser.

La racine *Mar* — broyer, signifiait aussi écraser, mettre en pièces, triturer, étendre ; en latin, en grec, en celtique, en allemand, en slave, la représentation de moudre et le mot de moulin vinrent de là ; la transition de broyer et d'écraser à combattre fut naturelle, et Homère put dire : *mar-na-mai*, — je combats. *Mar* produisit en latin *mordeo* — mordre, *morior* (originairement dépérir) — je meurs, et *mortuus* — le mort ; *mors* — la mort ; *morbus* — maladie, en grec *marasmos* — dépérissement, idée clairement rendue en allemand par *sich aufreiben* — s'user. Dans la langue sanscrite, les consonnes *r* et *l* sont proches parentes et peuvent se substituer l'une à l'autre : *mar=mal* ; *ar* dans *Mar* peut modifier sa voyelle et être prononcé *ri* : *mar=mri* ; ou *ra* et *al* : *mar=mra* et *mal=mla* ; il y eut ainsi en sanscrit : *mrita* — mort ; *mritya* — le mort ; *mriye* — je meurs. Un des plus anciens noms de l'homme était : *marta* — le mourant ; l'équivalent du changement en sanscrit de *mra* et *mla* est en grec : *mbro*, *mblo* ; en rejetant le son *m*, on a *bro* et *blo* : *brotós* — mortel. Ayant choisi ce dernier nom pour eux-mêmes, nos pères donnèrent aux dieux un nom ayant une signification opposée : ils les appelèrent *Ambrotoi* — sans dépérissement, immortels ; et leur nourriture fut l'*ambrosia* — l'immortalité. Une racine latérale de *Mar* est *mard* et *mrg* ; de là *mradati* — frotter, triturer, pulvériser une chose jusqu'à ce qu'elle disparaisse ; *mrid* en sanscrit fut le nom de la poussière, et signifia aussi le sol en général ; *mrdus* — affaiblir, amollir, fondre, représente une masse fluide ; le mot français de malt vient de la représentation de grains trempés et amollis ; de là, le gothique *mulda* — terre molle ou marais, une composition demi-fluide, et ce qui est mou et usé sous l'action du temps ; du latin *sordes* et *sordidus* vinrent plusieurs noms de couleurs foncées, tels que le gothique *smarna*, le grec *mélas*, mieux encore *moros* — noir, qui est aussi *murus*, la baie noire, la mûre, et le russe *smold*, la poix et la résine. La couleur en général fut d'abord comprise comme le résultat de l'action d'étendre quelque chose de fluide sur une surface ; mais ce ne fut pas avant que l'art de peindre, sous sa forme la plus élémentaire, fût découvert et nommé, qu'il y eut un vrai nom pour couleur ; ce fut en sanscrit *varna*, de *var* — couvrir. Les représentations d'aplanir, d'aplatir, d'adoucir, d'amollir, de fondre une substance dure, de polir une surface raboteuse au moyen d'un frottement continu, menèrent à exprimer l'influence adoucissante que l'homme exerce sur ses semblables par un regard, un geste, une parole, une prière, et les expressions attachées à ces représentations furent surtout employées dans les rapports de l'homme avec les dieux qu'il s'agissait de rendre propices par des supplications et des sacrifices ; ainsi la prière actuelle : « Sois miséricordieux envers nous, mon Dieu ! » était rendue par : « Amollissez-vous envers nous, ô dieux ! »

Le langage croissait et se ramifiait, mais sans s'égarer ; le désordre, encore moins le hasard, ne jouaient aucun rôle dans la marche de la pensée toujours simple et rationnelle. Ce développement n'était pas déterminé par un sentiment conscient d'un certain but à atteindre ; à cette époque on ne réfléchissait pas, dans le sens qu'a pour nous le mot réfléchir ; on ne se demandait pas comment exprimer, par exemple, une sensation de frayeur, car la frayeur, comme tant d'autres impressions, resta à l'état de sensation vague longtemps avant la naissance du concept de la frayeur ; mais dès que la langue posséda une racine signifiant secouer, en sanscrit *Kap, Kamp,* on s'en servit pour exprimer la frayeur qui se manifestait par le tremblement des membres ou de la voix. Dire : je secoue, pouvait signifier également : je secoue (supposons un arbre), et je suis secoué (supposons, sur mon cheval), et aussi : je suis dans un état de tremblement ; de là vint en grec : *Kap-nos*, la fumée, déjà non plus ce qui secoue, ni ce qui est secoué, mais ce qui est en mouvement ; et *Kup*, probablement une modification de *Kamp*, exprima en sanscrit l'idée de trembler intérieurement, d'être en colère.

Beaucoup de savants sont désappointés quand, en remontant à la source des mots, ils trouvent des racines d'une signification absolument générale, comme aller, se mouvoir, faire ; cependant, c'est du milieu de ces conceptions vagues, pâles et en apparence indifférentes, que le langage a eu le merveilleux pouvoir de tirer le matériel d'une langue entière. La racine aryenne *ar* signifie aller, envoyer, procéder, surtout aller d'une manière régulière, et se mouvoir. Appliqué au sol, *ar* eut le sens de labourer ; en latin *ar-are*, en grec *ar-oün*, en irlandais *ar*, en lithuanien *ar-ti*, en vieux slave *ora-ti* ; cette racine, toujours parce qu'elle rendait l'idée d'avancer régulièrement, fut le nom de la charrue, et celui du bœuf qui trace le sillon et aussi celui du laboureur. Appliqué à l'eau, *ar* représenta l'action de fendre l'eau, de ramer, et fut le nom du gouvernail et du rameur. Le mot latin *ævum*, originairement simplement aller, est devenu le nom du temps, d'âge, d'où vinrent *æviternus*, *æternus* — éternel. Ce fut par un mouvement spontané de l'esprit que le mot grec *probata*, qui à l'origine ne signifiait rien d'autre que des objets qui avancent, servit à désigner les bestiaux. Le mot français de *meuble*, littéralement ce qui peut se mouvoir, devint un terme général pour les chaises, les tables, les armoires, et ainsi de suite. De cette manière seulement, le langage put comprendre dans un nombre limité de noms les aspects infinis de la nature.

La destinée de la racine aryenne *dâ* est particulièrement propre à donner une idée du procédé; cette racine *dâ* — donner, a produit en sanscrit : *dadâ-mi*, je donne, en latin *do*, en vieux slave *da-mĭ*, en lithuanien *dū-mi*, et en français *donner* et *pardonner*, en latin *trado* — livrer, en italien *tradire*, en français *trahir, trahison*, en latin *reddo* — restituer, en français *rendre* et *rente, rentier*. Cette même racine *dâ* a une étrange particularité ; car il est une autre racine *dâ* consistant en *d + â* : exactement semblable en apparence à la première, elle s'en distingue essentiellement ; tandis que la première donne en sanscrit : *dâ-trâm*, un don, la seconde produit *dâ'-tram*, une faucille, dans le sens d'un instrument qui coupe, et d'un autre qui sert à graver ; la différence de signification tient à ce que l'accent demeure sur la syllabe radicale dans *dâ'-tram*, l'acte de couper (actif), et l'abandonne dans *dâ-trâm*, ce qui est donné (passif).

L'histoire de ces deux racines *dâ* m'offre l'occasion de faire un curieux rapprochement entre l'histoire naturelle et la philologie, deux sciences absolument différentes, mais se touchant de très près depuis la découverte d'une pensée qui marche au cœur de l'une et de l'autre. Darwin a admis quatre à cinq progéniteurs dans le règne animal, autant dans le règne végétal, desquels seraient sortis tous les êtres organiques qui peuplent la terre, et les philologues ont trouvé qu'un très petit nombre de racines primordiales a suffi pour procréer l'innombrable multitude de mots que prononce le genre humain. C'est un principe de raisonnement négligé par le gros des évolutionistes, que si deux choses, racines de langues ou cellules vivantes, d'apparence identiques à leur point de départ, divergent ensuite, c'est parce qu'à l'origine même, elles portaient en elles un germe destiné à produire des divergences. Darwin dit que si deux cellules organiques, parfaitement semblables en apparence à l'état d'embryon, grandissent immanquablement, l'une toujours en animal inférieur sans jamais pousser au delà, l'autre toujours en homme et ne restant jamais en deçà, c'est parce que les deux cellules, quoique indistinguibles l'une de l'autre, différaient cependant dès le principe; et les philologues disent que, si deux racines ayant exactement le même son produisent toute une famille de mots totalement distincts les uns des autres, c'est parce qu'elles portaient en elles des germes différents. Ce qui ressort de cela, c'est la parfaite indifférence du langage au début à l'égard du son des mots ; on n'est pas parvenu jusqu'à présent et on ne parviendra jamais à faire d'un son quelconque, dans n'importe quelle langue morte ou vivante, un porteur de la conception.

C'est à Locke que revient le mérite d'avoir le premier énoncé clairement l'idée que les racines, ces véritables et irréductibles éléments du langage, qui nous donnent des mots pour les plus abstraits concepts, avaient à l'origine un sens purement matériel ; et ce fait, sur lequel idéalistes et matérialistes sont aujourd'hui d'accord, est confirmé par la philologie comparée : on ne connaît pas une racine primitive qui exprime directement soit des actes, soit des états qui ne tombent pas sous les sens ; toutes retracent des actes familiers aux membres d'une société dans l'enfance, tels que pulvériser, frapper, tresser, nouer, brûler, frotter, pousser, aiguiser, pointer, amollir. Au moyen de la généralisation et de la spécialisation, la racine brûler se développa dans la pensée d'aimer et d'avoir honte ; la racine creuser se perpétua dans l'idée de faire des recherches, de pénétrer le sens des choses cachées ; celle qui signifiait rassembler, fournit le moyen de parler de l'observation des faits et d'argumenter sur les propositions des syllogismes. Cela est certain, aussi certain que les deux substantifs grattoir et pincette sont issus des verbes gratter et pincer.

Pour rendre encore plus frappante la vérité de l'assertion de Locke, Noiré nous dit : « Là où deux représentations sorties d'une même racine marchent côte à côte, on peut être sûr que la plus ancienne des deux est celle qui exprime l'acte le plus grossier. Les verbes déchirer et couper sont des rejetons d'une seule racine ; mais le passage de la représentation de déchirer à celle de couper se sera effectué lentement ; l'acte de déchirer fut immédiat chez l'homme, couper fut un acte médiat et postérieur, car il ne pouvait se faire tant qu'un instrument quelconque qui pût couper n'avait pas été trouvé. »

Je franchis maintenant d'un bond la distance qui sépare les racines primordiales du langage organisé tel que nous le possédons, pour montrer comment nos pères arrivèrent à composer de vraies phrases, c'est-à-dire des propositions intelligibles ; nous verrons alors par quels fils continus le langage d'aujourd'hui se rattache au parler primitif.

Le fond du dictionnaire et de la grammaire est composé de racines dites prédicatives et d'éléments démonstratifs. A l'aide des premières, nous affirmons une chose d'une autre chose ou de plusieurs choses, soit que nous les comprenions sous un même nom, soit que nous les considérions séparément ; et à l'aide des éléments démonstratifs, nous indiquons la place que les choses occupent dans l'espace et dans le temps, en nous servant de mots tels que : ce, ceci, cela, ici, là, alors, près, loin, au-dessus, au-dessous, et d'autres du même genre, dont l'existence ne s'explique que comme un reste possible d'une phase de gesticulation où les objets n'étaient pas encore conçus ni décrits, mais simplement désignés du doigt — ce qui ne veut pas dire, bien entendu, que les gestes, même accompagnés de sons, aient pu donner naissance à la parole, car ils l'excluent plutôt. Les éléments démonstratifs, sous leur forme et dans leur intention originelle, s'adressent moins à l'intelligence qu'aux sens ; ils n'ont par eux-mêmes aucune signification, et, pour en avoir, ils doivent se rattacher à des choses qui en aient par elles-mêmes. L'histoire de la racine *Khan* — creuser, expliquera ma pensée. Quand nos pères aryens eurent appris à dire : Khan, et qu'il leur fallut ensuite faire une distinction entre les gens qui creusent et les instruments qui servent à creuser; indiquer le but de ce travail ainsi que le lieu et le moment du travail, les éléments démonstratifs combinés avec les racines prédicatives, formèrent des bases telles que : *Khan-ana, Khan-i, Khan-a, Khan-itra*, et d'autres encore, qui durent signifier : creusant-ici, creusant-maintenant, creusant-nous, creusant-vous. Au moyen de ces combinaisons, qui variaient dans leur application suivant les habitudes de certains villages et de certaines familles, on cherchait à distinguer entre le sujet agissant et l'objet produit ; et quand cette difficulté fut surmontée, un progrès extraordinaire, le passage de la perception à la conception se trouva accompli, et ce passage, aucune philosophie avant Noiré ne l'avait expliqué. Toutefois, n'oublions pas que cette première période dans le développement des racines appartient à un passé tellement éloigné, et où les procédés mentaux devaient être si différents des nôtres, que nous ne devons pas songer à sortir de l'hypothèse : tout ce que nous pouvons faire, c'est de suggérer une explication et de l'accepter si elle nous paraît rationnelle ; et ce dont il faut nous garder le plus, dans l'intérêt de la science, c'est de tomber dans le dogmatisme en affirmant que notre théorie est la seule vraie. En tout cas, nous nous figurerons aisément qu'après des siècles d'un constant usage, certains dérivatifs ont dû se fixer dans certains sens, et d'autres dans d'autres sens. Mais ce que nous ignorerons toujours, c'est comment les sons destinés à devenir des éléments démonstratifs ou des pronoms personnels se restreignirent en des sons déterminés, qui restèrent définitivement des termes désignant : ici, là, toi, il, je, cela, et ainsi de suite. — Il y avait des cas où le verbe à l'infinitif pouvait devenir une phrase sans qu'un appendice quelconque lui fût accolé ; il suffisait, par exemple, qu'un homme prononçât le mot : Khan! d'un ton de commandement, comme nous dirions : travaillez ! pour que l'entourage comprît qu'il s'agissait de se mettre à creuser ; alors, le mode impératif avait autant de droit d'être appelé une phrase que les mots de *veni, vidi, vici,* qui sont trois phrases indépendantes et complètes. On peut même dire que ce mode est la plus ancienne forme de phrase, et il est curieux de constater que, dans bien des langues actuellement parlées, il dévie peu de la racine primaire.

Notre esprit à nous, modernes, se développe sous l'influence continue des discours que nous entendons, des livres que nous lisons, des réflexions que nous suggère notre expérience de la vie ; notre vocabulaire s'enrichit de plus en plus, car les mots et les idées ne peuvent que se multiplier à mesure que notre connaissance embrasse une plus grande quantité d'objets ; et si notre imagination essaie de refaire à rebours le chemin parcouru et de remonter le cours des âges jusqu'au temps où nos ancêtres ne savaient probablement pas compter au delà de cent ou de quatre, nous voyons le nombre des mots et des idées aller en diminuant. S'ensuit-il que le langage soit notre propre œuvre? nullement. Nous usons du langage, nous ne l'inventons pas ; pour nous tous, chaque langue est traditionnelle ; les mots dans lesquels nous pensons sont des canaux que nous n'avons pas eu à creuser nous-mêmes, mais que nous avons trouvés tout faits. Cette œuvre de la formation du langage date d'une époque qui est hors de portée des investigations historiques, et dont nous, dans notre état avancé de développement mental, ne saurions nous faire qu'une représentation approximative ; mais nous savons que cette époque est un fait non moins avéré que la période géologique où la terre, occupée à produire la végétation carbonifère qui nous munit de chaleur, de lumière et de vie, accumulait pendant une incommensurable suite de siècles, de minces dépôts de matière organique, pour en former les couches du globe terrestre. L'esprit humain forma de même cette végétation de la linguistique dont les fruits reposent maintenant dans nos grammaires et nos dictionnaires ; et en examinant de près les racines primaires dont toutes nos langues sont sorties, nous trouvons que le langage est autre chose qu'une agglomération de mots dont nos idées se seraient affublées par suite d'un accord entre les hommes, ou simplement par hasard, et qu'il est issu de l'activité humaine incorporée dans le verbe, cette partie vivante et vivifiante du discours, à côté de laquelle ses autres parties se peuvent presque comparer à une matière morte.

La question de la naissance du substantif, sans être directement posée sous forme de problème, était chez les sages de la Grèce impliquée dans la recherche des rapports qui peuvent exister entre l'objet et le nom qu'il porte, de la cause inconnue qui fait qu'un certain mot désigne une certaine chose et non pas une autre. Mais si les Grecs spéculaient, tâtonnaient, bâtissaient des théories que des observations ultérieures ne tardaient pas à renverser, les Hindous cherchaient de leur côté à résoudre ce même problème à l'aide d'un procédé beaucoup plus sûr, le procédé historique.

Ces premiers grammairiens philosophes, après avoir trouvé que chaque nom provient d'une racine contenant un concept général, et que ce concept est toujours la représentation d'un genre particulier d'activité, firent de cette idée la base de leurs études ; en profonds penseurs qu'ils étaient, ils avaient compris que l'homme, à l'origine, ne pouvait rien nommer, ni un arbre, ni un animal, ni un astre, ni une rivière, ni aucun objet quel qu'il fût, avant d'avoir découvert en lui quelque qualité qui semblait dans le moment caractériser le mieux l'objet pour lequel il fallait trouver un nom. La langue sanscrite a une racine *as*, ayant, entre autres significations, celle d'aiguiser, de pointer, et dont les dérivatifs sont : être aigu, être affilé et être prompt ; cette racine se retrouve dans le nom du cheval qui est *asva*, c'est-à-dire le coureur rapide, celui qui laisse du chemin derrière lui. Bien d'autres noms ont pu avoir été donnés au cheval, tous rappelant un trait caractéristique de cet animal, comme aussi *asva* a pu être dans les commencements le nom de bien d'autres animaux qui courent vite; mais ayant probablement été plus constamment appliqué à l'espèce chevaline, c'est lui qui resta en définitive le nom exclusif du cheval. Guidés par le même principe, les brahmanes reconnurent encore que le nom de l'œil: *aksha*, provenait de cette même racine *as*, pointer, percer, et qu'un second nom pour l'œil : *netram* — conducteur, était venu de *nî* — conduire.

Noiré a émis une idée ingénieuse : les premiers substantifs, selon lui, n'auraient pas été le meunier, le piocheur, le tresseur, le charpentier, mais la farine, la caverne et la fosse, la natte et la haie, la massue, la flèche, le canot, parce que c'étaient là les choses qui avaient été pensées et voulues, tandis que les sujets agissants, inutiles à leur propre point de vue, restaient dans l'ombre, oubliés, et il se pourrait que de longtemps ils n'aient pas été nommés.

Après avoir appris que la formule des concepts fondamentaux de l'esprit humain était toujours la forme verbale, et que chaque mot est dérivé d'une racine intelligible, cherchons une autre particularité encore de ce qu'on appelle les concepts. Locke avait remarqué que les noms que nous donnons aux choses ne sont pas les signes des choses elles-mêmes, mais bien les signes de l'idée que nous nous en faisons; l'observation du philosophe anglais passa inaperçue de son temps, et resta incomprise jusqu'au jour où les découvertes de nos contemporains vinrent, sans dessein préconçu, en constater la valeur. Voici comment Max Müller explique ces paroles de Locke : chaque fois que nous faisons usage d'un nom ayant un sens général, quand, par exemple, nous disons chien, ou arbre, ou chaise, nous n'avons pas devant les yeux ces objets mêmes, nous n'en avons que l'idée, puisque les mots de chien, d'arbre et de chaise, étant des termes généraux, désignent des choses qui n'existent pas comme telles dans la réalité ; il n'y a rien dans le monde des sens qui leur corresponde ; personne n'a jamais vu ce qu'on nomme un chien, un arbre ou une chaise; chien veut dire toutes les espèces de chiens, arbre toutes les espèces d'arbres, chaise toutes les espèces de chaises depuis le trône royal jusqu'à l'escabeau de l'artisan ; ce qu'on peut voir, c'est un barbet ou un terre-neuve, tel sapin et tel pommier, telle ou telle chaise. Alors donc que nous disons un chien ou un arbre, nous transférons une idée générale à quelque objet particulier ; or, les idées, on les a dans l'esprit, on les pense et on en parle, mais l'œil ne saurait en aucune manière les voir comme il voit des objets réels. Nous avons des mots désignant des choses qui n'existent pas, telles que des gnomes, et des mots signifiant des choses qui n'existent plus, ou qui n'existent pas encore, comme les raisins de la récolte passée ou les raisins de la récolte future ; le fait que je parle d'une chose passée ou future, ou qui n'existe même pas, devrait suffire à prouver que je parle de ma propre conception de ces choses, et non de choses réelles en dehors et indépendantes de moi. Berkeley a démontré qu'il est tout bonnement impossible de se former une image générale du triangle, car cette image devrait être celle d'un objet ayant en même temps des angles droits, des angles obtus, des angles aigus et d'autres formes encore ; et un tel objet n'existe pas; tandis qu'il est aisé de se représenter un triangle particulier, de nommer les traits caractéristiques communs à tous les triangles et de former ainsi le concept en même temps que le nom du triangle.

Le procédé mental que Berkeley décrit si bien à propos d'une conception moderne, on peut l'appliquer à tous les concepts, même aux plus primitifs. Des hommes, en entrant dans une forêt, auront remarqué des troncs, et trouvé là quelque chose qui éveilla leur intérêt; l'intérêt consistait en ce que chaque tronc pouvait être divisé en deux, en trois, en quatre, et chaque pièce, selon sa grandeur et sa forme, pouvait servir de bloc, de poutre, de canot, de flèche, objets dont la nécessité se faisait sentir ; et de la racine *dar* — déchirer, nos ancêtres aryens nommèrent les arbres *dru* ou *dâru*, littéralement ce qui peut être arraché, ou fendu, ou coupé ; les Grecs usèrent de cette même racine pour appeler une peau d'animal *dérma*, parce qu'elle avait été arrachée, et un sac *dóros* (en sanscrit *driti*), parce qu'il était fait de peau, et une lance *dóry*, parce qu'elle sortait d'un arbre coupé et taillé.

Ces mots, une fois fixés, s'appliquèrent aux objets les plus divers ; les Celtes de la Gaule et de l'Irlande appelèrent leurs prêtres druides, littéralement hommes des bosquets de chênes ; les Grecs nommèrent les esprits de la forêt dryades, et les Hindous donnèrent à un homme dur, impitoyable, l'épithète de *dâruna*, homme de bois.

L'immense fond des racines intelligibles se transformait et donnait naissance à de nouvelles représentations ; ces racines dans leur marche s'entrecroisaient, car les conceptions d'aller, de donner, de se mouvoir, de faire, pouvaient en voir converger d'autres sur elles, de plusieurs points différents ; une idée, dans son vol, traversait d'autres idées venant de tous les côtés et se trouvait en conflit avec elles ; la pensée et les mots subissaient d'incessantes modifications, ce qui expliquerait comment, dans cette période radicale du langage, les membres d'une communauté, en se séparant même pour très peu de temps, durent cesser de se comprendre.

Ovide, en parlant du chaos à l'origine des choses, en a fait un tableau qui pourrait être celui de la croissance du langage : « Tout se confondait en une masse informe... le ciel, la terre, la mer apparaissait sous le même aspect... là où était la terre était aussi la mer, et le ciel y était aussi ! »

Les destinées extraordinaires de chacune des racines primaires que je viens de citer ne constituent qu'un chapitre fort court de l'histoire de la naissance et du développement des langues; mais, tout court qu'il est, il suffit amplement à nous donner une idée de la nature élastique des racines, de leur faculté d'extension et de l'esprit de suprême économie du langage dans la gestion des affaires de l'esprit humain.

Tout phénomène mental a son histoire; on ne peut la connaître qu'en remontant à sa source; et comme la parole a traversé diverses phases dont les premières ont dû être très différentes de la phase actuelle, il est pardonnable aux plus grands philosophes de l'antiquité de n'avoir pas connu la constitution de l'esprit humain, que peut seule expliquer cette parole toujours changeante. Les anciens, qui connaissaient leur temps, mais non les temps qui l'avaient précédé, ne connaissaient de même en général que leur propre langue, et, de cette langue, que sa forme contemporaine; aussi, en présence d'un mot dont le sens s'était perdu, ou d'un mot étranger, ils en cherchaient l'origine dans l'idiome qui leur était familier, c'est-à-dire là où elle ne se trouvait pas.

Pendant longtemps, les hommes ne connurent qu'une seule manière d'être, la leur, et qu'une seule manière de parler, celle dont ils se servaient pour exprimer leurs propres actes; ils étaient assez avancés pour dire : creusons, broyez, ils tressent; mais si, à l'origine, la conception et la parole naquirent chez les hommes de la conscience de leur propre activité, comment sont-ils arrivés à parler de toutes les choses du monde extérieur qu'ils sentaient n'avoir pas faites eux-mêmes, et qui, par conséquent, restaient en dehors de la sphère de leur vouloir et de leur expérience? Il est clair que ces choses, pour être nommées et comprises, devaient rentrer dans les diverses catégories d'activité humaine pour lesquelles des noms avaient déjà été trouvés. En voyant la foudre tomber dans un champ et y creuser un trou, ou sur un tronc d'arbre et le fendre et le déchirer, les hommes ne pouvaient plus dire : nous avons creusé ce trou, vous avez fendu ce tronc ; ce n'était plus pour eux *quelqu'un*, mais *quelque chose* qui avait creusé ou fendu. Cet acheminement de : *je* creuse, à *cela* creuse, nous paraît aisé ; mais c'était le passage du sentiment conscient de notre propre activité à l'intuition de l'activité d'un objet étranger, et cet acte mental dut être d'une énorme difficulté : les hommes le réalisèrent pourtant, parce qu'ils ne voyaient dans le monde en dehors d'eux-mêmes qu'un reflet de leur propre monde humain tout intérieur, le seul dont ils eussent jusque-là connaissance. Des gens qui avaient mesuré un terrain en le traversant comprirent la lune qu'ils voyaient marcher sur la voûte du ciel comme mesurant cette voûte ; et de la racine *Mâ* — mesurer, ils appelèrent la lune *mâs*, ce qui mesure, ce qui arpente, l'arpenteur ; et *mâs* resta dans la langue sanscrite le nom de la lune ; de là vinrent le latin *mensis*, le grec *mêné*, l'anglais *moon*, l'allemand *Monat*, le russe *miésets*. Des gens qui couraient parlaient d'eux-mêmes comme courant ; et ils nommèrent la rivière : *sar* — courir ; et pour désigner le lieu où coulait la rivière, ils ajoutèrent à la racine *sar* un élément démonstratif, et dirent : *sar* — *it*, court ici ; et *sarit* resta en sanscrit le nom de rivière ; ainsi, *mâs* et *sarit* devinrent chacun une phrase intelligible, une proposition complète. Ce qui pour nous est la foudre était alors pour les hommes déchirer, creuser, éclater, étinceler ; et l'orage et la tempête étaient : écraser, opprimer, hurler, souffler ; et comme l'homme occupé à donner des coups vigoureux sur quoi que ce fût était désigné comme celui qui frappe, de même la tempête, l'orage, la foudre devinrent ceux qui frappent ; et à l'aide de l'élément démonstratif toujours accolé au verbe, des phrases surgirent qui signifièrent : frappant ici, ou maintenant, ou là, ou alors.

Nous avons vu que l'attribut qui semblait caractériser particulièrement un objet servait à lui donner son nom ; mais la plupart des objets ayant plus d'un attribut, c'était tantôt l'un, tantôt l'autre qui était jugé le plus propre à le désigner; c'est ainsi que plusieurs noms furent donnés à la rivière outre celui de sarit, chacun représentant un de ses aspects. Quand elle coulait en droite ligne, la rivière était appelée *sirā* — la flèche, la charrue, le laboureur; celle dont le principal mérite paraissait être de féconder un terrain était nommée *mâtar* — la mère; celle qui séparait une localité d'une autre devint *sindhu*, de sidh ou sedh — écarter; la rivière transformée en torrent reçut le nom de *nadi* — la bruyante; mais sous toutes ses formes, la rivière était toujours regardée comme un être actif et nommée au moyen de racines exprimant des actes; elle nourrissait, elle traçait un sillon, elle montait la garde, elle rugissait à l'instar des bêtes. Le soleil a une grande quantité d'attributs; il est étincelant, il est desséchant, il est vivifiant, il est accablant, ce qui lui valut de recevoir une cinquantaine de noms différents qui tous, par conséquent, étaient des noms synonymes du soleil. La terre se trouvait dans le même cas et portait vingt et un noms; c'était entre autres, *urvî* — étendue, et *prithvî* — large, et *mahî* — grande; mais chaque trait caractéristique de la terre pouvait se retrouver dans d'autres objets; aussi la rivière était-elle appelée urvî, le ciel et l'aurore étaient appelés prithvî, et le nom de mahî s'appliquait également à la vache et au discours; il s'ensuit que la terre et la rivière, le ciel et l'aurore, la vache et le discours, devinrent des homonymes.

Tous ces noms sont ceux d'objets bien définis, susceptibles d'être perçus par les sens, ce qui nous autorise à donner du langage dans sa période primitive la définition suivante : c'était l'expression consciente d'impressions perçues par tous les sens.

Mais il est une autre classe de mots dont le caractère diffère de ceux que je viens de citer, des mots tels que jour et nuit, printemps et hiver, aurore et crépuscule; il n'y a là rien de substantiel ni d'individuel ; et quand nous disons le jour approche, la nuit s'avance, nous attribuons des actes à des choses qui ne peuvent agir, nous affirmons des propositions qui, logiquement analysées, n'ont pas de sujet qui se puisse définir. Les noms collectifs, comme ciel et terre, rentrent dans la même catégorie. Quand nous disons que la terre nourrit l'homme, nous n'avons pas en vue une certaine partie tangible du sol, nous prenons la terre comme un tout ; et le ciel pour nous n'est pas seulement le court horizon que notre œil embrasse; notre imagination nous retrace des objets qui ne tombent pas sous les sens ; mais, soit que nous voyions dans le ciel ou dans la terre un tout, ou une puissance, ou une idée, nous en faisons sans le vouloir quelque chose d'individuel. Or donc, chacun de ces mots avait une terminaison qui indiquait ce que nous appelons le genre ; ils étaient ou masculins ou féminins ; le genre neutre ne s'introduisit dans la langue que lorsque la pensée, devenue plus lucide, put l'apercevoir dans la nature. Qu'en résultait-il ? Qu'il était simplement impossible de parler du matin ou du soir, du printemps ou de l'hiver, de l'aurore et du crépuscule, du ciel et de la terre, sans prêter à ces choses non seulement un caractère actif et individuel, mais de plus personnel et sexuel ; ainsi, tous les objets du discours devenaient nécessairement, pour les fondateurs du langage, autant d'acteurs agissant comme agissent des hommes et des femmes ; et la pensée, une fois lancée dans cette voie et entraînée par la tendance irrésistible à l'analogie, répandit ce genre de représentation sur tout le champ de l'expérience humaine. Ce qu'on appelle animisme, et anthropomorphisme, et personnification, a donc sa source dans une couche extrêmement profonde de la pensée, précisément dans la nécessité psychologique de se représenter les objets extérieurs comme des sujets semblables à nous-mêmes. Cette nécessité devrait être nommée *subjectivisme*, tant qu'elle ne revêtit pas (ce qui arriva bien plus tard) des noms particuliers, tels que *l'animisme*, qui conçoit tous les objets comme animés, *l'anthropomorphisme*, qui les conçoit comme des hommes, et la *personnification*, qui les conçoit comme des personnes. A peine cet acte mental se fut-il opéré que tout un monde nouveau surgit, un monde de noms, ou, comme nous disons maintenant, un monde de mythes.

Tant que l'identité de la pensée et de la parole n'avait pas été saisie, tant que l'on croyait que le langage était une chose et la pensée une autre, il était naturel de ne pas comprendre qu'il faut traiter la mythologie comme une sorte de maladie du langage même; car si le verbe actif n'était qu'un fait grammatical, et non pas en même temps un fait psychologique, et de plus un fait historique, il serait absurde d'identifier le sens actif de nos racines avec l'activité attribuée aux phénomènes de la nature. Mais du moment que l'on comprend que le langage et la pensée sont une même chose, on trouve tout simple que ce qui arrive au langage doive arriver à la pensée.

Les hommes qui parlaient de cette manière des phénomènes extérieurs sentaient cependant fort bien qu'eux-mêmes qui frappaient, qui mesuraient, qui couraient, qui se couchaient et se levaient, étaient tout autre chose que la foudre, et la lune, et les rivières et le soleil ; les savants, en étudiant le fonctionnement de la pensée en dehors du langage, avaient été pris au piège lorsqu'ils virent dans la phraséologie de ce temps la preuve que les anciens Aryens personnifiaient et humanisaient les phénomènes physiques, leur attribuant des actions propres aux créatures humaines. Non seulement nos pères avaient compris que ces objets n'étaient pas identiques à eux-mêmes, mais ils insistaient à leur manière sur la différence de leur nature, malgré ce genre d'activité qu'ils retrouvaient chez les uns et chez les autres. Cela nous est attesté par certains tours de phrases du Rig-Véda : « Le torrent rugit, mais ce n'est pas un taureau » ; là où nous dirions d'un homme inébranlable dans ces résolutions qu'il est ferme comme le roc, eux disaient : « Lui, un roc, pas » ; ils auraient dit de même : « Les montagnes ne peuvent être renversées, mais ce ne sont pas des guerriers ; le feu dévore la forêt, mais ce n'est pas un lion. »

Les hommes disposaient de peu de mots ; toutes les pensées qui dépassaient l'horizon étroit de la vie journalière et pratique durent forcément être exprimées au moyen du transfert des noms d'objets connus aux nouvelles conceptions qui n'avaient pas encore de noms ; c'était la métaphore qui naissait, la métaphore fondamentale qui seule permit à leur moi conscient de se déverser en dehors dans le chaos du monde objectif, qu'ils recréaient ainsi à leur propre image ; et le seul fait que chaque phénomène naturel portait plusieurs noms, et que les mêmes noms s'appliquaient à plusieurs objets différents, fournit de nombreux germes à la métaphore. La métaphore fut pour la langue ce que le soleil et la pluie sont pour les moissons ; elle multiplia cent fois, mille fois une pensée, elle la brisa sous le choc, et fit voler ses éclats dans mille directions différentes ; sans elle, aucune langue n'eût pu progresser au delà de ses plus simples rudiments.

Il est important de ne pas confondre cette métaphore radicale, nécessaire, avec la métaphore poétique dont nous faisons usage tous les jours, et qui diffère essentiellement de la première. Ouvrons un livre de poésie quelconque à n'importe quelle page ; nous y trouverons des objets insensibles et muets représentés comme parlant, se réjouissant, célébrant le Créateur ; il n'est pas une partie de la nature que nous savons ne pouvoir ni sentir, ni penser, dans laquelle nous n'infusions nos propres sentiments et nos propres idées. Cette façon de s'exprimer est particulière aux poètes, et si elle ne nous frappe pas par ce qu'elle a de faux au point de vue du bon sens, c'est que la poésie est au fond plus naturelle à l'homme que la prose, et que cet épanchement de notre sympathie pour la nature coûte moins d'effort que le parler abstrait ; il faut la froide réflexion pour ne voir dans l'éclair qu'une décharge électrique et, dans la pluie, qu'une condensation de vapeurs ; ici ce n'est plus le transfert du caractère d'un objet déjà connu à un objet encore inconnu, mais celui d'un objet connu à un autre objet également connu ; le poète qui appelle la goutte de rosée une larme possède déjà les mots de larme et de rosée, et des notions nettes sur le sens de l'une et de l'autre ; la métaphore poétique est donc une création volontaire de notre esprit, et, comme telle, elle ne joua aucun rôle dans la formation de l'esprit humain.

L'étude de la science du langage étonna le monde il y a quelques années, par la déclaration que les 250,000 mots du dictionnaire anglais publié à Oxford proviennent tous d'environ 800 racines ; depuis, on a pu en réduire encore le nombre. En tout cas, 800 ou 500 racines sanscrites, grâce à leur fécondité, ont été plus que suffisantes à nos ancêtres aryens pour élaborer leur vaste littérature, comme à nous-mêmes qui avons à nommer actuellement 245,000 espèces d'animaux vivants et 95,000 espèces d'animaux fossiles ; 100,000 espèces de plantes vivantes et 2,500 espèces de plantes fossiles, sans parler des cristaux, des métaux et des minéraux. Et voici une autre découverte non moins surprenante : toute pensée qui a jamais traversé notre cerveau remonte à quelqu'un des 121 concepts radicaux dont je vais donner la liste ; je la trouve consignée dans le livre de Max Müller, intitulé *La Science de la Pensée*. Il n'y aurait donc pas une phrase prononcée par nous, de laquelle chaque mot ne doive son existence à une des 800 ou 500 racines, et pas une de nos pensées qui ne provienne d'une de ces 121 conceptions fondamentales. Cela est aussi acquis que cet autre fait, que tout ce qui se voit sur la terre et à la voûte des cieux se compose d'environ soixante substances élémentaires.

LES 121 CONCEPTS ORIGINAUX

1. Creuser.
2. Tresser, tisser, coudre, lier.
3. Écraser, piler, frotter, polir, détruire, dissiper.
4. Aiguiser.
5. Enduire, colorer, pétrir, durcir.
6. Gratter.
7. Mordre, manger.
8. Diviser.
9. Couper.
10. Étendre.
11. Rassembler, observer.
12. Mêler.
13. Disperser, répandre.
14. Arroser, mouiller, égoutter.
15. (a) Secouer, trembler, frissonner.
15. (b) Trembler moralement, se fâcher.
16. Jeter à bas, tomber.
17. Tomber en pièces.
18. Tirer (contre quelque chose).
19. Percer, fendre.
20. Joindre, combattre, réprimer.
21. Déchirer.
22. Briser.
23. Mesurer.
24. Souffler.
25. Allumer.
26. Traire, céder.
27. Verser, couler, se précipiter.
28. Séparer, libérer, laisser, manquer.
29. Glaner.
30. Choisir.
31. Cuire, rôtir, bouillir.
32. Nettoyer.
33. Laver.
34. Courber.
35. Tourner, rouler.
36. Presser, fixer.
37. Presser, exprimer.
38. Conduire.
39. Agiter, pousser, vivre.
40. Éclater, jaillir, rire, rayonner.
41. Habiller.
42. Orner.
43. Dépouiller, enlever.
44. Voler (un objet).
45. Arrêter.
46. Remplir, prospérer, gonfler, acquérir de la force.
47. Contrarier.
48. Adoucir.
49. Raccourcir.
50. Amincir, subir.
51. Graisser, coller, attacher.
52. Lécher.
53. Sucer, nourrir.
54. Boire, gonfler.
55. Avaler, boire à petites gorgées.
56. Vomir.
57. Mâcher, manger.
58. Ouvrir, étendre.
59. Atteindre, s'efforcer, gouverner, avoir.
60. Conquérir, s'emparer de force, disputer.
61. Accomplir, réussir.
62. Attaquer, blesser.
63. Cacher, plonger.
64. Couvrir, étreindre.
65. Porter, supporter.
66. Pouvoir, être fort.
67. Montrer.
68. Toucher.

69. Frapper.
70. Demander.
71. Veiller, observer.
72. Conduire.
73. Arranger.
74. Tenir, manier.
75. Donner, céder.
76. Tousser.
77. Avoir soif, sécher.
78. Avoir faim.
79. Bâiller.
80. Cracher.
81. Voler (dans les airs).
82. Dormir.
83. Se hérisser, oser.
84. Être en colère, être dur.
85. Respirer.
86. Parler.
87. Voir.
88. Entendre.
89. Flairer.
90. Suer.
91. Bouillir.
92. Danser.
93. Sauter.
94. Ramper.
95. Trébucher.
96. Persister.
97. Brûler.
98. Demeurer.
99. Se tenir debout.
100. Tomber, se coucher, manquer.
101. Se balancer.
102. Suspendre, appuyer.
103. S'élever, grandir.
104. S'asseoir.
105. Travailler.
106. Fatiguer, ravager, ralentir.
107. Réjouir, plaire.
108. Désirer, aimer.
109. Réveiller.
110. Craindre.
111. Rafraîchir.
112. Puer.
113. Haïr.
114. Savoir.
115. Penser.
116. Briller.
117. Courir.
118. Se mouvoir, aller.
119. (*a*) Bruire (sourdement).
119. (*b*) Bruire (rendre des sons musicaux).
120. Faire.
121. Être.

Cette classification des racines n'est qu'une simple tentative, et le nombre des concepts primordiaux (121) n'est pas à prendre tout à fait à la lettre, car il y a des mots (peu du reste), sanscrits et autres, dont on ignore encore l'étymologie, et on l'ignorera probablement toujours. Dans cette liste, l'ordre de succession des concepts n'est pas aussi systématique qu'on l'aurait désiré; Max Müller avait essayé de les classer d'une manière plus correcte; les actes particuliers comme *creuser*, et les actes généraux comme *chercher*, les états particuliers comme *tousser*, et les états généraux comme *sentir*, auraient été réunis selon leur nature; mais ce plan ne fut pas trouvé réalisable, parce que certaines racines expriment l'état et l'acte en même temps, et qu'il est presque impossible de déterminer si c'est le sens particulier ou le sens général qui prime dans certains mots : ainsi, il y a bouillir, et faire bouillir, et être bouillant, et ainsi de suite. Certaines racines ont des significations si rapprochées, qu'il y en a plus de quinze qui mènent au concept de brûler et à celui de parler, et infiniment davantage qui rendent le concept de briller.

Éprouverons-nous un sentiment d'humilité ou d'orgueil quand nous nous serons convaincus que l'énorme édifice de toutes nos philosophies, de toutes nos religions, de toutes nos littératures, de tous nos dictionnaires scientifiques et industriels, bref, de toute notre vie intellectuelle et pratique, s'est élevé sur un si petit nombre d'Idées-mères, incorporées dans un si petit nombre de racines ?

Ce ne devrait être ni l'un ni l'autre, car nous ne sommes que ce que nous a fait la raison croissante de nos ascendants. Ce qu'ils nous ont légué, nous aurons à le transmettre à nos descendants à nous, mais toujours plus et plus débarrassé de tout alliage étranger.

Résumé de ce qui a été dit jusqu'ici de la marche de la raison : trois points principaux sont à relever :

1° Ce qui est à la base de toutes les racines des mots, c'est l'activité humaine créatrice.

2° La source de toutes nos idées abstraites est dans la représentation d'actes purement matériels.

3° Il a été prouvé qu'aujourd'hui encore nous parlons la langue de nos premiers pères. Le roi Nabuchodonozor avait coutume de faire graver son nom sur chaque brique de ses palais ; les palais tombèrent en ruines, et les briques servirent à bâtir la ville de Bagdad ; des voyageurs ont pu lire ce nom sur les briques. Nos idiomes modernes ont été construits de la même manière avec des matériaux retirés des ruines de l'ancien langage, et chaque mot que nous prononçons porte la signature royale imprimée sur lui par ses fondateurs. La formation de ce langage nouveau, mais toujours vraiment maternel, au moyen de ses racines avec les changements successifs de leurs significations, la composition des formes grammaticales, et tout ce mouvement de fermentation qui se poursuit toujours sous la surface de nos différents dialectes, indiquent la présence dans l'homme d'un germe qui dès le principe devait en faire un être rationnel. La connaissance de la nature de l'homme et l'histoire tout entière de l'humanité nous seront révélées par l'étude de la science du langage.

VI

HISTOIRE DE L'ANCIEN LANGAGE

L'histoire de l'ancien langage, prise en gros, peut se diviser en trois périodes distinctes.

La première est celle où, débarrassé des langes qui l'enveloppaient au berceau, le langage trouva les mots les plus indispensables aux hommes dans leurs rapports entre eux, tels que les pronoms, les prépositions et les appellations des nombres et des objets d'un usage journalier. Telle a dû être la première ébauche d'une langue à peine agglutinée, libre de toute entrave, ne portant aucun cachet de nationalité ni d'individualité, mais contenant déjà les principaux linéaments de toutes les formes des langues touraniennes, aryennes et sémitiques ; le regard de l'explorateur de l'antiquité philosophique ne pénétre pas au delà de cette première période.

La seconde période est celle où deux familles de langues, abandonnant la phase agglutinante et pour ainsi dire nomade de la grammaire à son début, reçurent une fois pour toutes l'empreinte des systèmes de formation que nous trouvons dans tous les idiomes et dialectes populaires connus sous les noms de langues sémitiques et aryennes, et auxquelles elles doivent cette ressemblance de famille qui nous permet de traiter comme des variétés de deux formes spécifiques du langage, d'un côté les langues teutoniques, celtiques, slaves, italiques, helléniques, iraniennes et indiennes, de l'autre côté, l'arabe, l'araméen, et l'hébreu ; c'est dans ces deux familles que les éléments indécis de la grammaire se fixèrent en remplaçant l'agglutination par l'amalgamation. Les langues touraniennes ou ouralo-altaïques ont un caractère tout différent ; elles conservèrent longtemps, et quelques-unes gardent encore actuellement, la forme agglutinante qui retarde le développement d'une grammaire et ne laisse pas découvrir un air de parenté dans les dialectes disséminés entre la Chine et les Pyrénées, et entre le cap Comorin et la Laponie.

Ces deux périodes sont suivies d'une troisième, habituellement appelée mythologique ; elle est très obscure, et son existence semble faite pour ébranler notre foi dans le progrès régulier de l'esprit humain. Tous les peuples ont eu à traverser cette même phase ; mais lorsqu'il nous arrive de prononcer le mot de mythologie, notre pensée se reporte à la mythologie des Grecs, la seule que nous ayons apprise dans notre enfance et la seule familière aux gens qui ne se vouent pas spécialement à l'étude des croyances de l'antiquité en général. L'enseignement de la mythologie dans nos écoles étant presque inséparable de celui de l'histoire, dès notre jeune âge nous avons été mis en présence du panthéon complet des divinités du paganisme ; notre affaire à nous, élèves, consistait à bien savoir nos leçons ; et l'affaire des maîtres était de veiller à nous les faire apprendre. La mythologie n'était donc pour nous tous qu'un chapitre de ce grand livre intitulé le Cours obligatoire des études, chapitre qui n'avait pas plus besoin d'explication que la leçon de gymnastique.

Nos maîtres nous montraient dans les Grecs un peuple doué d'une merveilleuse imagination, sachant conter de fantastiques histoires dans la plus pure des langues. Nous lisions dans les auteurs : « Eos a fui, Eos reviendra, Eos est de retour, Eos réveille les gens qui dorment, Eos prolonge la vie des mortels, Eos s'élève du sein de la mer, Eos est la fille du ciel, Eos est poursuivie par le soleil, Eos est aimée du soleil, Eos est tuée par le soleil », et ainsi *ad infinitum;* et on nous disait : Ce sont là des mythes.

C'était fort bien dit ; mais, comme on n'expliquait pas ce que c'est que des mythes, nous n'en étions pas plus avancés.

Si les mouvements d'Eos sont inexplicables, on ne saurait du moins leur refuser une certaine élégance. Mais que dire de Saturne, qui, frappé de la prédiction qu'il serait un jour tué par ses enfants, les avalait à mesure qu'ils naissaient, à l'exception de son fils Jupiter soustrait à sa voracité par une ruse de sa mère qui l'escamota et le remplaça par une pierre; on ajoute qu'à la suite d'un breuvage administré à Saturne, le dieu vomit et la pierre et les enfants! — Que dire encore de ce festin offert aux dieux par Tantale, qui, pour éprouver la clairvoyance de ses hôtes, leur fit servir les membres de son jeune fils Pélops mêlés à d'autres viandes; Cérès en avait déjà mangé une épaule quand Jupiter découvrit le méfait ; il fit aussitôt jeter ce qui restait sur le plat dans une marmite d'où Pélops sortit vivant, mais avec une épaule de moins, qui fut remplacée par une épaule d'ivoire ! — Pourrait-on imaginer un plus pitoyable bavardage ! — Et nous n'en continuons pas moins à soumettre nos enfants à ce malsain régime, tout en maugréant de surcharger leur mémoire de ce fatras, sous prétexte de leur faire mieux apprécier les chefs-d'œuvre de la littérature classique.

Je ferai ressortir ce que cette période du langage a d'énigmatique, en me plaçant un instant à l'entrée de l'histoire traditionnelle qui vint la clore, et d'où l'on voit déjà poindre en Grèce une lumière destinée à déverser sur le monde entier une splendeur jusque-là inconnue ; c'est l'époque où brillent Thalès, Pythagore et Héraclite qui, au milieu de leur ignorance des choses, ont des idées d'une étonnante lucidité. Une littérature nationale vient de s'ouvrir où nous puisons des indications sur les premières concentrations des sociétés politiques, sur la naissance des lois et le développement des mœurs. Et nous nous demandons : les sages qui vivaient alors, d'où sont-ils venus ? Qui ont été leurs maîtres ? Comment les beaux temps de la civilisation grecque, avec ses philosophes et ses artistes, ont-ils pu être précédés d'une suite de générations dont l'occupation principale paraît avoir consisté à inventer et à répéter à satiété sur le compte des dieux, des héros et d'autres êtres qu'aucun œil humain n'a jamais vus, des fables absurdes opposées aux plus simples principes de la logique, de la morale et de la religion ? Les anciens eux-mêmes jugeaient avec sévérité les révoltantes histoires contenues dans la mythologie grecque; Xénophane, contemporain de Pythagore, rendait Hésiode et Homère responsables des superstitions de la Grèce et les blâmait d'attribuer aux dieux tout ce qu'il peut y avoir dans l'homme de plus déshonorant; Héraclite était d'avis qu'Homère eût mérité d'être chassé des assemblées publiques, et Platon écrivait: « Les mères et les nourrices font aux enfants des contes pleins de mensonges et d'immoralité qu'elles empruntent aux poètes. »

Ainsi parlaient les philosophes cinq cents ans avant notre ère, parce qu'ils savaient aussi bien que nous que la divinité, pour être la divinité, doit être parfaite, sans quoi elle n'est rien.

On ne peut cependant douter que ces Grecs si sages qui nous apparaissent dans la pénombre de l'histoire n'aient eu pour guides ces folles générations d'auteurs. Le fait est trop surprenant pour que les mythologues, tant anciens que modernes, n'aient pas cherché à l'expliquer d'une manière rationnelle. S'ingéniant à découvrir ce qui pouvait avoir donné lieu à des récits aussi monstrueux, les uns prétendirent que les inventeurs des fables avaient voulu initier peu à peu la foule à la connaissance de certains faits naturels, de certaines vérités morales, en les revêtant de la forme allégorique; chaque divinité personnifiait une vertu particulière que les hommes devaient s'efforcer d'acquérir, et le culte n'était institué en son honneur que pour mieux en graver l'image dans les âmes disposées à la piété ; Zeus était l'intelligence, Athéné était l'art, Hercule, l'énergie et la persévérance dans les grands travaux ; les héros des poèmes homériques, Agamemnon, Achille, Hector, représentaient des agents physiques. Selon une autre théorie, les fables avaient été composées dans un but politique ; toutes les lois émanant directement des dieux, quiconque refusait d'admettre l'excellence des institutions de la patrie était en révolte contre les dieux eux-mêmes. Le philosophe Evhémère fut l'auteur d'un troisième système ; il expliquait la mythologie par l'histoire : les dieux n'étaient que des transfigurations de personnages réels qui avaient autrefois vécu sur la terre, des rois, des héros, des savants élevés après leur mort au rang de divinités; Éole, le dieu des vents, avait été un hardi marinier qui savait prévoir les changements atmosphériques ; Atlas, portant sur ses larges épaules le ciel et la terre, avait été naguère un fameux astrologue, Jupiter, un régent de Crète, et Hercule une sorte de chevalier errant. Les anciens philosophes, tout en interprétant diversement les fables, étaient tous d'accord pour nier qu'il y eût la moindre parcelle de vérité dans les histoires débitées au sujet des dieux, et ils appuyaient sur ce point : qu'aucun mythe ne devait être pris à la lettre. Plus tard, on a cru voir dans ces récits des réminiscences d'un âge barbare où les ancêtres des Grecs n'auraient pas eu d'autre passe-temps que de voler, de tuer, de tromper, et probablement de manger leur progéniture. Lactance, saint Augustin et les premiers missionnaires qui attaquèrent les croyances des Grecs et des Romains, se servirent des arguments d'Evhémère et avertirent les païens qu'ils adoraient des dieux qui n'étaient pas des dieux, mais de simples mortels déifiés par la crédulité populaire. — De nos jours, des théologiens d'occasion sont allés chercher dans la mythologie grecque des personnages bibliques; ils ont cru reconnaître dans Saturne et ses trois fils, Jupiter, Neptune et Pluton, les traits de Noé et de ses fils, Cham, Sem et Japhet; et dans un livre récemment publié, l'auteur suggère l'idée que le jardin des Hespérides décrit par Hésiode pourrait bien être un écho du jardin d'Eden.

Ainsi, dès l'instant où pour la première fois la philosophie balbutia le grand mot de *pourquoi?* depuis Socrate, Platon, Aristote, jusqu'à notre siècle positif et pratique, la mythologie n'a pas cessé de captiver l'attention et de fournir matière à des conjectures sans fin. Les savants ont demandé aux sciences physiques, historiques et métaphysiques, l'explication du phénomène; mais, en dépit de ce vaste travail inspiré par l'amour de la science et poursuivi pendant plus de deux mille ans, le sphinx mythologique n'a pas livré son secret, et nous sommes encore à nous demander : qu'est-ce que la mythologie? Ne serait-elle qu'une invention d'Homère et d'Hésiode? ou serait-elle une phase du développement de l'esprit humain, une catastrophe dans la croissance de la raison?

L'école philologique actuelle offre sa solution à elle; aura-t-elle le sort de toutes les autres? Dira-t-on toujours, après l'avoir entendue, que le sphinx est resté muet? Cette école prend sur elle de prouver que l'explication du mystère ne se peut trouver ailleurs que dans la science du langage. Et en effet, l'étude de l'histoire du langage, qui est celle de l'esprit humain, nous permet de répondre catégoriquement aux questions qui précèdent; oui, la mythologie a été inévitable, une nécessité inhérente au langage même, considéré non comme simple symbole extérieur, mais comme seule incorporation possible de la pensée. La mythologie, dans la plus large acception de ce terme, est l'ombre que la langue projette sur la pensée; et toute l'histoire de la philosophie, de Thalès à Hegel, n'a été qu'une lutte ininterrompue avec la mythologie, une perpétuelle protestation de la pensée contre le langage.

VII

LES MYTHES

Si nous tenons à juger sainement la manière de voir et de sentir de notre prochain, il nous faut faire continuellement abstraction de notre propre manière de voir et de sentir ; à plus forte raison, ce genre d'abstraction, qui de tous est le plus difficile, nous est indispensable, si nous voulons comprendre des gens qui ont vécu plusieurs milliers d'années avant nous, et qui raisonnaient et parlaient tout autrement que nous.

Quand on embrasse d'un coup d'œil la phraséologie mythique, on s'aperçoit aisément que ses principaux éléments sont des phrases répétées sur les aspects les plus communs de la nature, sur le jour et la nuit, l'aurore et le crépuscule, le soleil et la lune, le ciel et la terre, dans leurs rapports entre eux et avec les hommes.

Nous autres modernes, quand nous parlons des dernières heures du jour, nous le faisons en des termes précis, et que nous supposons du moins exacts ; nous disons : il se fait tard... le soleil se couche... la lune se lève... il fait nuit. Nos pères avaient également lieu de mentionner les mêmes heures ; mais, comme ils ne parlaient pas des phénomènes naturels sans y mettre quelque chose de leur propre personnalité, ils se plaisaient à dire : « L'aurore fuit devant le soleil... le soleil aime, poursuit, étreint l'aurore... elle meurt dans les bras du soleil... le soleil vieillit, dépérit, meurt. »

Outre ces locutions générales, nos pères en avaient d'autres d'un caractère plus spécial, qui leur étaient imposées par la nature même du langage : les hymnes du Rig-Véda nous en offrent des exemples. Il est une de ces locutions qu'il me serait difficile de rendre en français, mais la langue anglaise fournit le verbe impersonnel qui me viendra en aide ; tandis que les Anglais disent, en parlant des phénomènes atmosphériques, tels que la pluie, le tonnerre, la clarté du jour : *it* rains, *it* thunders, *it* shines, nos ancêtres disaient ; *he* rains, *he* thunders, *he* shines, sans savoir ce que pouvait être ce *he*, qui pour nous est la troisième personne au masculin ; mais il va de soi que, pour eux, *he* était le pleuvant, le tonnant ou l'éclairant, c'est-à-dire un agent.

La mythologie, prise dans son ensemble, est née des mythes qui l'ont précédée. Si le sens original du mot grec : logos, nous révèle une vérité trop longtemps oubliée, l'identité de la pensée et du langage, la connaissance du sens originel du mot grec *Mythos* nous est indispensable pour l'étude de la mythologie. Ce mot ne signifiait d'abord rien d'autre que le *mot*, en tant que différent de l'*acte*, et il se distinguait à peine de logos ; plus tard, une distinction fut faite entre mythe dans le sens de fable, de légende, et logos, compte rendu historique. Ainsi, un mythe, c'était d'abord un mot. La plupart des anciens termes créés par le langage dans son premier élan spontané avaient pour base des métaphores hardies, dont la signification s'oubliait ; et ces termes, après avoir perdu leur sens tant radical que poétique, n'étaient plus que de simples mots ayant cours dans la conversation familière.

Voici quelques mythes que je donne comme ils nous sont parvenus.

Endymion est fils de Zeus, et peut-être d'Aétius, roi d'Elis, fils lui-même de Zeus ; car selon l'usage des familles régnantes en Grèce celle d'Elis descend du roi des dieux. Le nom d'Endymion est un nom du soleil couchant, et il dérive d'un verbe qui voulait dire originairement : *se plonger dedans;* une expression telle que : « le soleil se plonge » présuppose l'idée qu'il se plonge dans la mer. Or, ce verbe-là n'est jamais employé dans le sens de *se coucher* dans le grec classique, qui possède un autre terme pour le coucher du soleil. Le mythe d'Endymion doit donc sa création à l'emploi d'un certain verbe particulier, et un autre verbe ne l'aurait pas enfanté. La signification originaire du nom d'Endymion une fois oubliée, ce qui se rapportait d'abord au soleil couchant continua à être conté d'Endymion, ce qui le transforma en un dieu ou un héros.

Ce beau prince ou ce beau berger, selon que l'entendaient les différents conteurs, se rend en Carie, où il a, sur le mont Latmos, de singulières aventures; il s'endort au fond d'une grotte où un rayon de Séléné l'atteint; et les gens d'Elis de conter : « Séléné aime Endymion et veille sur lui... Séléné embrasse Endymion et l'endort sous un baiser. » Le nom de Séléné est si transparent que la lune perce à travers ; nous aurions du reste deviné qu'il s'agit ici de la lune, quand même elle se fût présentée sous son autre nom d'Astérodia, le pèlerin au milieu des étoiles ; il en est autrement lorsque la lune est appelée Hécate ou Lucine, car alors, il nous semble avoir devant nous, sous cet accoutrement opaque, un tout autre personnage que Séléné.

Les savants ne cessent de prétendre, à propos de la mythologie, que c'est là un passé qui n'a jamais été le présent ; mais le mythe d'Endymion était bien le présent à l'époque où cette façon de narrer était familière au peuple d'Elis.

De semblables phrases se répétaient longtemps encore après qu'on avait cessé de comprendre leur signification primitive; et comme l'esprit humain est aussi enclin à chercher une raison pour toutes choses que prêt à en inventer une, les poètes ajoutaient à cette histoire toutes sortes de détails pour expliquer comment Endymion, après la vie d'un jour, s'endormit d'un sommeil qui fut éternel ; et si l'un de ces poètes, particulièrement aimé du public, adoptait une version de préférence à une autre, c'était une bonne fortune pour le roman qui se répandait de plus en plus, et toujours avec de nouvelles variantes.

La formation d'un nom comme Eos, ne semble pas différer de celle de tout autre mot ; mais si toutes les racines exprimaient originairement une action, il s'ensuit que, pour tout mot, il nous faut trouver un agent ; l'Eos grecque est le sanscrit Ushas, l'aurore ; nous savons que Ushas dérive d'une racine *Vas* qui veut dire briller ; ainsi Eos signifiait à l'origine : il ou elle brille. Mais qui est « il ou elle » ? Ici naît l'inévitable mythe. L'aurore n'est pour nous que l'illumination du ciel, l'éclat du matin ; nos pères étaient autrement impressionnés que nous par l'aube du jour. Après avoir formé un mot signifiant « il ou elle brille », c'est-à-dire la lumière ou Eos, le peuple grec décrivait chaque pas d'Eos précédant le soleil sur la voûte céleste ; Eos est poursuivie par le soleil ; il sera donc son amant ; Eos est une femme jeune et brillante ; et si des nuages la voilent, on la concevra telle qu'une fiancée voilée ; on comprend dès lors les épithètes qui pleuvent sur Eos, et toutes ses relations de famille ; elle est la fille d'Hypérion ; *hyper* correspondant au latin *super,* le père d'Eos sera ce qui est en haut, c'est-à-dire le firmament ; elle est la sœur d'Hélios et de Séléné, le soleil et la lune. Une fois le nom d'Eos jeté dans la conversation journalière, il continue à s'affubler d'une foule d'accessoires ; tous les noms qui s'assemblent autour de celui d'Eos en grec et d'Aurora en latin nous montrent comment la mythologie sortit inévitablement du sol du langage. De simples phrases telles que : « Eos apparaît, disparaît ou meurt » sont des prétextes à légendes, et il devient bientôt impossible de tirer une ligne de démarcation entre ce qui cesse d'être une manière de parler et ce qui déjà devient un mythe.

Nous ne possédons malheureusement pas ces légendes sous leur aspect d'origine, telles qu'elles passaient de bouche en bouche dans les villes et les campagnes ; nos sources sont de vieilles chroniques dont les auteurs, prenant les récits mythologiques pour de l'histoire, n'en conservaient que ce qu'ils estimaient pouvoir leur être le plus utile ; et ces chroniques mêmes, nous ne les tenons pas de première main.

On rencontre dans la mythologie grecque une légende qui intrigue fort les érudits : la nymphe Daphné fuit devant Phœbus Apollon ; sa mère, la terre, mue de compassion, la reçoit dans son sein, et aussitôt, un laurier pousse et comble le gouffre dans lequel la nymphe a disparu. Et les mythologues de se demander : Qu'est-ce que cela peut vouloir dire ? les plus flegmatiques d'entre eux répondent : cela ne veut rien dire du tout ; c'est tout bonnement une fable ; pourquoi y chercher un sens quelconque ? Pourquoi ? parce que le peuple ne raconte pas de pareilles histoires au sujet de ses dieux et de ses héros sans quelque bonne raison.

Tandis que la connaissance de la langue grecque suffit à expliquer la légende d'Endymion, on a beaucoup d'exemples de la difficulté, ou plutôt de l'impossibilité d'expliquer certains noms grecs à l'aide du grec seul ; comme un nom ne devient pas un mythe tant que son sens radical ne s'est pas obscurci dans la langue où il est né, mais qu'il peut être resté parfaitement compréhensible dans une autre langue de la même famille, la philologie classique doit abandonner toute recherche étymologique de ce genre à la philologie comparée, qui se charge de trouver le sens d'un mot grec en le confrontant avec ses parents plus ou moins corrompus, germains, celtes ou sanscrits. Dans les langues teutoniques, par exemple, le Jour porte plusieurs noms qui dérivent d'une racine *dah* signifiant brûler, être ardent. Le nom grec de Daphné provient de cette racine *dah*. En sanscrit, l'Aurore est appelée Ahanâ, nom qui vient de *ahan* ou *dahan*, et dont la racine est *ah; dah* et *dahan* auront pu perdre leur lettre initiale *d*, ou bien cette lettre aura pu s'ajouter à la racine *ah;* ces pertes et ces gains se voient dans un grand nombre de cas.

Le nom sanscrit d'Ahanâ, connu avant la séparation du sanscrit et du grec, paraît une seule fois dans un hymne du Rig-Véda; dans l'Inde, son germe mythologique se perdit entièrement, et le nom même d'Ahanâ se serait oblitéré, n'était cet unique verset qui le sauva de l'oubli; mais sa signification primitive se développa en Grèce dans la légende d'Eos que j'ai rapportée.

On lit dans un hymne adressé à Ushas : « Nous avons franchi les limites des ténèbres, — Ahanâ qui apporte la lumière, illumine, — éclairant au loin tous les mondes, — réveillant chaque mortel pour qu'il marche, — elle reçoit les louanges de chaque penseur. » Ahanâ sort de la tête de Dyu, la face du ciel; elle se montre à l'est, s'avance et va réveiller les gens qui dorment; le mot *budh* qui a deux sens : réveiller et connaître, et le mot de lumière, qui exprime plus fréquemment et plus précisément le savoir que la clarté du matin, expliquent à eux deux comment Ahanâ, en réveillant les mortels, leur inculquait la sagesse.

L'histoire de Daphné et celle d'Ahanâ sont intimement liées, et l'une explique l'autre. Tant que nous ignorions qu'à l'origine Daphné était l'Aurore, ce mythe était indéchiffrable; mais traduisez en grec le nom d'Ahanâ, et vous aurez devant vous l'aurore sous les traits d'une nymphe aimée de Phœbus Apollon, et mourant dès que le dieu solaire la touche de ses rayons.

Mais pourquoi raconte-t-on que la nymphe Daphné se métamorphosa en laurier? L'aurore fut appelée Daphné pour ses teintes enflammées, et le laurier fut appelé *daphne* parce que son bois prend feu rapidement et que sa flamme jette un vif éclat; deux objets tout différents, un certain aspect du ciel et un arbre devaient être nommés : ce furent là deux actes distincts l'un de l'autre; mais la racine *dah* se trouve dans le nom du laurier en tant que *daphne* comme dans celui de Daphné, l'aurore; la synonymie des deux noms produisit par la suite le mythe de Daphné. Ce mythe est né sur le sol grec; mais, sans le secours du Véda qui explique son origine, il n'aurait jamais été interprété, car le sanscrit moins ancien n'en donne pas la clef. —

La racine *Ah* est aussi le germe du nom d'Athéné, dont la terminaison est la même que celle d'Ahaná; Athéné sort de la tête de Zeus; cette singulière naissance, quoique post-homérique, est sans doute d'ancienne date, car elle correspond exactement à la naissance d'Ahaná. Mais les hellénistes soutiennent que les Grecs n'avaient nulle idée qu'Athéné fût chez eux l'aurore; c'est vrai; mais peu d'entre eux aussi savaient que Zeus était à l'origine le nom de la voûte céleste elle-même. Il est certain que dans la suite, quand le peuple d'Athènes offrit un culte à Athéné comme à sa divinité tutélaire, elle devint quelque chose de très différent de l'aurore des Hindous; mais en observant attentivement les divers courants d'idées qui contribuèrent à la croissance de la déesse grecque, rien ne peut faire supposer que son berceau ait été autre que la face du ciel d'où émerge l'aurore. Je note une coïncidence: ni le Véda, ni Homère ne nomment la mère de l'aurore, quoique tous deux mentionnent *ses parents*.

C'est un fait curieux qu'en Italie, Minerva, identifiée à Athéné, revêt dès le commencement un nom imprégné d'un caractère intellectuel plutôt que des traits physiques de l'aurore; Minerva ou Menerva est évidemment en rapport avec *mens* qui est le grec *ménas*, et le sanscrit *manas*, l'intelligence; en latin *mâne*, c'est le matin; *manare* se dit spécialement du soleil levant, et *matuta*, autre nom de la même catégorie, est l'aurore. — La racine *man*, qui, dans toutes les langues aryennes, signifie le penser, aura sans doute été, de même que *budh*, destinée de très bonne heure à exprimer le réveil conscient de la nature entière, à l'approche de la lumière du jour. L'équation des deux noms d'Ahanâ et d'Athéné est irréprochable sous le rapport phonétique, et parfaitement intelligible sous celui de la mythologie, qui explique également leur corrélatif Minerva.

Pour rejeter l'explication de ces mythes, telle que la donne la philologie comparée, il faudrait prouver qu'Ahanâ et Eos ne sont pas l'aurore, qu'Athéné ne correspond pas à Ahanâ, et que Hélios n'est point le soleil.

Ce dont les Grecs ne se doutaient pas non plus, parce que leur langue ne l'expliquait pas, c'est qu'Erinnys, « celle qui plane dans l'obscurité », correspond littéralement à la Saranyû védique qui est encore le point du jour. Les poètes représentent très souvent l'aurore comme la vengeresse des crimes commis dans les ténèbres ; le mythe d'Erinnys exprime cette même idée ; au lieu de notre phrase banale : un crime est sûr d'être découvert, la vieille locution chez les Grecs et chez les Hindous, était : « Erinnys — Saranyû exposera les méfaits au grand jour. » Cette phrase, au commencement, était libre de toute mythologie ; elle se transforma en mythe pour les Grecs qui ignoraient la vraie signification du nom d'Erinnys.

Quand donc la mythologie grecque est hors d'état de nous fournir l'explication de beaucoup de phrases grecques, parce qu'elles datent d'une période antérieure à la civilisation classique, le Véda en revanche nous la donne en mettant à nu une couche très ancienne de la pensée humaine, telle qu'elle existait chez les habitants d'une des plus importantes régions du monde, l'Inde ; aussi, est-ce avec autant d'assurance que de plaisir que nous répétons aux savants qui ne veulent pas ouvrir les yeux pour voir, mais persistent à mettre à la place de ce qui est, ce qu'ils croient devoir être, le dicton brahmanique : « Ce n'est pas la faute du poteau, si l'aveugle passe sans le remarquer. »

On s'étonne qu'un peuple aussi bien doué que l'était le

peuple grec ait pu trouver de l'agrément à bavarder constamment sur le soleil et sur la lune, sur le jour et la nuit, sur l'aurore et le crépuscule ; mais la coutume de répéter toutes ces phrases à peu près semblables, datait d'une époque où les Grecs n'étaient pas encore les Grecs, et où rien ne devait attirer plus puissamment l'attention d'hommes parfaitement ignorants que l'aspect de ces forces de la nature, surtout du retour du soleil ramenant chaque matin avec lui la lumière, la chaleur et la vie. Sans cesse prononcées et entendues, ces phrases devenaient idiomatiques, et se redisaient longtemps après que le fil qui les reliait aux simples faits naturels se fut rompu dans les mémoires ; d'abord, quelque vieil aïeul avait pu les comprendre encore, moitié dans leur vrai sens, moitié comme métaphores ; les fils du vieillard étaient peut-être encore à même d'y entrevoir un grain de raison, mais les petits-fils les répétaient pour l'étrangeté ou le charme de la forme, et les arrière-enfants ne les comprenaient plus du tout et les citaient par habitude à tort et à travers. Bien plus tard, et quand tous ces *dires* sans liaison entre eux furent devenus traditionnels, les poètes les réunirent pour en faire des cycles de légendes. — Bon, dira-t-on peut-être, l'excuse, à la rigueur, n'est pas mal trouvée ; mais les Grecs n'avaient-ils pas cessé d'être des naïfs quand ils donnèrent dans leur littérature une si large place à ces vieilles phrases, éternelles variations des mêmes motifs ? — Demandez donc aussi pourquoi, après avoir forgé tant de verbes irréguliers, les Grecs les ont pour ainsi dire, sanctionnés, en les retenant dans leur grammaire ? Qu'y a-t-il d'inadmissible dans le fait historique que toutes les populations aryennes sans exception ont conservé, comme héritage de leur commune origine, avec les noms de leurs divinités, avec leurs légendes et leurs dictons populaires, une partie aussi de leur langage primitif ? Mais voici une remarque autrement importante ; la philologie comparée a prouvé qu'il n'y a rien de vraiment irrégulier dans le langage, et que ce qui autrefois était réputé irrégulier dans les déclinaisons et les conjugaisons est l'assise même sur laquelle l'édifice de chaque langue devait s'élever progressivement ; cette même irrégularité apparente se retrouve dans la mythologie, parce qu'elle n'est elle-même qu'une sorte de dialecte.

Du moment que la raison d'être des mythes comme tels est l'oubli du sens originel des mots, nous ne devons pas espérer pouvoir nous expliquer tout dans les récits mythologiques, et personne n'en a mieux présenté la difficulté, ni avec tant de modestie, que celui qui posa le plus solide fondement de ce genre d'études. Grimm a dit : « J'interpréterai autant que je pourrai, mais je ne pourrai interpréter tout ce que je voudrais. »

En ouvrant ces archives qui, ne fût-ce que de par leur antiquité, sont fort supérieures à toute autre évidence à notre portée, nous comprenons que l'identification est autre chose que la comparaison. On ne peut identifier entre elles deux ou plusieurs divinités qu'en les ramenant à un seul nom, et en prouvant que ce nom s'applique à une seule essence ; on obtient ce résultat quand, après avoir constaté une ressemblance générale, par exemple, entre un dieu ou héros du Véda et un dieu ou héros d'Hésiode, on découvre que leurs noms, quoique dissemblables sous le rapport phonétique, n'ont qu'une seule et même source. Chez Hésiode, Uranus est le nom du ciel, « où les dieux demeurent » ; et le poète observe qu' « Uranus couvre toutes choses, et qu'à l'approche de la nuit, il s'étend au loin, embrassant la terre ». On entend ici comme une répercussion du nom de Varuna, dont la racine est *var*-couvrir (le terme sanscrit de *varutra*, qui est un *pardessus*, le prouverait au besoin). Le nom d'Uranus retient donc en grec quelque chose de sa signification primitive, ce qui n'est point le cas des noms de Zeus et d'Apollon ; Varuna et Uranus sont bien les noms du même concept mythologique, celui du *Ciel couvrant* ; c'est même là une des plus anciennes découvertes de la mythologie comparée. Par ce même procédé, l'on a obtenu la preuve qu'Ushas, Éos, Daphné, Ahanâ et Athéné sont cinq noms de l'aurore, et qu'ils datent tous d'avant la séparation des langues sanscrite et grecque. Ainsi, pendant qu'une légende se différencie d'une autre par sa tournure propre et ses attributs, le nom de son prototype originaire, tout en changeant d'aspect chez les différents peuples qui en parlent, peut demeurer étymologiquement le même ; or, c'est dans ce nom immuable que gît la continuité de l'idée qui jamais ne s'oblitère, qui traverse les siècles et relie entre elles les mythologies de contrées aussi distinctes que l'Inde, la Grèce et l'Irlande. Mais attention ! tout ce qui passe pour une étymologie n'en est pas toujours une ; les définitions des noms divins que donne Homère servent seulement à prouver que, de son temps déjà, le sens de ces noms était oublié. Quant à nous qui connaissons maintenant les vrais principes de l'étymologie, nous voyons en elle une période préhistorique du langage, et la lumière qu'elle jette sur les temps qui la suivirent a, pour l'étude de l'esprit humain, la même importance que la géologie et la paléontologie pour la connaissance de la terre.

Nous rencontrons souvent des difficultés d'une autre nature, quand nous cherchons à interpréter le langage des vieux poètes dans nos langues modernes. Par suite de l'absence dans l'âge mythique de verbes auxiliaires, chaque mot, substantif ou verbe, restait en possession de toute sa force d'origine ; il n'était pas élastique, il disait ou plus ou moins qu'il n'était destiné à dire. En voici un exemple : *Nyx* (la nuit) est la mère de *Moros* (le destin), de *Kèr* (la destruction), de *Thanatos* (la mort), d'*Hypnos* (le sommeil), et des *Oneïroi* (les rêves) ; et le poète avertit que cette progéniture de la mère Nyx s'était passé d'un père. Mais elle a encore d'autres enfants : *Mômos* (le blâme), et *Oizys* (l'affliction), et les *Hespérides* qui sont les étoiles du soir; *Némésis* (la vengeance), *Apaté* (la fraude), *Philotes* (la convoitise), *Geras* (la vieillesse), et *Eris* (la discorde). Répétons toute cette tirade à notre manière, et nous aurons dit : « Les étoiles paraissent à l'approche de la nuit... nous dormons, nous rêvons... nous courons des dangers durant la nuit... les orgies nocturnes amènent les querelles et la colère... une mauvaise action, d'abord cachée dans l'obscurité, paraîtra au grand jour... la vieillesse et enfin la mort viennent après un grand nombre de nuits... », et voilà le langage d'Hésiode, compris des gens auxquels il s'adressait il y a quelques milliers d'années, redevenu compréhensible à nous-mêmes, à l'aide de quelques verbes auxiliaires. Mais ceci est à peine encore le langage mythologique proprement dit; c'est plutôt une façon de parler familière aux poètes, et qu'actuellement même il nous arrive de recueillir de la bouche des hommes du peuple, où elle n'est que proverbiale.

En Grèce, l'élément terrestre, toujours présent dans les dieux, fut quelque peu éliminé par la conception des demi-dieux; tout trait, une fois estimé trop foncièrement humain dans le caractère de Zeus et d'Apollon, se reporta sur des héros censément fils ou favoris des dieux supérieurs. Hérodote reconnaît ce double aspect de dieu et de héros dans Héraclès, dont quelques-unes des épithètes indiquent suffisamment l'origine solaire; pour rendre possibles certaines légendes dont ce personnage difficile à classer est le prototype, il fallait le représenter comme un être humain, et ne le faire remonter parmi les immortels qu'après que des souffrances et des travaux incompatibles avec la dignité d'un dieu olympien le lui eussent fait mériter. Quant à certaines divinités de second et de troisième ordre auxquelles on s'adressait de préférence pour solliciter des grâces particulières, elles pourraient bien rentrer dans la catégorie des mille et une madones de nos pays méridionaux, plus miséricordieuses dans un sanctuaire que dans un autre, et de certains personnages de nos calendriers, qui, en praticiens prudents, ne s'engagent à soulager que les maux dont ils ont fait leur spécialité.

Il y avait encore les divinités abstraites, qui représentaient aux yeux du peuple certaines vertus estimées et utiles à posséder; chacune de ces qualités conçues séparément, et prises au superlatif, s'élevait dès lors au rang d'être divin; on arriva ainsi à consacrer des autels et des temples au Courage, à la Virilité, à la Piété; la Renommée reçut les mêmes honneurs : « Une bonne renommée, dit Hésiode, ne se perd jamais quand la foule l'a répandue au loin ; et elle est elle-même une divinité. »

Le parler mythologique était encore en usage à une époque très avancée. L'histoire raconte que la ville grecque de Cyrène en Libye fut fondée vers la trente-septième Olympiade, que la famille régnante était originaire de Thessalie, et que l'établissement de la colonie avait été résolu à la suite d'un oracle rendu par Apollon. Mais voici ce qu'a fait de cette donnée historique l'habitude de ne pas dire les choses tout simplement comme elles sont : « l'héroïque fille Cyréné, demeurant en Thessalie, est aimée d'Apollon qui l'enlève et la conduit en Libye. »

On se demandait depuis longtemps d'où avaient pu provenir ces fables identiques dans le fond et dans la forme, sur les sols grec, italique, indien, persan, slave, celtique et teuton, et s'il y avait eu un temps de démence générale par laquelle l'esprit humain avait dû passer, et comment cette démence avait pu avoir été la même dans le midi de l'Inde et dans le nord de l'Irlande. Mais la nécessité de voir dissiper ce mystère se fit sentir plus vivement que jamais quand les collectionneurs d'anciennes traditions en rapportèrent de contrées qui auparavant nous étaient à peu près inconnues; d'incroyables récits se recueillaient de toutes parts, parmi les Hottentots et les Patagoniens, les Zoulous, les Esquimaux et les Mongols ; partout nous rencontrions des fables avec lesquelles nous étions depuis longtemps familiarisés pour les avoir trouvées dans les mythologies des peuples aryens. Aussi, quand Max Müller publiait ses commentaires sur les mythes de la Grèce, les mythologues ne manquèrent-ils pas d'observer que c'était vraiment bien naïf que de consacrer son temps à expliquer les légendes grecques, après qu'on avait retrouvé à peu près partout, de l'un à l'autre pôle, ces mêmes histoires d'hommes et de femmes métamorphosés en arbres, d'arbres métamorphosés en hommes, d'hommes agissant comme des animaux et d'animaux parlant comme des hommes, et d'hommes avalés par des dieux et vomis vivants comme les enfants de Kronos ; partout on contait les mêmes aventures du soleil et de la lune, avalés eux aussi, on ne sait par qui, puis rejetés intacts. La mythologie grecque, affirmaient les savants les plus obstinés à ne pas vouloir abandonner leurs vieux sentiers, n'est qu'une page de la vaste mythologie créée par l'imagination désordonnée des peuples enfants ; l'épidémie a été générale, et il est futile de chercher un sens particulier dans tel ou tel mythe local.

Cependant, en présence de ces frappantes analogies, la science impartiale et plus clairvoyante s'était déjà vue forcée de reconnaître qu'il doit y avoir dans l'esprit humain quelque chose qui mène nécessairement à la mythologie, et que toute la déraison qui passe sous le nom de mythe pourrait bien n'être qu'apparente et avoir sa raison d'être. Ce quelque chose d'inhérent à notre nature, Max Müller le trouve dans le langage, et dans sa croissance depuis la racine des mots jusqu'aux noms définitivement formés ; la mythologie est une affection morbide universelle et inévitable ; cette forme d'expression qui change tous les êtres en personnes, et toutes les relations en des actions, est un phénomène mental si particulier, qu'il serait difficile de ne pas admettre, pour son existence, une période distincte dans la vie des peuples. Ce sera donc à la science du langage d'établir l'authenticité de cette époque de la vie de l'humanité, contemporaine des plus anciens dialectes.

Hegel avait comparé la découverte de la commune origine des langues grecque et sanscrite à celle d'un nouveau monde; on en peut dire autant de la découverte de la commune origine de toutes les mythologies; car déjà la science de la mythologie comparée acquiert une importance égale à celle de la philologie comparée.

Le fait que la distinction des substantifs masculin et féminin devait produire naturellement toute une classe de mythes qui n'existent pas là où l'idée du genre ne s'est point réalisée dans le langage, est une vérité depuis longtemps reconnue banale ; mais voici qui n'est pas aussi clair au premier abord, et qui se rapporte moins à la mythologie et plus au langage même : c'est que, quelque différentes que soient les familles de langues dans leurs parties extérieures et accidentelles, et si les idiomes non aryens ne possèdent pas tous ce que nous appelons des genres, ils ont tous sans exception quelque chose qui leur est analogue et qui les remplace; c'est un système de classification générique fondamentale à laquelle ils sont forcément soumis, et à laquelle ils doivent d'être le langage; ce qui en résulte, c'est qu'à un fond de pensées communes à l'humanité entière correspondent immanquablement des formes grammaticales également communes à toutes les langues. Chaque mythe et chaque légende ayant été d'abord l'expression intelligible d'une pensée également intelligible, et comme la pensée enfermée dans chacun de ces récits, devait être la même partout où il y avait des hommes pour les dire, la science de la mythologie comparée cherche à mettre la main sur une expression qui rende cette seule et même pensée, présentée sous des aspects différents.

La mythologie hindoue offre moins d'aliments que celle de la Grèce à la science de la mythologie comparée, parce que rien n'y est systématiquement organisé ; les mêmes noms qui s'emploient dans un hymne du Rig-Véda comme appellatifs, dans un autre s'appliquent à de certains dieux ; il n'y a point de mariages entre les dieux et les déesses, ni de généalogies ; le caractère des divinités varie avec les conceptions de tel et tel poète ; les mythes y sont mêlés sans ordre ; jamais le contraste entre les poèmes hindous et la plus ancienne littérature de la Grèce ne nous frappe autant que lorsque nous comparons les mythes naissants du Véda avec les mythes déjà tout formés, ou en train de péricliter chez Homère ; c'est donc bien le Véda qui est la vraie théogonie de la race aryenne, et, auprès de celle-ci, celle d'Hésiode nous apparaît telle qu'une copie d'un modèle original. Pour ce qui est de la représentation des choses, les rishis hindous diffèrent entre eux ; les uns attribuent la dispersion des nuages, due aux armes de quelque héros solaire, à la suprême volonté de certains agents invisibles ou divins ; les autres voient ces agents combattant eux-mêmes les nuages noirs chargés d'éclairs et de tonnerres, et, après la bataille, rendant au ciel sa sérénité ; ce sont là les deux interprétations, bien distinctes, des écoles solaire et atmosphérique ; le dualisme dans la nature qui, à une époque beaucoup plus avancée, assuma le caractère de la lumière et des ténèbres, même du bien et du mal, était à l'origine le dualisme du jour et de la nuit, du printemps et de l'hiver, de la vie et de la mort, représentés par les deux grands luminaires du monde physique.

Les traits caractéristiques de la lune qui impressionnaient le plus nos pères étaient ses habitudes de grandir peu à peu, et de se faire ensuite plus et plus petite, jusqu'à ce qu'elle disparaisse tout à fait. Les éclipses, tout en remplissant les peuples d'une soudaine épouvante, n'étaient pas faites pour tenir longtemps leur curiosité en éveil, parce qu'elles étaient rares et passagères ; c'était, sans doute, quelque pouvoir hostile qui avalait, puis dégorgeait l'astre ; mais la croissance et la diminution mensuelle de la lune demandaient une autre explication. Les Hindous, cherchant à deviner quel devait être le séjour des dieux et celui de leurs propres ancêtres, assignaient aux premiers le ciel éblouissant de lumière; où, dès lors, les pères auraient-ils pu demeurer, si ce n'est dans la voûte assombrie et dans la lune ? telle en effet était la croyance de tous les peuples de race aryenne. Cependant, la question se complique ; car, dans une phase postérieure de la mythologie lunaire, nous voyons siéger au Panthéon védique une divinité du nom de Soma, que les poètes identifiaient avec la plante appelée Soma aussi, dont le jus enivrant jouait un grand rôle dans les sacrifices ; il y avait là, dans ces deux puissances rivales prétendant au même nom, un point obscur que les mythologues ne savaient comment éclaircir, quand tout récemment des indianistes particulièrement versés dans la connaissance du Rig-Véda découvrirent que Soma à l'origine n'était rien d'autre que la lune même ; de là vient que les rishis laissent percer dans leurs hymnes le soupçon qu'il existait anciennement deux Soma, celui de la plante et son jus, et un autre Soma antérieur, connu seulement des vieux brahmanes, et c'est celui-là qui devait être la lune. Une idée propre à l'Inde était que la lune servait de nourriture aux dieux, ce qui explique pourquoi la lune diminuait ; mais pourquoi reprenait-elle son volume? parce que les âmes des ancêtres y entraient ; et les dieux les avalaient aussi, comme partie déjà intégrante de la lune.

Toutes ces idées s'étaient développées lentement, par poussées successives ; rien d'ailleurs, on le comprend, ne fut systématiquement élaboré dans la mythologie.

J'ajoute, à titre de curiosité scientifique, qu'en ces derniers temps des botanistes ont cherché en vain, sur les confins de l'Inde septentrionale et de la Perse, une plante dont les propriétés correspondissent à celles du Soma célébré dans les hymnes ; ils semblent plus ou moins d'accord que ce devait être une *Ephedra* ; mais, les espèces en étant nombreuses dans toute la contrée qui s'étend de la Sibérie à la péninsule ibérienne, on a perdu l'espoir d'arriver à déterminer au moyen de l'habitat de cette plante celui des Aryas.

Maintes fois, la supposition a été émise que ces récits d'hommes et d'objets avalés devaient être venus de contrées jadis habitées par des races de cannibales; des savants, Herbert Spencer lui-même, pour n'en citer qu'un, ont estimé, non sans quelque apparence de raison, qu'il eût été fort singulier que les Hindous, les Grecs, les Romains, les Germains eussent répandu de pareilles histoires, si elles n'avaient eu pour fondement des faits réels. Mais les verbes manger, avaler, peuvent admettre diverses interprétations ; nous disons d'un homme qu'il n'a pu avaler une injure, ou qu'il a mangé sa fortune, et personne ne s'étonne ; là où nous parlons d'une éclipse, les habitants des rives de la Baltique disent que la lune ou le soleil est en train d'être mangé ; dans l'Hindoustan, pour annoncer qu'un tel a été fouetté, on dit qu'il a mangé tant de coups de fouet. En réfléchissant un peu, nous finissons par convenir que si des peuples qui n'avaient de commun entre eux que la nature humaine parlaient de la nuit comme couvrant, cachant, avalant toute espèce de choses, surtout le soleil et le jour, ce n'était pas plus déraisonnable de leur part que de répéter, comme nous le faisons nous-mêmes, que les jours et les nuits se suivent, au lieu de nous exprimer plus scientifiquement, et non moins correctement, en disant que les jours et les nuits sont les effets successifs de la rotation de la terre sur son axe.

Après avoir découvert que le parler mythologique était dû à des méprises du langage, et reconnu que la fantaisie poétique y avait une large part, les philologues mirent la main sur un acte de l'imagination fourvoyée à la suite d'un simple quiproquo : c'est le nom de « Grande Ourse » donné à un certain groupe d'étoiles. « Ark », briller, signifiait louer, glorifier, célébrer ; on louait, on glorifiait, on célébrait le soleil, la lune, les étoiles ; le verbe *ark* servait à cela ; le substantif *rik* pouvait aussi avoir le même emploi durant la première période des langues aryennes ; mais dans les branches déjà plus travaillées, *rik* n'eut plus qu'une seule signification : c'était le chant de louange, l'hymne qui réjouit le cœur de l'homme et qui réjouit les dieux ; de là Rig-Véda. Quant aux autres sens que *rik* pouvait avoir précédemment, ils ne se perdirent pas, mais, la racine ayant été mieux définie au moyen de modifications grammaticales, on obtint *arki* et *arkis*, qui ne voulurent plus dire des chants de louange, mais la lumière et la splendeur. Il est très difficile de deviner comment *riksha*, dans le sens de ce qui brille, a pu devenir le nom des ours ; serait-ce parce que ces animaux ont une fourrure qui brille, ou parce que leurs yeux ont un grand éclat, nul ne le sait ; quoi qu'il en soit, les ours, en sanscrit, étaient des *riksha*. Mais riksha était encore autre chose que des ours, témoin le verset que nous lisons dans le Rig-Véda : « Ces étoiles (riksha) fixées là-haut, qu'on voit la nuit, où vont-elles le jour ? » Un ancien commentateur observe à ce propos que ce ne sont pas toutes les étoiles qu'on nommait des riksha, mais que, selon la tradition, ce nom désignait une certaine constellation particulière, appelée dans le sanscrit postérieur : « les sept rishis » ou les « sept sages ». Quand donc ceux qui furent depuis les Grecs sortirent de leur foyer primitif et vinrent s'établir en Europe, ils cessèrent d'employer la forme plurielle *arctoi*, indiquant plusieurs ours, et ils parlèrent de ce groupe des sept étoiles comme de l'ourse, de la grande ourse, mais sans savoir pourquoi ils le nommaient ainsi.

Il n'avait pas échappé même aux mythologues les moins érudits qu'à l'origine les dieux des Grecs, des Romains et des autres peuples aryens, avaient des rapports avec les phénomènes naturels les plus frappants ; ils reconnaissaient la même provenance aux divinités des peuples sémitiques, et à celles de l'Égypte, de l'Afrique et de l'Amérique; ce n'était cependant encore que supposer la présence d'une couche primitive de la pensée humaine, ressemblant assez aux assises géologiques les plus profondes qui ne se montrent à découvert que çà et là par fragments.

Mais aucun de ces mythologues n'attachait la moindre importance aux noms des divinités, et quand on leur disait que ce sont précisément les noms qui importent, ces savants criaient à l'hérésie et n'entendaient pas qu'on leur soumît un exposé scientifique des plus récentes découvertes. Pourtant, il est indubitable que le soleil et la lune étaient à la place qu'ils occupent maintenant au ciel avant qu'ils fussent nommés, mais qu'avant qu'ils le fussent, il n'y avait pas de Savitar, ni d'Hélios, ni de Séléné, ni de Mèné. Si donc, en mythologie, c'est le nom qui fait le dieu en le distinguant d'un autre dieu, il s'ensuit que le problème mythologique ne peut se résoudre qu'à l'aide de la science du langage; elle seule dévoile les causes qui ont dépouillé les noms de leur précision originaire et montre comment les germes de décrépitude inhérents au langage affectent et la partie phonétique des mots et jusqu'à leur signification, car les mots ne peuvent que réagir sur la pensée en la moulant sur eux-mêmes.

VIII

ENTRE LE SOMMEIL ET LA VEILLE

L'habitude que j'ai contractée de vivre en compagnie de nos ancêtres des temps préhistoriques devrait me faire remarquer plutôt les différences que les similitudes entre eux et nous; et cela m'arrive effectivement, mais parfois, pas toujours. Nos pères, par exemple, ne connaissaient pas la millième partie de notre vocabulaire, qui est extrêmement riche, ce qui semblerait indiquer que notre intelligence s'est considérablement élargie dans le cours de trente à quarante siècles. Des mots d'une très sérieuse portée nous sont familiers; qui de nous ne connaît et ne prononce ceux de Loi, de Nécessité, de Liberté, d'Esprit, de Matière, de Conscience, de Croyance, de Nature, de Providence, de Révélation, d'Inspiration, d'Âme, de Religion, d'Infini, d'Immortalité, et une foule d'autres mots, soit d'origine récente, soit devenus nouveaux parce qu'ils ont changé de signification? Ici, la différence entre nos pères et nous saute aux yeux.

Mais plus frappants encore sont les traits de ressemblance. Bien avant notre ère, certains philosophes disaient que leur monde était tout plein de dieux; nous pouvons dire, avec autant de raison, que tout est plein de Dieu dans notre monde à nous, car ce nom est dans toutes les bouches, et les petits enfants eux-mêmes le connaissent bien. De plus, l'identité parfaite de certaines habitudes mentales de nos pères et des nôtres se laisse constater sans difficulté; eux, nos pères, ne se demandaient pas ce que c'était que leurs dieux; ils savaient leurs noms, et cela suffisait. Et ce sera sans doute parce que nous sommes si accoutumés à entendre le nom de Dieu que jamais nous ne nous demandons ce qu'il signifie, ni comment il s'est répandu par toute la terre.

Parler sans savoir de quoi l'on parle doit être un trait foncièrement humain, puisqu'il se retrouve dans deux sociétés situées à des milliers d'années de distance l'une de l'autre.

C'est vraiment incroyable à quel point nous, gens du XIXe siècle, nous sommes peu curieux. Si un beau jour nous avions l'idée de compter sur nos doigts toutes les questions très intéressantes que nous ne nous adressons pas, eussions-nous cinquante mains, elles ne suffiraient pas à la besogne, et alors nous nous apercevrions de notre ignorance. En serions-nous humiliés? point du tout, car, avant d'en arriver là, nous serions immanquablement distraits par une masse de pensées qui n'auraient rien à faire à la chose; et la pensée la plus claire qui s'en dégagerait enfin pour nous empêcher de passer en revue toutes ces questions serait celle-ci : nous ne voyons nulle nécessité de nous les adresser. Et en effet, rien n'est commode et rien n'apaise mieux l'esprit que de se contenter de cette sorte d'opinion générale, chargée d'expliquer pour nous le sens des mots et des phrases, et de se laisser guider par elle, comme c'est notre cas à nous autres (j'entends par *nous autres*, cette portion très considérable de la société qui sépare la classe des manœuvres de la classe des savants et des philosophes).

« Tout est plein de dieux », disait-on dans l'antiquité païenne; dès lors, rien n'était aussi commun que des dieux, et il n'y avait rien d'étonnant à ce qu'il y en eût tant. « Dieu s'est choisi un peuple pour répandre son nom par toute la terre et déclarer sa volonté », disons-nous de nos jours; il est donc tout simple de savoir qu'un Dieu existe et de connaître ses commandements.

Prendre des mots pour des idées est une mauvaise habitude. Pourquoi n'imiterions-nous pas les sauvages ? les sauvages qui entendent pour la première fois un orgue de Barbarie sont saisis de l'envie de l'ouvrir pour voir ce qu'il y a dedans : et nous, les civilisés, nous jouons à cœur-joie de ce gigantesque instrument qui est le langage sans nous enquérir de la valeur des sons que nous en tirons ; et les noms d'objets qui devraient exercer sur tout être moral la plus puissante action à laquelle il puisse être soumis ne sont rien d'autre que du bruit pour nous.

Nous sommes-nous jamais demandé ce que signifie le mot : Dieu ? non ; c'est là un tort ; car enfin, nous n'étions pas tenus de savoir que ceux qui ont formulé cette question en ces termes n'ont pas obtenu de réponse; personne n'a jamais pu se faire une conception générale de Dieu, parce que ni les sens, ni la raison n'en donnent la connaissance. Platon, surnommé « divin » par les philosophes païens et par des théologiens chrétiens, n'aimant pas à parler *des dieux*, remplaçait le pluriel par le singulier, et disait : *le divin*; mais il n'expliquait pas ce qu'il entendait par le divin. Platon mentionne bien le Créateur du monde, le Père des humains, mais « il ne dit pas son nom, car il ne le connaît pas, ni sa couleur, car il ne la voit pas, ni sa grandeur, parce qu'il ne la mesure pas ». Xénophane, qui vivait trois cents ans avant Platon, n'avait qu'une seule chose à dire de Dieu, c'est qu'il ne ressemble aux hommes ni de corps, ni d'esprit. Les philosophes grecs protestaient contre les tentatives de trouver un nom adéquat pour l'Être suprême, car les noms ne s'appliquent qu'à ce qui est phénoménal, à des choses qui se font connaître par certains côtés ; c'est pourquoi aussi les premiers écrivains chrétiens, des Grecs plutôt que des Juifs, qui avaient étudié dans les écoles païennes, disaient : « Nous ne l'appellerons pas la Lumière, car la lumière est sa création ; ni l'Esprit, car l'esprit est son souffle ; ni la Sagesse, car la sagesse est issue de lui; ni la Force, car la force est la manifestation de sa puissance. »

Ainsi, au lieu de dire ce qu'est Dieu, les philosophes, tant païens que chrétiens, préféraient dire ce qu'il n'est pas. Mais alors, quelle idée les hommes pouvaient-ils avoir d'un être que les plus sages d'entre eux ne savaient comment se représenter ? Comprenons-nous mieux cet Être suprême sous son nom si connu de Providence ? non encore; car nous avons introduit dans ce nom plusieurs sens qui ne s'accordent pas entre eux, parmi lesquels il peut bien y en avoir de faux, ce qui nous expose à fonder notre espoir sur une erreur.

Cette brume qui nous cache la signification des mots et obscurcit nos idées tient en partie à une faute commise par les anciens eux-mêmes.

Quand nos pères s'entretenaient de leurs divinités, ils ne se demandaient pas ce que signifiaient vraiment les noms qu'ils prononçaient; en nommant Varuna, Hélios, Athéné, Prithvi et le reste, leur esprit était satisfait, du moins pour un temps, car les noms possèdent une vertu singulièrement calmante; cette insouciance, ils nous l'ont léguée. Remarquons que nous ne sommes guère plus curieux, ni plus exacts ou plus pédants que la majeure partie de nos ancêtres; nous parlons des anges sans jamais nous demander de quoi ils sont faits, absolument de même que nous mentionnons les lords et les ducs anglais, sans nous soucier de savoir qu'un lord était un distributeur de pain, et un duc, un homme capable de conduire d'autres hommes.

Nous nous servons d'expressions devenues très banales quand nous parlons de l'âme, et de l'immortalité de l'âme, et de la religion, et nous n'avons pas besoin d'analyser ces mots pour être sûrs qu'ils représentent des choses très réelles; mais nous ne nous soucions pas de comprendre ce que sont vraiment ces choses. Il se trouve ainsi que les mots dont le vrai sens nous reste inconnu, ou qui nous échappe toujours, sont justement ceux que nous prononçons journellement; nous nous en tenons à leur égard à nos impressions d'enfance, ou aux opinions courantes, ou à la superficie d'un sentiment, et tout cela est bien incertain; nous aurions honte d'avoir des connaissances aussi peu précises sur la géographie ou sur l'arithmétique. Par contre, il est des termes qui nous paraissent si gros de science, que nous en abandonnons volontiers l'usage aux philosophes, mais qui néanmoins se laissent comprendre sans trop de difficulté.

Par exemple, quel sens a pour nous, dans son acception la plus simple, le mot d'*infini*, cet infini sur lequel notre pensée se dirige d'elle-même quand, par une nuit étoilée, nous levons les yeux au ciel? Les astronomes nous disent : « Figurez-vous quelque chose de plus grand que la plus grande grandeur possible; c'est ce qu'on appelle l'infiniment grand. » Là-dessus ils citent quelques chiffres; mais des chiffres infiniment grands effraient mon imagination; je les répète machinalement et seulement par respect pour les grandes autorités scientifiques qui garantissent l'exactitude des calculs ou des appréciations.

Un objet petit, petit comme un globule homéopathique, se meut dans l'espace; il renferme tous nos continents et tous nos océans réunis; et ce globule se meut en compagnie d'autres globules de même espèce.

Les astronomes parlent de millions de milles qui sépareraient le soleil de notre terre, et ils préviennent que cette distance se réduit à presque rien en comparaison de celle qui s'étend de la terre à la plus proche étoile, et qu'ils supposent être de vingt millions de millions de milles. Un autre chiffre : un rayon de lumière traversant l'espace avec une vitesse de 187,000 milles en une seconde, ne parvient jusqu'à nous qu'après trois ans.

Mais tout cela est peu de chose.

Plus de mille millions d'étoiles ont été découvertes, dit-on, au moyen de télescopes ; et il peut y avoir des millions de soleils dans le système dont fait partie notre système solaire, auxquels les meilleurs télescopes n'ont pu atteindre.

Mais cela aussi est encore peu de chose : rien qu'un point dans l'étendue. Notre système solaire, lui-même, ne doit pas être considéré comme étant le seul dans l'univers, puisqu'on croit reconnaître des milliers de millions d'autres systèmes dans la galaxie, autrement dit la Voie lactée.

Un coup d'œil maintenant sur l'infiniment petit. Une goutte d'eau prise dans l'océan contient des atomes si petits qu'un grain de la plus fine poussière serait un colosse à côté d'eux ; les chimistes donnent comme hypothèse des groupements d'atomes si menus que des millions de millions s'en placeraient sur la pointe d'une aiguille.

C'est ainsi que la science qui travaille à l'aide des télescopes peut dire, à mesure qu'elle s'étend dans l'espace : tout cela n'est encore presque rien comparé à ce que nous verrions à travers des lunettes grandissant les objets quelques millions de fois de plus que nos meilleurs instruments.

L'infini dans l'espace a préoccupé un grand nombre de savants : je n'en citerai que deux, parce que cet infini qu'ils étudiaient à des points de vue différents leur suggéra une réflexion à peu près identique. Kepler, l'astronome qui s'expliqua les lois de notre système planétaire, a dit : « Mon plus ardent désir est de retrouver au dedans de moi-même le Dieu que j'ai découvert en dehors de moi. » Kant, le philosophe pour qui l'idée du divin dans la nature et du divin dans l'homme ne pouvait être un objet de la connaissance, et qui refusait de prêter l'oreille à tout argument théologique tendant à prouver l'existence de Dieu, déclara : « Deux choses imposent le silence à ma raison : l'infini du firmament au-dessus de moi, et la loi morale au dedans de moi ; ces deux choses se montrent à moi sans voile, et se confondent dans la conscience de ma propre existence. »

Voilà des pensées bien abstraites ; ce n'est pas trop d'une science à part pour expliquer comment les termes religieux les plus solennels, et les plus pénétrants accents de l'admiration, de l'amour et de la poésie, ont pu sortir de racines verbales n'exprimant que des actes ou des états qui tombent sous les sens.

Mais j'ai fait fausse route en m'approchant trop près des hautes spéculations. La faute en est au mot d'infini ; Aristote a dit vrai : « L'infini attire ! » Il pensait, lui, à cet autre infini qui n'est pas celui des astronomes ; mais déjà l'infini dans la nature m'a captivé, moi, au point qu'il me faut un effort pour redescendre à terre. Marchons pas à pas dans les sentiers battus ; sachons d'abord comprendre la signification des mots les plus simples que nous apprenons machinalement à l'école, comme ceux, par exemple, d'abstraction, de termes généraux et particuliers, et voyons jusqu'à quelle phase de la pensée et de la parole cet exercice tout grammatical pourrait nous faire remonter.

Tout objet palpable nous est connu par la manière dont il affecte les organes de nos sens, c'est-à-dire par ses propriétés ; tout objet impalpable ne peut nous être connu autrement que par ses qualités ; mais il n'existe dans la nature rien de palpable, ni rien d'impalpable qui n'ait qu'une seule propriété ou une seule qualité ; chaque objet en a plusieurs ; un objet considéré tel qu'il existe réellement, en possession de tous les attributs qui lui sont inhérents, est un objet concret, et son nom est un nom concret. En supposant que nous voulions connaître un seul de ses attributs seulement, il nous faudra l'isoler par la pensée de tous les autres, pour fixer exclusivement sur celui-là toute notre attention. A la vue de la neige blanche, de la craie blanche et du lait blanc, nous avons la sensation de la couleur blanche ; considérer cette teinte à part de la neige, de la craie et du lait, est une opération qui exige un instrument, et cet instrument, nous le possédons, et il n'y en a qu'un, c'est un mot, et précisément le mot *blanc*. Sans ce mot-là, nous continuerions à avoir la sensation de la couleur blanche, mais nous n'en aurions pas l'idée ; c'est le mot de blanc qui, isolant la couleur blanche des trois objets concrets, la neige, la craie et le lait, nous donne l'idée abstraite ainsi que le terme abstrait de blancheur. Cet acte mental s'appelle l'*abstraction;* c'est donc à la condition d'abstraire que nous arrivons à connaître vraiment une chose, au lieu de n'en avoir que la sensation.

Et voici un autre exemple d'abstraction : supposons que nous soyons deux personnes dans une chambre, et qu'il y ait dans cette chambre deux fenêtres, deux portes, deux tables et deux chaises ; supprimons en imagination les personnes, les fenêtres, les portes, les tables et les chaises, il ne restera plus que *deux; deux*, rien que *deux*, n'existe pas dans la nature : pourtant, c'est quelque chose que nous pouvons avoir dans l'esprit, et ce quelque chose sera une idée abstraite incorporée dans le mot abstrait : *deux*.

Ces deux exemples d'abstraction ne disent que la moindre partie de ce qu'il y aurait à en dire ; et s'ils ne nous apprennent rien du rôle que joue l'abstraction dans notre vie mentale, ils sont néanmoins parfaitement justes au point de vue de la logique et démontrent bien l'impossibilité de retenir une pensée en dehors de son mot, car certainement les représentations de deux et de blancheur ne seraient pas présentes à l'esprit si ces mots en étaient absents.

La faculté d'abstraire a mis du temps à se développer en nous ; aussi l'absence de mots abstraits et par conséquent d'idées abstraites était-elle absolue chez l'homme primitif, comme elle l'est encore chez nos très jeunes enfants ; les bêtes ne la possèdent pas pour plus d'une raison, dont l'une est que les bêtes, ne parlant pas, n'ont pas le mot sans lequel il est impossible d'exécuter l'opération que je viens de décrire et de faire sortir, d'une simple sensation, une conception.

Quand, dans notre enfance, nos parents nous entretenaient des trois règnes de la nature et nous expliquaient de quels genres d'objets ils se composent, nous ne nous doutions pas qu'un temps extrêmement long avait dû s'écouler avant que les hommes devinssent capables de manier assez librement leur pensée pour arriver à faire cette classification qui nous paraît si naturelle. Des milliers d'objets très différents les uns des autres sont devant nous : chacun d'eux a le droit de porter dans toutes les langues un nom qui lui soit propre ; et à mesure que notre connaissance des choses en embrasse davantage, les sciences qui s'en occupent ont toujours à créer de nouveaux noms ; leur nombre est vraiment infini, et la plus vaste mémoire ne saurait les retenir. Ce fut donc pour l'entendement une nécessité de classer sous un nom général tous les objets d'une même nature. Ainsi furent formés les termes de végétaux, de minéraux et d'animaux, qui nous évitent la peine d'énumérer tous les individus qui composent ce qu'on appelle les genres et les espèces ; nous les passons ainsi groupés aux gens qui nous entendent parler, et les retenons sous cette même forme dans notre propre esprit ; nous désignons sous le terme général de compatriotes tous les individus dont la nationalité est la même que la nôtre, et sous celui de mobilier tous les divers meubles qui garnissent notre logis. A l'aide de cette ingénieuse combinaison, nous avons allégé notre mémoire d'une foule de noms qui l'auraient encombrée, nous avons économisé notre temps et nos forces, et simplifié le mécanisme de notre pensée.

Il est clair que c'est là un avantage. Mais voici qui est plus difficile, et plus important à comprendre ; en prononçant des termes généraux, comme ceux de végétaux, d'animaux, de genre humain, nous indiquons des choses que nous ne connaissons pas, et qui, par conséquent, sont pour nous comme si elles n'existaient point. Nous ne pouvons connaître les végétaux, car ce mot représente tout ce qu'il y a sur la terre d'arbres et de plantes; ni les animaux, parce qu'ils sont l'ensemble de toutes les bêtes dénuées de raison, en même temps que de tous les hommes qui en sont doués; nous ne pouvons connaître le genre humain non plus, parce qu'il est un composé de toutes les créatures humaines présentes, passées et futures; il est certain que nous ne connaissons dans la nature que des individus, comme tel sapin et tel chêne, tel cheval et telle vache, tel Paul et tel Jacques, et nous les connaissons parce que nous sommes à même de les distinguer en les nommant, ou tout au moins en les désignant du doigt.

D'où vient que des philosophes de la force de Locke, de Hume, de Berkeley, qui suivaient de si près la marche de leur propre esprit travaillant à produire des idées générales, ne se soient pas demandé comment les termes qui servent à les exprimer ont pu s'appliquer aussi à des idées particulières? comment le mot *homme* a-t-il été formé dans les commencements, pour pouvoir convenir à l'idée particulière de Paul et de Jacques aussi bien qu'à l'idée générale de plusieurs et même de tous les hommes? et c'est un fait qu'aucun de ces philosophes ne se l'est demandé, et que la science du langage peut seule répondre à ces questions.

Au temps de nos premiers pères, la connaissance humaine partait de ce qui était confus et vague, pour arriver à ce qui serait déterminé et distinct. Les hommes disposaient de peu de mots, les substantifs étaient rares; les représentations de jardin, de cour, de champ, d'habitation, devaient se fondre dans une seule et même conception, et s'exprimer par un vocable que nous remplacerions maintenant par le mot de clôture; le mot *serpent* désignait tout ce qui rampe, le mot *fruit*, tout ce qui peut être mangé, et le mot *homme*, tout ce qui peut penser ; tout nom était donc un terme général exprimant une idée générale.

Rappelons-nous comment le mot sanscrit *sar* — courir, qui rendait d'abord l'idée générale de rivière, devint un nom particulier : il suffit d'un élément démonstratif accolé au verbe pour le transformer en *sar-it* — court-ici, et en faire d'emblée une phrase intelligible et le nom d'une rivière particulière. Pour former le mot d'homme *man-u-s*, les constructeurs du langage combinèrent la racine *Man* — mesurer, penser, dans sa forme secondaire qui est *man-u*, avec le suffixe *s*, qui donna à man-us le sens de : *pense-ici*. La proposition était particulière, mais, comme elle pouvait être répétée plusieurs fois et s'appliquer à plusieurs hommes dont chacun était désigné comme *pense-ici*, la proposition put devenir générale. Nous voyons donc que le nom Manus était dès le commencement bien plus qu'un signe purement conventionnel appliqué à une certaine personne comme l'est tout nom propre ; c'était déjà un nom prédicatif, c'est-à-dire applicable à toutes les personnes qui possèdent le même attribut, celui de pouvoir penser, et aptes à faire le même acte, celui de penser.

Cette découverte fut suivie d'une autre non moins inattendue. En examinant le plus vieux mot pour *nom*, qui en sanscrit est *nâman*, en grec *onoma*, en latin *nomen*, nous voyons qu'il date du temps où les langues sanscrite, grecque et latine, n'en formaient qu'une seule ; par conséquent, l'anglais *name* et l'allemand *Name* ne sont pas, comme nous le supposions, des mots inventés par les anciens Saxons, mais ils existaient déjà avant la séparation des idiomes teutoniques d'avec leurs frères aînés.

Encore quelques pas de plus, et nos philologues contemporains découvrirent la provenance même du mot sanscrit *nâman* : il est formé d'une racine *nâ*, originairement *gnâ*, connaître, et d'un suffixe qui signifiait, d'une manière générale, un instrument, un moyen ; *nâman* représente *gnâman*, retenu en latin dans *co-gnomen* ; la consonne *g* est rejetée comme dans *natus*, fils, qui était *gnatus*. Ce mot de « nom » avait d'abord une signification bien plus étendue que celle d'un simple signe arbitrairement appliqué à une chose. Les constructeurs de ce mot avaient compris ce dont on perdit conscience ensuite, et qui resta ignoré des savants de tous les siècles qui suivirent, précisément que tout nom, loin d'être un signe conventionnel désignant les choses pour les distinguer entre elles, contient ce qu'on peut savoir de ces choses, et qu'ainsi, un nom était ce qui nous met à même de connaître une chose. Une intuition naturelle les avait initiés à une vérité que nous n'avons acquise qu'après d'interminables recherches, celle que Hegel a exprimée en disant : « Nous pensons dans les mots, » et que nous retrouvons dans cette proposition à peu près tautologique : « (*g*) nominibus, (*g*) noscimus, » tel nom, telle notion.

Le fait que les noms, signes de conceptions particulières, dérivent tous sans exception d'idées générales, est une des plus fécondes découvertes de la science du langage, car c'est elle qui explique non seulement le fait déjà reconnu, que ce qui distingue spécialement l'homme de la brute, c'est le langage et la faculté de former des idées générales, mais encore un second fait, à savoir que les deux phénomènes susdits ne sont que deux faces d'un seul et même fait ; et c'est ce qu'on ne savait pas avant d'avoir appris pourquoi la science du langage n'a rien à faire aux théories interjective et mimique, mais uniquement aux derniers éléments du langage, aux racines, qui toutes contiennent un concept.

Ce nom d'homme que nous nous donnons à nous-mêmes est un titre de noblesse auquel nul autre ne pourrait se comparer. Directement issu de *man*, issu à son tour de *mâ* — mesurer, qui donna à la langue sanscrite *mâs* — la lune, notre nom d'homme est vraiment un noyau de pensées exquises ; pour relier à notre propre nom celui de l'astre nocturne qui mesure, il n'est pas besoin de voir dans la lune un être vivant et pensant, il suffit de songer que si nos ancêtres la comprirent comme mesurant les nuits et les jours, c'est qu'ils avaient en eux-mêmes un fond de raison à déverser dans les mots qu'ils créaient.

Il reste à remarquer qu'après avoir fait remonter leur nom à ce qu'ils connaissaient de meilleur et de plus élevé, à la pensée même, les créateurs de ce nom n'en restèrent pas là ; la vue de ce qu'il y a de plus infime en ce monde, la poussière de la terre, leur suggéra un autre nom encore : *homo* ; ce mot latin procède de la même racine que *humus*, le sol. Nous savons de plus que nos pères se donnèrent un troisième nom : ce fut en grec *brotos*, en latin *mortalis*, et en sanscrit *marta*, le mourant ; ils se seraient difficilement appelés mortels, s'ils n'avaient cru en des êtres qui ne meurent pas.

Et dire que ce fait étrange s'est réellement passé ! Sur notre planète ont vécu autrefois, comme de simples mortels qu'ils étaient, des hommes qui ont travaillé la pensée en l'incorporant dans la parole, le seul domaine où elle pût subsister ; puis, ces hommes extraordinaires se sont si complètement éclipsés de notre horizon, que leur postérité ne les connaît même pas sous la modeste appellation d'anonymes ; car leur œuvre, quoique toujours vivante depuis des milliers de siècles, est à ce point méconnue, qu'il arrive encore qu'on se demande : « Pourquoi donc n'est-il pas possible de penser en dehors des mots ? »

Nous découvrons donc beaucoup de profondeur dans les conceptions de nos ancêtres ; mais leur entendement travaillait inégalement ; très avancé sur certains points, il était en retard sur d'autres.

Quand on suit de près la marche de l'esprit humain dans le

passé, on est frappé de la lenteur avec laquelle la pensée et la parole parvenaient à fonctionner. Tant que nos pères ne cherchaient pas à nommer l'action d'enduire d'une substance liquide ou molle une surface quelconque, ils ne possédaient pas le mot de *var* — couvrir; il fallait qu'ils l'eussent trouvé pour prononcer le mot de couleur, qui fut *varna*. Ils continuèrent pendant longtemps à voir toute espèce d'objets différemment colorés sans en démêler les teintes; ils fixaient leur regard sur le ciel bleu, sur les arbres verts, comme en un rêve, sans rien savoir du bleu ni du vert, tant qu'ils n'avaient pas encore de mot pour bleu ni pour vert, et il se passa plus de temps encore avant que chaque couleur particulière ait reçu un nom qui lui fût propre.

Nous parlons de l'arc-en-ciel aux sept couleurs, parce que les nuances intermédiaires nous échappent; nous n'en sommes pas moins en progrès sur les anciens, car Xénophane décrivait l'arc-en-ciel comme étant un nuage pourpre, rouge et jaune; Aristote parlait de l'arc-en-ciel tricolore composé de rouge, de jaune et de vert, et Démocrite semble n'avoir jamais mentionné que le noir, le blanc et le jaune.

Serait-ce que nos sens sont devenus plus fins qu'ils ne l'étaient autrefois? Non, personne n'a dit que le caractère sensitif des organes qui produisent la sensation était moins vif il y a des milliers d'années; la sensation n'aura pas changé; mais cette évolution dans notre conscience de la couleur témoigne que, la perception consciente n'existant jamais en dehors des mots, elle avance pas à pas avec le progrès du langage, et que chaque conception définie met un temps fort long à se dégager d'une infinité de perceptions indéterminées.

Les noms des couleurs ne se sont pas appliqués aux objets plus arbitrairement que les noms divins aux divinités. Le bleu, par exemple, dut son nom aux suites visibles de certains actes de violence, ou à des accidents; la science étymologique a prouvé que les mots scandinaves : blár, blá, blátt, qui maintenant veulent dire bleu, désignaient d'abord la teinte livide que des coups impriment sur le corps ; Grimm fait remonter ces noms au verbe gothique *bliggvan* — frapper ; et il cite comme un cas analogue le latin *cæsius* (une nuance gris-bleuâtre) qui serait venu de *cædere* — couper. Si la remarque que les termes de bleu et de vert se rencontrent dans l'antiquité plus rarement que d'autres est exacte, il s'ensuivrait que tous deux ont fait de très nombreux circuits avant de s'arrêter, l'un sur la teinte du ciel, l'autre sur celle des arbres et de l'herbe.

A mesure qu'on remonte plus haut dans les étymologies, on comprend mieux à quel point les perceptions ont dû être confuses dans les commencements. De la racine sanscrite *ghar*, qui a beaucoup de significations différentes, comme chauffer, fondre, égoutter, brûler, éclairer, vinrent non seulement les mots de chaleur et de poêle, mais encore les noms de diverses couleurs brillantes variant entre le jaune, le vert, le rouge et le blanc. Mais l'exemple le plus frappant de l'indécision des noms de couleurs, et en même temps une cause probable de cette indécision qui se retrouve dans toutes les langues modernes et qui ne peut se dissiper qu'à la clarté d'une définition scientifique, nous l'avons dans le mot sanscrit *ak-tu* qui a deux sens tout opposés, celui de teinte claire, et celui de teinte foncée et de nuit ; et ce même mot traduit en grec : *ak-tis*, signifie un rayon de lumière. Ainsi, tant qu'elles ne sont pas définitivement nommées, les idées les plus simples, comme celles du blanc et du noir, ne se réalisent pas en nous ; les philosophes le savent depuis longtemps, mais les savants ne l'ont compris que depuis peu. Virchow a été le premier à constater que ce n'est qu'après que les perceptions des sens ont été fixées par le langage que nous les possédons réellement.

Bien que le sens de la vue nous ait été expliqué par les

physiciens et que nous sachions que la faculté de voir procède du mouvement d'un medium inconnu qui, dans ses rapports avec la lumière, a été appelé l'éther, et qui frappe la rétine, et que le nerf optique introduit dans le cerveau, ni la physique, ni la philosophie n'ont expliqué le rapport même entre l'effet que je supposerai être, par exemple, la sensation du rouge et sa cause, les 500 millions de millions de vibrations par seconde.

Nous pouvons nous représenter la peine qu'eurent les hommes d'abord à exprimer leurs impressions, parce que nous nous trouvons encore aux prises avec cette difficulté ; il est même des cas où il ne nous servirait de rien de lutter avec elle ; nous ne réussirions pas à la vaincre.

Les sensations entièrement subjectives et personnelles sont particulièrement difficiles à définir, car nous manquons de mots pour exprimer ce qui est de sa nature purement subjectif et personnel, et cependant, nous en parlons constamment. Comment donc nous y prenons-nous ? Les mots nécessaires faisant défaut, nous avons forcément recours à la métaphore, et, sans nous en rendre compte, nous usons de termes empruntés à des phénomènes extérieurs auxquels correspondent les sens de l'ouïe, de l'odorat et du goût, et qui sont pour la plupart des actes ou des états qui tombent sous le sens de la vue ; nos vieilles connaissances, les racines qui signifient couper, pincer, mordre, brûler, frapper, piquer, amollir, ayant servi de bases aux adjectifs aigre, doux, piquant, brûlant, nous nous en servons pour dépeindre certaines de nos sensations. Remarquons que nous ne saurions mieux caractériser la nature d'une douleur physique qu'en la comparant à une chose qui déchire, qui coupe ou qui pique.

Mais si certains maux physiques et certaines couleurs particulières, si les impressions d'aigreur, de douceur, de brûlure, que nous expérimentons en goûtant certains comestibles, ont trouvé leur expression métaphorique dans des actes extérieurs, il est toute une catégorie d'idées simples pour lesquelles des mots ne s'obtiennent d'aucune façon. Il est des cas où le sens du goût précisément est condamné à un mutisme complet. Hier, j'ai mangé une poire, je mange aujourd'hui une pêche ; je distingue très bien la saveur spéciale de l'un et de l'autre fruit, mais, ne voyant dans le domaine des faits rien à quoi je puisse les assimiler, je ne trouve pas de mots non plus à leur appliquer, et il me serait aussi impossible d'en donner l'idée à quelqu'un qui n'aurait jamais mangé ni une poire, ni une pêche, que de me faire comprendre d'une personne en m'adressant à elle dans une langue qui lui serait inconnue.

Comme tous les mots qui réussissent à exprimer nos sensations tirent leur origine des phénomènes extérieurs, nous sommes à même de connaître la provenance et le passé historique de ces mêmes mots. Oserais-je entrevoir la destinée prochaine de beaucoup de mots ? Le son de la clarinette et le son du hautbois, le sifflement du vent et les chuchotements des vagues, le jaune paille et le jaune citron, le vert d'émeraude et le bleu de ciel, caractérisent des objets qui appartiennent au monde matériel ; mais si ces mots de clarinette et de hautbois, de vent et de vague, de paille et de citron, d'émeraude et de ciel, qui seuls fixent dans notre esprit la représentation de certains sons et de certaines couleurs, manquaient à notre vocabulaire, je ne comprends pas comment un musicien pourrait composer une symphonie, et un peintre son tableau, quoique la création de ces deux œuvres d'art ne relève que d'une inspiration personnelle invisible à l'œil.

Le lien qui unit la pensée à la parole avait été en divers temps tour à tour entrevu et oublié ; si Platon croyait que le langage humain avait commencé par l'imitation des bruits de la nature, — erreur qui pesa sur l'humanité pendant deux mille ans, — il savait aussi que les mots sont indispensables à l'homme pour se rendre compte à lui-même de sa pensée.

Abélard, sur ce point, était plus explicite : « Le langage est généré par l'intellect, et génère l'intellect », disait-il. Hobbes comprenait si bien que nous avons besoin du langage pour nous-mêmes d'abord, qu'il appelait *notes* les mots nécessaires à notre propre pensée, et *signes*, ces mêmes mots en tant que servant de moyens de communication entre les hommes ; et il ajoutait : « Quand même il n'y aurait qu'un seul homme au monde, il aurait besoin de notes. » On ne peut exprimer mieux l'unité de la pensée et de la parole.

Cette découverte fait son chemin dans le monde, mais lentement, parce que certains philosophes immobilisés dans la tradition ne cessent d'obscurcir cette vérité par leurs spéculations. Les naturels de la Polynésie ont une plus juste intuition de la nature du langage que les savants auxquels je fais allusion, car chez eux, penser, c'est *parler dans l'estomac*, c'est-à-dire parler sans se faire entendre ; et c'est ce parler silencieux que l'on prend pour des pensées sans mots, parce qu'on perd de vue que *notion* et *nom* sont deux mots pour une même chose. « Il est sûr, affirme-t-on, que l'on peut avoir dans l'esprit une pensée qui ne se formulera que plus tard ; faites-en l'expérience ; si vous avez à écrire une lettre d'un contenu insignifiant, et qui vous touche peu, prenez la plume, et avant qu'une idée se soit entièrement dressée devant vous, votre main court déjà sur le papier ; ce qui prouve que vous lisez vos idées dans les mots que vous tracez. » C'est une illusion ; nous pouvons, si nous voulons, distinguer le mot écrit du mot pensé, mais le premier n'existera pas sans l'autre, pas plus que le mot prononcé ne peut exister sans le mot pensé. Je défie nos contradicteurs de penser à l'objet le plus ordinaire et qui leur est le plus familier, à un chien, par exemple, sans prononcer en eux-mêmes le mot de chien. Ils diront que le simple souvenir d'un certain chien, ou de son aboiement, suscitera en leur esprit l'image d'un chien ; ils ne s'aperçoivent pas que l'image d'un chien, ou le souvenir de son aboiement, équivaut au mot de chien, et qu'ils ne pourraient absolument pas être conscients de l'objet auquel ils prétendent penser, s'ils n'avaient pas son nom en réserve dans quelque coin de leur être, soit dans leur estomac, comme disent les Polynésiens, soit, comme disent plus gracieusement les Italiens, *in petto*.

Descartes était un savant chrétien, qui se demanda longtemps si l'esprit humain pouvait être certain de quoi que ce soit sans être illuminé d'une lumière surnaturelle ; il résolut d'en faire l'épreuve, et, à cet effet, il commença par supposer que lui, Descartes, n'était certain de rien, et doutait absolument de tout, même des vérités mathématiques ; là-dessus, il se mit à réfléchir. Au bout de quelque temps, l'idée lui vint que, s'il réfléchissait, cela prouvait bien que lui, Descartes, existait, et que, par conséquent, il lui était impossible de douter de sa propre existence.

On voyait souvent autrefois le portrait de ce philosophe sur la couverture de ses ouvrages ; il était représenté enfoncé dans son fauteuil, et pensant, pensant, pensant, et s'écriant tout à coup : « *Cogito, ergo sum !* » ce qui veut dire : « Je pense, donc je suis ! »

Les gens qui ne s'intéressent à aucun système philosophique sont certainement en grande majorité parmi nous ; tous savent pourtant qu'il en existe de fameux ; mais, faute de réfléchir tant soit peu, certaines personnes sont assez prêtes à se figurer ces systèmes conçus tout d'une pièce, et sortis du cerveau de leurs auteurs sous leurs formes actuelles. Mais elles auraient tort de croire, sur la foi d'un frontispice, que les choses marchent de ce train dans la réalité. Les systèmes philosophiques, pour peu qu'ils aient quelque valeur, mettent beaucoup de temps à s'élaborer, mûrissent très lentement, et à condition d'être sans cesse aux prises avec des idées contraires. Il s'établit d'étroits rapports entre les penseurs vivants et ceux qui ne sont plus ; les esprits du moyen âge consultaient ceux de l'antiquité ; les esprits d'aujourd'hui cherchent une manière de s'entendre avec ceux du moyen âge et de l'antiquité ; les idées s'entre-croisent à travers les siècles, et de ce frottement continu naissent des groupes d'idées dont les unes sont empruntées et les autres sont nouvelles, les unes vraies, les autres fausses ; cela dépend du degré de lucidité intellectuelle et de vigueur des derniers venus dans l'arène. Bien des problèmes se sont ainsi débattus sous nos yeux. Il n'y a pas longtemps, trois philosophes se trouvaient en présence, et un quatrième, Noiré, nous a rendu compte du débat. Il s'agissait de décider à quel enfant de l'entendement humain appartenait le droit d'aînesse : était-ce à la pensée ou à la parole ?

Sur le point fondamental, tous trois étaient d'accord ; pour chacun d'eux, il ne peut y avoir de raison sans langage, ni de langage sans raison. Mais, à mesure qu'ils pénétraient plus avant dans la question, des divergences s'étaient produites ; quoique la conception et le mot soient inséparables, il a pu y avoir un moment, — infiniment minime, si l'on veut, — où l'un d'eux a fait le premier son entrée dans le monde : cela arrive toujours aux jumeaux.

Selon Schopenhauer, les conceptions sont nées d'abord, et leur tâche immédiate a consisté à créer les mots ; car, disait ce philosophe, l'esprit n'aurait pu manier les idées selon son bon plaisir, les évoquer, s'en saisir et s'en dessaisir, tant qu'elles ne portaient pas de signes.

Mais, objectait Geiger, comment les idées pouvaient-elles naître, tant qu'il n'y avait pas de signes pour les représenter ? Le mot était d'abord, et la pensée, rendue possible par le développement du langage, est venue après ; le langage a créé la raison ; avant le langage, l'homme était sans raison.

Max Müller répondait à tous deux : Comment aurait-il pu y avoir un signe, tant qu'il n'y avait rien à représenter ? Les conceptions et les mots, inséparables dès l'origine, sont nés le même jour ; en ce jour où l'histoire de l'homme commence, ce qui avait été jusque-là une impression fugitive et un son vocal vide de sens devint une conception. Et Max Müller ajoutait que Geiger eût été dans le vrai s'il avait dit qu'avec chaque nouveau mot il y a plus de raison, ou que chaque progrès de la raison est marqué d'un nouveau mot ; la croissance de la raison et du langage peut se comparer à celle d'un banc de corail où chaque coquillage est le produit de la vie, et devient à son tour le support d'une vie nouvelle.

Les plus sérieuses préoccupations du moyen âge se trouvent représentées dans cette discussion entre les trois penseurs contemporains. Le point de vue de Max Müller est évidemment une moyenne où les deux opinions adverses se réconcilient.

Depuis des milliers de siècles, les hommes se sont toujours trouvés sans s'en douter, sous la magique influence du passé ; les tout premiers mots dont nos pères se sont servis pour s'entendre au milieu de leurs occupations les plus élémentaires ne cessent de figurer dans nos conversations familières, dans nos écrits philosophiques, dans l'exposition de certains procédés scientifiques ; il nous est impossible de parler de nos rapports de famille et de société, de nos affections, de nos obligations les plus communes, de nos devoirs les plus sacrés, de notre obéissance aux lois, sans avoir recours aux expressions qui servirent à caractériser les actes de *lier* et de *tresser*, ces formes extérieures des premières activités humaines ; le chimiste mentionne dans son langage technique la *liaison* des matières qu'il manipule, le poète et le croyant fervent, quand ils donnent l'essor à leurs plus hautes aspirations, ne trouvent pas de terme plus vrai que celui du *lien* qui les unit au Dispensateur de toute bonne pensée.

Pour qu'il puisse aujourd'hui être question parmi nous de *creuser* une question ardue, et de se *creuser* la tête pour deviner une charade, d'apprendre à *lier* une idée à une autre, d'attribuer aux arts et aux lettres le mérite de *polir* les mœurs, de chercher à *attendrir* le cœur de Dieu par des offrandes, comme s'il était un juge mercenaire, de *nouer* des relations pour être plusieurs à faire une œuvre utile, ou de *nouer* des intrigues pour se débarrasser d'un compétiteur importun, il a fallu que nos ancêtres, à mesure qu'ils émergeaient de leur état de mutisme, éprouvassent la nécessité de se *creuser* des refuges, de *polir* des pierres, de *lier* des branches et de les *nouer*, et d'*attendrir* des substances coriaces pour s'en nourrir. Ce sont toujours les mêmes mots qui se répètent, qui s'entrelacent de temps immémorial.

Mais ces mots qui sont restés invariablement les mêmes comment sont-ils arrivés à changer si complètement de signification pour s'adapter si exactement à des usages tout modernes ? — Les apparences nous trompent ; les mots n'ont pas changé de signification, mais à l'origine, ils s'appliquaient à des objets tangibles et à des actes visibles, les plus communs et les plus nécessaires à la vie journalière d'alors ; et maintenant ils s'appliquent à des choses intangibles et à des actes invisibles, les plus communs et les plus nécessaires à notre vie mentale actuelle.

Mais voici qui n'est pas moins curieux. Cette adaptation des vieux mots à de nouveaux usages n'a pu se faire qu'à une condition : c'est que nous oubliions une infinité de choses, que nous perdions tout souvenir de la destination originelle de ces mots, que nous n'ayons plus devant les yeux ni cavernes, ni branches, ni pierres, ni racines coriaces, et cette condition nous l'avons remplie ; l'oubli a été complet ; personne de nous ne soupçonne la provenance de ces expressions ; un très petit nombre d'hommes seulement la connaissent, et ceux-là savent bien ce qu'ils disent quand ils se servent des véritables formes originelles du langage humain.

Il reste une difficulté à écarter. Si c'est au moyen du travail collectif entrepris dans une intention commune que les mêmes images se sont empreintes dans la mémoire, si l'action qu'exerça sur nous à l'origine la communauté des idées et des représentations fut à tel point puissante, que forcément nous employons toujours des mots qui datent à peu près de la première période du langage, ne s'ensuit-il pas que nous devrions être absolument semblables les uns aux autres, et qu'il nous faille renoncer à nous attribuer la moindre individualité ? — Loin de là ; chacun de nous donne à ces représentations des choses les formes vers lesquelles le porte sa nature personnelle, ou son éducation, ou l'atmosphère qu'il respire. Un homme qui possède quelques notions d'astronomie contemple le ciel étoilé d'un autre œil que l'ignorant qui sent en simple poète son inexprimable splendeur ; un peintre paysagiste remarque dans un arbre des détails charmants qui échappent à la personne qui l'admire, mais qui n'a jamais rien crayonné ; il suffit à un architecte habile d'un coup d'œil jeté sur une maison nouvellement bâtie pour la classer dans le nombre des édifices réussis ou manqués ; et un coup d'œil jeté sur cette même maison suffit de même au pauvre diable pour qu'il se dise : « Combien je serais heureux de demeurer là-dedans ! »

IX

UN PAS DÉCISIF

Comment s'est-il fait que l'homme primitif, muni de cinq sens qui le mirent en rapport avec le monde matériel seulement, a pu soupçonner l'existence d'un monde invisible peuplé d'êtres que ses yeux ne pouvaient voir, ni ses mains toucher, ni ses oreilles entendre ?

Entre la naissance de la raison humaine et l'invention de l'écriture, il se sera passé bien du temps ; quand l'écriture fut enfin inventée, puis l'imprimerie, l'homme imprima tout ce qu'il avait pensé et écrit ; et maintenant, nous possédons des milliers de volumes pour nous renseigner sur toutes les vérités et sur toutes les erreurs qui ont tour à tour illuminé et obscurci l'esprit humain.

Qui voudra se donner la peine de fouiller dans cette masse de documents, et d'examiner ceux qui donnent un aperçu aussi approximatif que possible de l'activité mentale de nos premiers ancêtres, verra que le moi humain faisait de la science sans s'en douter, bien avant que des savants apparussent qui revendiquèrent pour eux le titre de philosophes, parce qu'ils s'appliquèrent pendant des milliers de siècles, en tâtonnant et en discutant, à chercher le meilleur moyen d'arriver à connaître la vérité.

Ces gens-là, du moins, étaient curieux.

L'apparition de la religion parmi les hommes est un des faits les plus naturels en même temps que le plus extraordinaire dans l'histoire de l'humanité.

La plupart des philosophes ont reconnu que cette tendance de l'esprit humain à se tourner vers ce qui est au delà de la portée des sens est aussi puissante dans l'homme que le besoin de manger et de boire chez tous les êtres vivants ; les anciens ont vu là un vrai sens, irrésistible comme le sont toutes les opérations de nos sens extérieurs, et ils l'ont excellemment nommé le *sensus numinis*, le sens du divin. Le désir de connaître les secrets que devait recéler l'Inconnu mena tout naturellement à rechercher quelle influence ces secrets pouvaient exercer sur la destinée humaine ; ainsi naquit chez certains peuples l'art divinatoire ; et ils s'y adonnèrent consciencieusement, croyant fermement que des êtres tout-puissants étaient toujours disposés à communiquer aux mortels leurs volontés.

Les modernes se montrèrent de meilleurs critiques et plus pratiques dans leurs investigations. Au siècle dernier, des écrivains, historiens et philosophes, Voltaire entre autres, voulant savoir comment le phénomène mental de la religion avait paru dans le monde, recueillirent toutes les données fournies par les voyageurs sur les peuples sauvages, et notèrent qu'ils croient tous en des puissances occultes distinctes de toute force matérielle et humaine, et ne doutent pas non plus de l'efficacité de certains moyens magiques dont ils se servent pour obliger ces puissances à se rapprocher d'eux et à agir dans leurs intérêts. Jugeant par analogie, ces écrivains se dirent que les premiers hommes, impressionnés par les effrayants phénomènes de la nature, auront dû chercher partout autour d'eux les êtres inconnus auxquels obéissent les orages, les tonnerres et les éclairs ; mais ces êtres étaient invisibles ; il y avait donc quelque part un monde invisible qui communiquait avec le monde visible, humain.

C'est ainsi que les croyances des peuples sauvages d'aujourd'hui furent supposées s'être trouvées à l'aube même des conceptions religieuses de l'humanité.

L'ignorance d'un sujet, quel qu'il soit, qu'on se propose de traiter n'a jamais empêché l'élaboration d'un système sur ce sujet. Vers la fin du dernier siècle, des marins portugais, qui ne s'embarquaient pas sans se pourvoir de talismans et d'amulettes destinés à les protéger dans leurs voyages et que dans leur langue ils appelaient des *feitiços*, voyant les nègres de la Côte d'Or se prosterner avec les signes de la plus profonde vénération devant des ossements, des pierres et des queues d'animaux, en conclurent aussitôt que, pour les nègres, ces objets étaient tous des divinités, et à leur retour dans leur patrie, ils répandirent le bruit que les races sauvages adorent des feitiços. Or, le mot feitiços répond au latin *factitius*, ce qui est fait à la main, comme les amulettes des marins portugais. Un homme se trouva pour relever ce mot et cette idée ; c'était le président de Brosses qui, n'ayant jamais mis le pied chez les nègres, composa et publia une dissertation sur leurs dieux fétiches. C'est de cette manière qu'en 1760, la langue française s'enrichit du mot nouveau de fétiche. Bientôt, les expressions de fétiches et d'adorateurs de fétiches furent dans toutes les bouches ; la théorie des dieux fétiches pénétra rapidement et profondément dans l'esprit du public ; les maîtres d'école s'en emparèrent pour leurs manuels ; on nous enseigna à tous que le fétichisme était toute la religion des sauvages, et les savants en tirèrent la conséquence que le fétichisme devait avoir été la religion primitive de l'humanité.

Avec quelle légèreté les gens instruits, non moins que les ignorants, se laissent aller à parler sans réfléchir à ce qu'ils disent ! Pour pouvoir élever au rang de divinités des objets matériels quelconques, il faut posséder préalablement le concept de la divinité ; mais on admet comme accordé cela même qu'il s'agit d'expliquer ; autant dire que les vivants embaumaient leurs morts avant d'avoir découvert la cire nécessaire à l'embaumement. Le fétichisme, par sa nature, ne saurait être absolument primitif, puisqu'il présuppose la croissance antérieure du prédicat *divin*. L'idée de de Brosses et de ses successeurs restera à tout jamais un frappant anachronisme dans l'histoire de la religion.

L'histoire de tous les peuples primitifs commence par cette note : « L'homme est conscient de la descendance d'un père céleste, tout en reconnaissant qu'il est fait de la poussière de la terre ; l'Hindou n'en doutait pas quand il appelait Dyû son père, et Prithvî sa mère ; Platon le savait quand il disait que la terre donna les hommes, mais que Dieu les forma. »

Debout sur les bords du Rhin, Tacite écoutait les chants de guerre des Germains ; c'étaient pour lui des accents inconnus : « C'est comme des sifflements d'oiseaux », disait-il. Mais il ajoutait : « Ce seront des cris valeureux ! » et son oreille distinguait deux mots qui revenaient souvent : « Tuisto... Mannus ! »

Nous savons, nous, ce qui faisait le fond de ces chants de guerre : les Germains célébraient leurs ancêtres directs sous les noms de Tuisto et de Mannus, son fils. Tuisto semble être une forme secondaire de Tiu, le dieu aryen de la lumière ; Tacite nous dit que les Germains appelaient des dieux ce que leurs yeux ne pouvaient voir, ce qu'ils ne percevaient que par l'esprit. Mannus, expliquaient les Germains, était sorti de terre, de cette terre vénérée comme étant la Terre mère, car, avant de nourrir ses enfants de ses fruits, elle leur avait donné la vie. Ce Mannus, petit-fils du dieu de la lumière, était l'homme même.

En interrogeant certaines races demeurées encore aujourd'hui en dehors de tout système religieux organisé, voici ce qu'elles nous apprennent de leurs croyances :

Une population indienne d'une intelligence très bornée adore le soleil sous le nom de Cando. « C'est lui qui a fait le monde, » disent les naturels du pays aux missionnaires. « Comment serait-ce possible ? qui alors aura fait le soleil lui-même ? » « Oh, nous ne parlons pas du Cando que nous voyons, mais du Cando que nous ne voyons pas. »

« Notre dieu », disent les indigènes de la Californie à ceux qui leur demandent à quel dieu ils croient, « notre dieu n'a ni père, ni mère, et nous ne savons pas d'où il est venu ; mais il est présent partout, il voit tout, même à minuit, quoiqu'il soit invisible aux hommes ; il est l'ami de tous les braves gens, et il punit les méchants. »

« Deux religions ont été données aux hommes par le grand Esprit », disait un Indien peau-rouge à un missionnaire, « l'une est dans un livre, et elle guide les hommes blancs qui, s'ils font ce qu'elle commande, entrent dans le ciel de l'homme blanc ; l'autre religion est dans la tête des hommes rouges, et dans le soleil, et dans les rivières et les montagnes ; et les hommes rouges qui écoutent le grand Esprit dans la nature entendent sa voix, et entrent dans le ciel qui est au-dessus de toutes ces choses. »

Ces Peaux-Rouges sont persuadés que la nature extérieure, qui est pour nous le voile en même temps que la révélation de la nature divine, suffit à leur apprendre tant de choses sur le compte d'un certain esprit invisible, qu'ils pensent en savoir aussi long que nos missionnaires.

Parmi les penseurs que préoccupe l'origine du concept religieux dans l'homme, les uns disent que l'idée de l'infini est une nécessité de l'esprit humain qui, à force de reculer les bornes de l'espace et du temps, arrive de lui-même à un espace, à un temps sans bornes. Ainsi peut raisonner un vrai philosophe ; mais l'homme primitif n'en était pas un, et l'*infini* du philosophe n'existait pas pour lui. Selon d'autres, l'homme est naturellement doué d'un instinct religieux qui le rend capable, lui seul entre toutes les créatures vivantes, de percevoir l'infini dans l'invisible ; mais la nature de l'instinct en soi n'ayant pas été définie, on fait fausse route en essayant d'expliquer un mystère par un autre mystère. D'autres encore affirment que le concept religieux est le fruit d'une révélation surnaturelle, mais ils ne précisent pas à quelle époque de la vie de l'humanité, ni en faveur de quels hommes cette révélation s'est accomplie, et encore moins de quelle façon elle s'est produite. Enfin, on fait observer que les hommes ont toujours porté naturellement et sans hésiter des jugements rapides, sans que l'idée leur vienne qu'ils peuvent se tromper ; dans le nombre se trouve celui-ci : que *Dieu est*. Remplaçons, ne serait-ce qu'à titre d'essai, l'appellation d'*hommes* par le mot de *sens commun,* et nous comprendrons pourquoi le sens commun juge superflu de rechercher comment les hommes en sont venus à décider que *Dieu est*. Le sens commun est sage, il sait dire de grandes vérités ; mais les philosophes qui se donnent la mission de découvrir la raison des choses ne se contentent pas de ce qui suffit au sens commun, et ils en ont le droit.

De nos jours, le problème religieux se traite principalement à deux points de vue. Que comprend-on sous ces mots : l'idée de Dieu ? C'est là une question, la question par excellence, et les noms des écrivains, philosophes et théologiens qui s'en occupent sont trop nombreux pour être cités. C'est une étude psychologique et surtout spéculative.

Comment l'idée de Dieu a-t-elle apparu parmi les hommes, est une autre question ; bien peu de gens essaient de remonter aussi haut. Cette étude-là est avant tout historique.

Le problème ainsi posé n'est pas de nature à beaucoup agiter les esprits, à mettre en jeu les passions, et, selon toute apparence, la fin du siècle présent ne verra pas se renouveler les ardents débats philosophiques qui caractérisèrent la dernière moitié du siècle passé.

Jamais peut-être autant qu'alors les esprits, depuis longtemps tiraillés en sens contraires, n'avaient été aussi inquiets. Toutes sortes d'enseignements se propageaient en ce temps-là, et entre deux tendances diamétralement opposées se groupaient naturellement des opinions qui tenaient plus ou moins de l'une et de l'autre.

Selon Hume, Condillac et leurs adeptes, la matière seule existe; notre intelligence, nos sentiments, notre volonté, ne sont que des sensations transformées. C'était le pur matérialisme; il y avait aussi l'idéalisme pur représenté par Berkeley, qui allait jusqu'à nier la réalité de la matière; à l'entendre, tous les corps qui composent l'univers n'existent pas réellement; les seules existences réelles sont les êtres incorporels, c'est-à-dire les idées et Dieu qui les produit en nous.

Les gens qui conservaient encore leur anciennes croyances étaient, cela va sans dire, le plus troublés; ils commençaient à se demander si leur simple foi reposait sur un fondement bien solide, et ils aspiraient de plus en plus à voir enfin résolus certains problèmes; les sages de la Grèce et de l'Inde, les penseurs d'Alexandrie, les écoles du moyen âge les avaient débattus; et après tant de travaux accomplis par les philolosophes et les théologiens les plus illustres, on se demandait toujours : « Que savons-nous de Dieu, et du gouvernement du monde, et de la fin de l'homme ? La certitude dans l'évidence des sens, ou de la raison, ou de la foi, est-elle possible, ou ne l'est-elle pas ? »

C'était vouloir savoir beaucoup de choses.

Cent ans avant cette époque, Descartes, cet esprit prudent, au lieu de se demander : « Que savons-nous ? » avait posé cette autre question: « Comment arrivons-nous à savoir ? »

C'était bien là, en effet, une question fondamentale dont la solution parut être la plus importante aux philosophes qui suivirent Descartes, et eux aussi se demandèrent : « De quelle manière l'esprit humain arriva-t-il à savoir tout ce qu'il sait ? »

Locke ayant dit : « Il n'y a rien dans l'intelligence qui n'ait été dans les sens, » Leibniz avait répondu : « Rien, excepté l'intelligence elle-même. » Noiré tourne cette remarque un peu autrement : « Il n'y a rien dans cette plante qui n'ait été d'abord dans le sol, dans l'eau et dans l'atmosphère, excepté ce qui fait que cette plante est une plante. »

Condillac, qui était de l'avis de Locke, formula son opinion ainsi : « Penser, c'est sentir. » Or, pour sentir quoi que ce soit, il faut posséder des sens.

C'était évident ; cependant, cette sentence scandalisa des esprits élevés ; ils trouvèrent qu'elle dégradait la pensée. Oui, elle la dégradait en effet dans la bouche de Condillac, qui prétendait tirer de la sensation absolument tout ce qui a droit à s'appeler la pensée ; mais elle ne la dégrade pas si l'on admet que la pensée existe en germe dans la sensation : dès lors on peut dire que penser, c'est sentir, comme on peut dire d'un chêne qu'il est le gland ; et il suffirait d'un peu de réflexion pour comprendre que le gland est même plus merveilleux que le chêne, et que percevoir est plus merveilleux que de concevoir. Mais on ne le comprenait pas autrefois, car on se méprenait sur la nature de la raison et de la sensation ; on voyait dans la première une puissance mystérieuse qui ne pouvait être qu'un don direct du Créateur, et les sens, auxquels nous devons nos perceptions, paraissaient des choses si naturelles et si simples qu'elles pouvaient se passer d'une explication scientifique.

Si des philosophes tels que Descartes et Leibniz pouvaient influencer les esprits éclairés, leur langage n'était pas compris du public en général ; et l'idéalisme de Berkeley, poussé à l'extrême, était trop abstrait pour servir de contrepoids aux doctrines sensualistes ; il est douteux d'ailleurs qu'il pût aisément franchir les bornes d'un cercle restreint de personnes compétentes, tandis que les écrits de Locke, de Condillac, de Hume, pénétraient dans toutes les classes de la société ; c'était partout les mêmes questions, et partout elles restaient sans réponse, parce qu'on se trouvait là en pleine métaphysique et qu'il eût été fort difficile d'arracher une explication précise à cette science encore indéfinie.

Il est naturel que la raison, après s'être élevée à une prodigieuse hauteur à la poursuite d'une vérité certaine, effrayée des obstacles qu'elle rencontrait dans son vol et des contradictions qu'elle portait en elle-même, retombât lourdement à terre en s'écriant avec Voltaire : « O métaphysique ! nous voici aussi avancés qu'au temps des druides ! » Ce même sentiment de méfiance envers des procédés qui ne pouvaient mener plus loin qu'à des hypothèses avait si bien fait voir à Newton que nulle part le philosophe ne se meut aussi librement et aussi sûrement que dans le domaine des faits, que lui aussi s'était écrié naguère : « O physique, préserve-moi de la métaphysique ! »

L'opinion publique, vers la fin du xviiie siècle, était décidément en faveur du matérialisme; mais une réaction se préparait lentement dans les esprits restés indépendants, lorsque Kant parut : il vint si à point qu'on n'aurait presque pas pu dire si le flux tournait de lui-même, ou si une parole qui se faisait entendre pour la première fois le faisait descendre.

Tenter d'esquisser sommairement les principaux traits de l'enseignement de Kant, tel qu'il l'a exposé dans son livre intitulé : *Critique de la raison pure*, est une entreprise téméraire; mon but, qui est de répondre aux besoins les plus impérieux et les plus intimes de notre être moral, ne se pourrait atteindre qu'en passant par d'inextricables difficultés; le résultat seul peut nous excuser, nous autres, simples membres de la société polie, de désirer nous faire une idée de cet enseignement.

Les termes techniques, qui abondent dans les ouvrages de philosophie en général, sont fort commodes à celui qui expose un système, mais plutôt pernicieux à ceux qui ont à l'apprendre, parce que les comprenant à demi, ou ne les comprenant pas du tout, ils s'imaginent pourtant savoir ce qu'ils signifient ; et c'est un moyen sûr de ne garder que des notions très vagues sur le système qu'on croit de bonne foi étudier. D'ordinaire, je m'interdis l'emploi de ces termes consacrés ; mais Kant en a forgé de nouveaux pour exprimer des idées nouvelles, et chez lui, ce sont de véritables formules ; vouloir les rendre compréhensibles en paraphrasant, et cela sans trop s'étendre, serait peut-être en obscurcir le sens encore davantage ; entrer dans de plus amples développements serait composer tout un livre, et autant vaudrait étudier l'ouvrage même de Kant : me voilà donc bien embarrassé.

LA DOCTRINE DE KANT

Kant entreprit une œuvre que personne n'avait tentée avant lui. Au lieu de se borner à critiquer les résultats partiels de toutes nos connaissances en histoire, en science, en religion, comme on le faisait habituellement, il ferma résolument les yeux sur tout ce que la philosophie, tant sensualiste que spiritualiste, disait être vrai ; puis, se mettant au point de départ de Descartes, qui est le doute absolu, mais voulu et méthodique, il se demanda si la raison humaine avait le pouvoir de connaître la vérité, et, dans le cas où ce pouvoir existerait, mais aurait des limites, de découvrir *pourquoi* ces limites existaient. Il résolut donc de soumettre la raison elle-même à l'analyse et se promit d'assister, pour ainsi dire, à la naissance de la pensée. Il accomplit ce travail extraordinaire avec une liberté d'esprit dont nul homme jusque-là n'avait été capable.

Le monde est gouverné par des lois immuables ; comme tout le reste, la créature humaine y est soumise. Kant se rendit compte des lois auxquelles elle dut nécessairement obéir pour passer de l'état d'inconscience parfaite à l'état de créature intelligente.

LA SENSATION

Quand il s'agit d'un objet matériel que je me procure, — supposons que ce soit une table, — ce qui m'intéresse, c'est la table même, et nullement les outils dont l'ouvrier s'est servi pour la faire; mais s'il s'agit d'une pensée, ce sont les procédés au moyen desquels l'esprit humain l'a produite qui ont surtout de l'intérêt pour moi; et ces procédés doivent naturellement consister à faire usage des instruments dont l'esprit humain dispose.

Ce qui fut à l'origine de l'humanité, se répète dans chaque être humain au jour de sa naissance; il vient au monde dans un état de léthargie, mais pourvu d'un fonds d'instincts qu'on nomme d'un seul mot, le sens : commun à l'homme et à la bête, il les met en rapport avec les choses du dehors; le sens ou la sensibilité est simplement la faculté générale de sentir. Jamais l'enfant nouveau-né ne sortirait de sa torpeur, s'il n'était entouré d'objets matériels qui affirment leur présence par l'action qu'ils exercent sur lui; son premier acte, au moment où il les perçoit, est le passage de son esprit, jusque-là isolé en lui-même, vers les objets qui le sollicitent.

Le sens qui travaille dans chaque enfant est un sens interne; il suffit de le nommer le sens tout court, pour le distinguer de nos cinq sens extérieurs qui nous sont beaucoup plus connus, parce que déjà à l'école on nous en a expliqué les fonctions et les modes d'action.

Par exemple, nous avons appris qu'il suffit de pincer une corde d'instrument bien tendue pour la faire vibrer; les vibrations se communiquent à l'air, et s'appellent alors ondes sonores; elles se propagent avec une vitesse inouïe dans l'espace, avançant et reculant à la manière des vagues de la mer elles atteignent notre oreille, touchent le nerf auditif, font vibrer la membrane du tympan, pénètrent jusqu'au cerveau et nous donnent instantanément la sensation du son. Et c'est aux ondes lumineuses qui traversent l'éther et communiquent avec le nerf optique de l'organe de la vue que nous devons la sensation de voir les objets qui sont devant nous.

En observant le regard vacant de l'enfant nouveau-né, nous comprenons qu'il se passe quelque chose en lui; en effet, il a senti comme un choc; l'idée d'un choc implique toujours celle d'un corps qui résiste et qui cède. Dans l'enfant, c'est le moi humain devenant conscient de lui-même sous l'impression produite sur lui par la vue très confuse d'abord des objets extérieurs, et par l'audition des bruits qui se font autour de lui. Ce cas est analogue au mouvement de va-et-vient des ondes, décrit et même dessiné dans tout manuel de physique.

Il est étrange qu'un phénomène naturel que les savants se sont donné beaucoup de peine à analyser se trouve mentionné dans cette locution banale : « Du choc des opinions jaillit la lumière. » Si au lieu d'avoir cette phrase sur nos lèvres seulement, nous l'avions aussi dans l'esprit, nous aurions compris plus vite le fait physiologique de la sensation.

La sensation joue un rôle si important dans le monde humain, que toutes les sciences sans exception, tant physiques que morales, s'en occupent; mais nous autres, qui savons nous plaindre continuellement d'avoir ou trop chaud ou trop froid, nous ne nous sommes probablement jamais demandé ce que la philosophie a à faire à des impressions purement corporelles.

Les sensations nous viennent donc du dehors; mais elles nous laisseraient dans un état de simple perturbation, si, en les recevant, nous étions passifs comme le miroir où les objets extérieurs se reflètent d'eux-mêmes; et nous aurions continué à dormir, — en rêvant peut-être, — si un acte mental de notre part ne signalait l'éveil de notre intelligence au contact du monde matériel et ne prouvait l'existence en nous d'un pouvoir jusque-là latent, mais capable d'accepter, de reconnaître et de réaliser les sensations qui nous viennent sans que nous les ayons appelées.

Nous approchons de la solution d'une énigme. « Comment connaissons-nous les choses ? » s'était demandé Descartes. Kant avait parfaitement expliqué que toute connaissance commence par les sens, qui nous donnent l'intuition, c'est-à-dire la vue immédiate des objets extérieurs, et prouvé en même temps que, sans la matière, l'intelligence ne se serait pas éveillée. Mais Kant avait encore de grandes découvertes à faire.

Nous sentons qu'il n'est rien en nous de plus libre que notre pensée. Elle embrasse le monde entier, monte jusqu'aux astres, descend dans les profondeurs de la terre, s'arrête en passant sur tel ou tel objet particulier selon son bon plaisir ; mais, quoique libre de faire ainsi le tour de l'univers, elle ne l'est pas de choisir son chemin ; notre pensée est forcée, comme le soleil, d'en suivre un qui lui est tracé d'avance ; il est aisé de s'en convaincre.

L'ESPACE ET LE TEMPS

Tous les objets auxquels nous pensons se peignent dans notre imagination comme se trouvant devant nous dans l'espace, ici ou là ; et comme étant présentement, ou ayant été, ou devant être, mais en tout cas toujours dans le temps ; ce mot de temps est synonyme du mot durée, puisque le temps contient le présent, le passé et l'avenir.

Kant comprit que les notions d'espace et de temps sont deux conditions fondamentales, inévitables, de toute manifestation sensible ; et il fut le premier à remarquer qu'elles nous sont imposées par un pouvoir si absolu, qu'aucun effort de notre part ne réussirait à nous y soustraire, pas plus qu'il ne dépend de nous de ne pas voir la clarté du jour en plein midi, si nous ne sommes pas des aveugles et si nous avons les yeux ouverts.

Comprenons bien que ce que nous appelons l'espace et le temps, étant les formes mêmes de la sensibilité, est quelque chose qui n'existe point en dehors de nous-mêmes. C'est nous qui mettons dans ces cadres *Ici* et *Là*, *A présent* et *Alors*; et nous le faisons forcément, parce que nous dépendons absolument des formes de notre entendement, qui ne fonctionne pas autrement que ne le lui permet sa propre constitution.

LE PHÉNOMÈNE

En ouvrant un dictionnaire raisonné aux lettres P. H. E. nous rencontrons bien vite le mot de phénomène et sa définition : « Tout ce qui tombe sous les sens, tout ce qui peut affecter notre sensibilité au physique et au moral, est un phénomène. »

Du moment que nous n'avons aucune connaissance qui ne nous vienne par la voie des sens, il s'ensuit qu'en parlant, par exemple, de l'attraction, de l'électricité, du magnétisme, comme de phénomènes naturels que nous connaissons pour en voir les effets dans l'espace et dans le temps, nous en parlons suivant notre manière de nous représenter ces choses, et non suivant ce qu'elles sont *en soi*; car ce que sont toutes ces forces de la nature *en soi*, nous n'en avons pas la moindre idée. Nous savons ce que c'est que des sons musicaux, parce que notre oreille les entend; et nous savons ce que c'est que des couleurs, parce que notre œil les voit; nous les connaissons donc tels qu'ils nous apparaissent, mais nous ignorons ce que sont les uns et les autres *en soi*, c'est-à-dire indépendamment de nos organes qui y correspondent. Ainsi, toutes les choses que nous connaissons, par cela même que nous les connaissons, deviennent pour nous des phénomènes; et le monde où nous vivons n'est qu'un monde de phénomènes.

LES CATÉGORIES DE L'ENTENDEMENT

Outre ces deux formes d'intuition sensible, l'espace et le temps, Kant, en analysant la raison pure, découvrit en elle un certain nombre de notions qui n'avaient pu y être entrées du dehors; il les partagea en douze classes distinctes, qui portent dans la phraséologie philosophique le nom de catégories de l'entendement. Déjà Aristote avait composé une table de catégories; mais, dans sa Logique, Aristote s'occupe des lois de la pensée en général, abstraction faite de l'usage pratique qu'on en peut faire, tandis que Kant étudie ces faits premiers, ou ces premiers principes, dans leurs rapports avec certains objets déterminés.

Les différentes catégories ont ce trait en commun, qu'il n'est pas une de nos pensées qui puisse manquer de rentrer soit dans l'une, soit dans l'autre; et un second trait qui les caractérise est celui de s'imposer de force à notre entendement; ce trait-là se montre bien en relief dans la catégorie dite de pluralité. Essayons de penser à un objet quelconque sans nous le représenter en même temps comme pouvant être plus d'un, et nous nous reconnaîtrons incapables de faire ce tour d'adresse : qui pense à une pomme et parle d'une pomme ne peut pas s'empêcher de penser à plus d'une pomme; et Max Müller démontre que le parler rationnel serait impossible si nous ne pouvions, en parlant, distinguer le sujet d'une sentence comme étant un, ou plusieurs.

CAUSE ET EFFET

Les idées de *cause* et d'*effet* sont du nombre de ces notions premières que la raison tire d'elle-même, et la catégorie de causalité est une des plus importantes. Nous n'éprouvons jamais une sensation, quelle qu'elle soit, sans la rattacher involontairement et nécessairement à quelque objet extérieur que nous savons posséder les qualités qui correspondent à cette sensation. Ainsi, les impressions du chaud ou du froid, du doux ou de l'amer, du bleu ou du jaune, évoquent immédiatement devant nous l'image de certains objets qui seraient chauds ou froids comme le feu ou la glace, doux ou amers comme le sucre ou l'absinthe, bleus comme le ciel ou jaunes comme le citron; et ces objets extérieurs, nous les comprenons comme étant des causes, et nos sensations personnelles comme étant des effets.

LES AXIOMES

Il est des vérités universelles, évidentes par elles-mêmes, que ni l'expérience, ni le raisonnement, ni la science n'ont chargé de découvrir, parce qu'elles sont l'apanage naturel du sens commun, des axiomes tels que : le tout est plus grand que la partie, d'un point à un autre la ligne droite est la plus courte, tout corps se trouve dans un lieu quelconque, tout événement se passe dans le temps, tout effet a une cause. Tout cela est plus certain que le lever du soleil de demain; aussi le sens commun l'a-t-il toujours su, et la conscience du genre humain tout entier n'a pas attendu la venue de Kant pour le savoir.

Il est singulier que la majorité des hommes, qui savent tant de choses vraies sans s'être donné la moindre peine pour les apprendre, ne manquent presque jamais de se tromper dès qu'ils se mettent à réfléchir ; ils s'imaginent que toutes les choses qui tombent sous les sens ont le pouvoir de se faire connaître directement, comme si elles entraient dans un vide de l'esprit prêt à les recevoir. Ignorent-ils donc que, pour penser à un objet extérieur, il n'est pas nécessaire de l'avoir lui-même, tel qu'il existe substantiellement dans la nature, sous les yeux, et qu'il suffit d'en avoir l'image empreinte dans l'esprit ? Cela est cependant bien simple assurément ; et je parie que le sens commun lui-même y verra un truisme qu'on pourrait passer sous silence. Qu'y a-t-il donc d'extraordinaire, dira le sens commun, si en pensant, par exemple, à un citron, on se représente aussitôt un fruit jaune, d'un goût acide et d'une certaine forme, — un citron, pour tout dire ?

Cette remarque a seulement cela de bon qu'elle prouve notre incapacité naturelle d'éprouver une sensation, quelle qu'elle soit, sans en inférer l'existence d'un objet extérieur possédant des attributs correspondant à cette sensation et qui en serait la cause.

Le truisme en tout cas, ne serait pas négligeable, puisque Aristote, tout grand philosophe qu'il était, n'a pas cru au-dessous de sa dignité de s'en occuper ; il a dit : « Je pense à une pierre ; la pierre n'est pas dans mon esprit, mais sa forme s'y trouve. »

Chercher à prouver au sens commun que sa remarque n'a rien à faire à la thèse qui vient d'être exposée ne servirait à rien ; un travail mental personnel, s'il est licite de personnifier une qualité, pourra seul convaincre le sens commun de sa méprise ; mais aussi, une fois convaincu, le sens commun sera devenu quelque chose de plus que ce qu'il était jusque-là ; il aura monté d'un degré dans la raison ; et en poursuivant ainsi sa route sous la conduite de la raison grandissante, il finira par comprendre une vérité démontrée par Kant : Qui ne distingue pas un objet réel de la représentation qu'on s'en fait ne comprendra jamais la manière dont fonctionne l'entendement humain.

N'était l'importance de cette vérité, ma digression au sujet des images eût peut-être été hors de propos.

LA MÉTAPHYSIQUE

Le nom de Kant restera intimement uni au mot de métaphysique, non parce qu'il s'y enfonçait, comme le croient beaucoup de gens qui ne connaissent que par ouï-dire sa philosophie, mais parce que ses efforts ont consisté à lui interdire l'accès de la raison qu'elle menace toujours d'envahir, et à la vaincre en la mettant à sa place.

Le premier d'entre les mortels, Kant traça d'une main ferme la ligne de démarcation entre ce que notre raison est capable et ce qu'elle n'est pas capable de connaître ; c'était expliquer ce que c'est que la métaphysique. Alfred Fouillée l'a définie : « L'étude critique des problèmes que se pose l'esprit par une nécessité de sa nature, quoiqu'une autre nécessité de sa nature le rende incapable de les résoudre, voilà l'objet de la métaphysique. »

Cette définition est excellente, mais, pour les personnes qui n'ont fait aucune étude préparatoire en philosophie, elle équivaudra probablement à cette déclaration : Si l'esprit se pose nécessairement certaines questions qu'il lui est impossible de résoudre, il s'ensuit que l'esprit se contredit nécessairement. — Il paraît donc que la définition très succincte de Fouillée a elle-même besoin d'être commentée.

Noiré, en détaillant davantage, est un peu plus précis : « On ne s'explique la métaphysique qu'à la condition de comprendre la nature de notre pouvoir de connaître en tant que, d'une part, il se manifeste activement dans l'expérience, et que, d'autre part, il possède, antérieurement à toute expérience, à toute observation, certaines notions sans lesquelles aucune impression sur l'esprit humain ne serait possible, ni même concevable. » Cette explication de Noiré sera, j'en ai peur, également perdue pour les non-initiés.

L'explication de Schopenhauer est non moins exacte, et plus concise que les deux précédentes : « Le sol sur lequel reposent toutes nos connaissances, toutes nos sciences, est l'incompréhensible. » Je pense que les non-initiés n'y comprendront rien non plus.

Ce ne serait pas étonnant ; les philosophes parlent une langue qui leur est propre, et, pour la comprendre, il faut l'avoir apprise, ce qui, du reste, est le cas pour toutes les langues.

Kant développe cette même thèse plus simplement, et, je crois, plus clairement : « Tant que l'intelligence humaine, dit-il, se meut dans la sphère des sens et de l'expérience, elle est en sûreté ; cette sphère est très vaste ; on y apprend à connaître tous les phénomènes qui s'encadrent dans l'espace et dans le temps, c'est-à-dire tout ce qui appartient au monde phénoménal où nous vivons. Mais si l'intelligence s'insurge contre le geôlier qui la retient captive dans ce cercle magique, brise ses liens et s'aventure dans la région des idées pures, elle s'y égare. »

Et Kant raconte cette anecdote : « Une certaine colombe, qui prenait un plaisir extrême à déployer ses ailes, s'affligeait de ce que ce plaisir fût de si courte durée ; l'innocente ignorait que sa conformation s'opposait à ce qu'elle pût voltiger à la manière des hirondelles ; et ne devinant pas la véritable cause de son infériorité, elle en accusait le fluide éthéré dont elle sentait la force de résistance, et elle pensait : comme je volerais mieux dans le vide ! » La colombe se trompait.

L'éternel mérite de Kant sera d'avoir trouvé l'objet de la métaphysique non seulement dans les formes de notre entendement, sans lesquelles, comme dit Noiré, aucune impression sur l'esprit humain ne serait possible, ni même concevable, mais surtout dans le pouvoir, inhérent à sa nature, de résister et de céder aux impressions; c'est ce pouvoir, selon Kant, qui constitue véritablement le côté transcendantal de la connaissance.

Les philosophes empiriques s'irritent de voir Kant reconnaître la présence dans l'homme d'un principe transcendantal; ils accusent les spiritualistes de chercher à élever l'esprit humain au-dessus de son niveau naturel, avec le secret désir de s'ouvrir une issue par laquelle des connaissances d'un autre ordre, d'un caractère mystérieux et sanctionnées par une autorité supra-humaine, s'y infiltreraient. Nulle part Kant ne favorise cette pensée; il fait tout le contraire, car partout il insiste sur ce que ces premières données, antérieures à l'expérience, n'ont d'autorité que lorsqu'elles ont pu y avoir été soumises plus tard, et que, par conséquent, user de la catégorie de causalité pour prouver l'existence de Dieu serait une erreur philosophique.

Bien des problèmes se simplifieraient si nous connaissions les pensées que les créateurs de certains mots ont voulu y incorporer. Le mot grec *Oïda*, — je sais, signifiait originairement: *j'ai vu — donc, je sais*. Dans tout procès judiciaire, le témoin qui dit : « J'ai vu ! » ne saurait rien dire de plus convaincant. Mais dire : « J'ai vu », là où il s'agit de facultés, de principes, de causes, serait un solécisme; dire en parlant de Dieu: « J'ai vu », serait une absurdité.

Chacune des définitions très abstraites de la métaphysique données par Alfred Fouillée, par Noiré et par Schopenhauer, contient l'idée maîtresse du système; présentée dans un langage plus familier, elle sera à la portée de tous; notre entendement est aveugle pour tout ce que l'intuition sensible ne lui fait pas connaître; cela n'est pas de sa faute, car il est fait ainsi. Si nous pouvons désirer, même pressentir quelque chose par delà notre vie actuelle, rien ne nous autorise à en affirmer la réalité ; ainsi Dieu et le sort de notre âme après la mort du corps, ne revêtant jamais la forme de phénomènes, nous demeurent inconnus.

Tout ce que j'ai dit sur ce qui distingue les connaissances acquises par les sens de celles qui sont antérieures à toute expérience (Kant a été le premier à faire cette distinction) pourra sembler extrêmement simple aux esprits distraits qui ne s'étonnent de rien, et extrêmement compliqué et confus aux esprits tant soit peu attentifs, et parfaitement inutile pour nous autres. Il y aura du vrai dans chacune de ces appréciations hâtives et superficielles ; mais la vérité entière est que tout cela est très scientifique, scientifique au point qu'il a fallu un Kant pour que des esprits décidément réfléchis puissent s'en rendre compte.

Ce fut à l'aide de cette profonde science que Kant rompit les rangs serrés de ses adversaires. Se trouvant en présence de deux opinions philosophiques qu'il jugea l'une et l'autre erronées, il montra aux matérialistes comme Condillac, Hume et Locke, qu'il est quelque chose au dedans de nous qui n'aurait jamais pu nous venir du dehors, qui appartient donc à notre propre moi, c'est-à-dire au sujet pensant et non à l'objet pensé ou la matière ; il montra aux idéalistes de la trempe de Berkeley qu'il y a quelque chose en dehors de nous que nous n'aurions jamais pu trouver en nous-mêmes ; et lorsqu'il eut prouvé que l'intelligence et la matière sont corrélatives, qu'elles existent l'une pour l'autre, dépendent l'une de l'autre, forment ensemble un tout que la philosophie n'aurait jamais dû diviser, deux courants d'idées jusque-là séparés se réunirent pour la première fois.

L'existence du monde phénoménal étant constatée par l'irréfragable témoignage des sens, la raison en admet du même coup, et comme une conséquence nécessaire, un autre, qui ne paraîtrait pas seulement, mais qui *serait*, qui serait, bien entendu, comme est le son indépendamment de notre ouïe, et comme tout objet matériel indépendamment de notre vue ; car si Kant affirme notre totale incapacité de connaître les choses *en soi*, il ne nie pas pour cela leur existence, puisqu'il a dit : « Nous devons être capables, sinon de les connaître telles qu'elles sont en soi, du moins d'en avoir conscience comme telles; autrement, nous arriverions logiquement à cette conclusion irrationnelle qu'il peut y avoir des apparences sans objets qui apparaîtraient. »

Kant entreprit de faire des idées universelles, nécessaires, de l'esprit humain une science certaine, comme la logique et la mathématique qui sont des objets de la connaissance humaine; il écrivit, dans ce but, le livre de la *Critique de la Raison pure*. Puis, il composa un autre ouvrage, la *Critique de la Raison pratique*. La raison pratique est aussi appelée pure, en tant qu'elle ne se laisse influencer par rien de ce qu'elle ne porte pas en soi-même ; et la raison devient pratique quand elle cherche un principe absolu qui détermine la volonté. Ce principe, Kant le formule ainsi : « Toi, individu, agis selon une maxime que tu puisses regarder comme étant une loi universelle imposée à tous les êtres humains ».

Cette loi, que l'homme trouve dans sa conscience, ne s'arrête pas à moitié du chemin dans ce qu'elle exige de lui, car elle est parfaite ; elle commande d'aimer son prochain et de faire du bien même à son ennemi. Aimer et faire le bien par suite d'un penchant naturel se fait de soi-même, sans commandement ; mais autrement, il faut qu'une loi s'impose à la volonté; l'être qui s'y soumet se reconnaît nécessairement libre, puisqu'il est libre de l'enfreindre comme de lui obéir ; l'obéissance à la loi morale constitue le devoir, qui doit être accompli parce qu'il est le devoir, et abstraction faite de toute satisfaction qu'on éprouverait à le faire.

Il dépend de l'homme d'être moral et de faire son devoir, mais non d'être heureux ; et il a besoin du bonheur. L'union de la vertu et du bonheur étant le Bien souverain, il faut admettre l'existence d'une cause en dehors de nous, douée d'intelligence et de volonté, qui rende cette union possible ; cette cause porte parmi nous le nom de Dieu. Le Bien parfait, c'est la sainteté ; notre vie est trop courte pour que nous puissions y atteindre ; il est donc de toute nécessité que notre vie se prolonge au delà des années que nous passons en ce monde ; ainsi est assurée la survivance de l'âme après ce que nous appelons la mort.

C'est là ce que dit Kant dans son livre de la raison pratique.

Maintenant, je me permettrai de parler moi-même, et d'émettre mon opinion. J'entends le positivisme dire : « Oui, ce résultat pourrait être considéré comme assuré, si tout ce qui a été dit précédemment était vrai ; mais conclure du besoin d'être heureux qu'un pouvoir supra-humain ne manquera pas de le satisfaire, ce peut bien être une hallucination, et en tout cas, ce ne serait qu'une hypothèse ». Soit ; mais ne faisons pas fi de l'hypothèse ; dans le domaine des connaissances humaines, la raison ne serait pas la raison, si elle se confiait au hasard pour faire des découvertes scientifiques ; son chemin naturel, quand elle sort du connu et entre dans l'inconnu, c'est-à-dire des ténèbres pour arriver à la lumière, part toujours du possible, donc de l'hypothèse.

Et il y a encore ce fait à noter : certains de nos actes d'entre les plus importants ne sont point déterminés par la raison ; elle nous regarde seulement agir ; par exemple, la raison n'agit pas en nous alors que nous percevons les objets, et les intuitions nous viennent sans l'intervention de la raison.

C'est ce que comprenaient bien certains hommes qui paraissaient de temps à autre dans la foule, porteurs de messages qu'ils disaient avoir reçus de loin. C'étaient d'étranges messages ; ils parlaient de choses que « jamais l'œil n'avait vues, ni l'oreille entendues », et la foule avait peine à y croire ; mais chaque messager répétait toujours : « Je ne peux pas vous prouver que ce que je vous annonce est vrai ; mais faites ce que je vous dis, et alors vous saurez si j'ai dit la vérité ».

Il ne me reste que peu de mots à ajouter au sujet de Kant ; il y a une lacune grave dans le système de cet esprit si profond.

Rien n'a tant enrayé les progrès de la grande conception de Darwin que les efforts de ses prétendus disciples pour la perfectionner. Au lieu de s'occuper à corriger le chef de leur école, ils auraient dû commencer par bien peser les puissants arguments de Kant contre le matérialisme de ses adversaires, et essayer de les réfuter ; s'ils avaient réussi à prouver que Kant se trompe en admettant dans l'homme un principe distinct du corps, ils eussent été autorisés à remplacer la théorie de Darwin par la leur ; s'ils n'y avaient pas réussi, Darwin avec son système serait resté debout, mais eux-mêmes, les correcteurs, n'existeraient plus.

Max Müller examine la question d'un autre côté. Comme on ne sait rien, excepté par analogie, de l'intelligence des bêtes, on n'aurait pu, au temps de Kant et à l'aide des armes si habilement maniées par ce philosophe, tenir tête à la supposition qu'elles pourraient être pourvues des mêmes formes d'intuition sensibles et avoir les mêmes catégories de l'entendement que possèdent les hommes ; ainsi, à un point de vue purement philosophique, on n'aurait rien eu à opposer à la présomption que l'homme est une simple variété de quelque autre genre de bêtes. Mais l'origine du langage étant pour Kant moins qu'une question secondaire, — on peut presque dire qu'elle n'existe pas pour lui, — c'est à la science du langage à montrer ce qu'il ignorait : que toute connaissance doit passer non seulement par les phases de la perception et de la conception, mais encore de l'appellation. Comment Kant n'y a-t-il pas songé, quand il aperçut de l'arithmétique dans les formes de la sensibilité, le temps ou la durée, et l'espace ? Il avait bien dit : Chaque chose à laquelle on pense se rattache forcément à un objet qu'on se représente dans le temps et dans l'espace, ce qui ne se peut faire que par l'indication immédiate d'*A-présent* et d'*Alors*, d'*Ici* et de *Là* ; et il vit dans cet échelonnement graduel des perceptions les premiers pas dans l'acte de compter, c'est-à-dire de raisonner, et par conséquent de parler, tout cela compris par les Grecs sous le nom de logos. Je précise : le mot *cent* existe dans toutes les langues ; mais cent en français, ce n'est que quatre lettres rangées à la suite l'une de l'autre et ne serait jamais rien de plus pour nous si nous ne comptions pas ; mais compter, c'est ajouter et enlever, c'est-à-dire additionner et soustraire, donc concevoir et nommer ; pour posséder une *centaine* d'objets, il ne suffit pas de les voir, il faut nécessairement avoir compté et nommé *cent*.

Les deux ouvrages de Kant, la *Critique de la Raison pure* et la *Critique de la Raison pratique*, semblent sortir de deux plumes différentes ; dans le premier, l'auteur prouve tout. Le second ouvrage est dicté par une expérience morale personnelle ; Kant affirme seulement qu'il en est ainsi et ne peut être autrement. Mais ici encore, j'aperçois une lacune, sinon au point de vue des croyants, à celui du moins des gens qui se demandent ce que pouvait être la religion chez nos premiers ancêtres, car l'expérience personnelle ne s'exprime comme le fait Kant que si elle est le résultat d'une longue série de méditations et d'examens de conscience, en un mot, d'expériences transmises de générations en générations. C'est déjà le sentiment religieux mûr ; jamais sous cette forme la religion n'aurait pu se répandre parmi les hommes, et, bien moins encore, naître dans le cœur des premiers hommes.

Mais voici deux philosophes qui se sont promis de résoudre le grand problème ; ils déclarent la raison prête à répondre à ceux qui veulent savoir ce que c'est que Dieu et la religion, deux concepts inséparables l'un de l'autre, et même à expliquer comment ces deux concepts ont pénétré dans la conscience de tout le genre humain. Ces philosophes-là parlent sans doute par expérience, car, ayant interrogé leur raison, celle-ci a répondu : Dieu et la religion sont une seule chimère.

Première explication : l'homme est conscient de son état ; il est possédé du désir d'être heureux, et ne peut le réaliser ; mais son imagination lui représente un autre état où le désir du bonheur existerait, et où rien n'empêcherait qu'il se réalisât ; le premier de ces états est réel, et l'autre est imaginaire ; ils ne sont donc pas identiques ; vouloir et ne pas pouvoir, c'est être homme ; mais vouloir et pouvoir, c'est être Dieu. Peu à peu, l'homme arrive à comprendre que les deux états, ayant été conçus par le même esprit, ont une même origine ; cette perception devient chez lui une idée fixe ; il lui semble que les deux états se rapprochent de plus en plus l'un de l'autre, et à la fin ils se confondent : l'essence divine étant l'unité du désir et du pouvoir, la conscience croissante de cette unité, c'est la religion qui naît et grandit dans l'homme.

L'homme ne désire pas l'immortalité parce qu'il y croit, ni même parce qu'il la démontre ; mais il y croit et la démontre parce qu'il la désire. La sentence : Dieu voit tout, ne signifie pas ce qu'elle paraît signifier, mais bien : Dieu sait tout ce que l'homme ignore, mais veut savoir ; et la sentence : Dieu est Bonté, c'est le cri de l'homme qui veut être heureux. Tous les prédicats appliqués par nous à la divinité dans le cours de l'histoire de l'humanité n'ont jamais eu d'autre origine que la représentation de ce que nous souhaitons.

Mais le combat intérieur qui a été long, sans trêve, douloureux, a presque épuisé les forces de l'homme ; et quand l'abattement commence à enrayer et menace même de paralyser ses élans vers le bonheur, l'instinct de sa propre conservation se remet de lui-même à fonctionner dans le sens religieux ; et comme cet instinct et l'incapacité de le satisfaire sont inséparables l'un de l'autre dans la nature humaine, la foi religieuse se renouvelle continuellement dans chaque individu, et par conséquent dans la masse.

Dieu, et la religion, trait d'union entre nous et Dieu, sont, ou plutôt est notre propre création. Ce système, dont le philosophe Feuerbach fut l'initiateur, a fait école.

Seconde explication : celle d'un des plus savants interprètes de l'école positiviste extrême en Allemagne ; représenter la religion sous un jour plus noir, est, je crois, impossible. Le docteur Gruppe a remarqué deux sortes d'instincts propres à l'humanité : c'est d'abord l'instinct commun à tous les êtres organisés, qui sert directement à la conservation de l'individu et par là à celle de l'espèce ; il est primaire et agit du dedans au dehors ; et le second instinct appartient aux organismes qui n'ont de vitalité que collectivement ; celui-ci est secondaire, car il agit du dehors au dedans. L'homme, par instinct, tend à posséder la plus grande somme possible de jouissance ; et il veut être heureux, non à la manière des bêtes, mais à sa propre manière, qui est autre que celle des bêtes.

Nous appelons du nom de religion, dit le savant docteur, cette croyance en quelque chose d'indéfinissable, être ou état, que nous tâchons d'introduire et de fixer dans notre sphère à l'aide de certains exercices spirituels, comme la prière, le sacrifice et la pénitence.

Sans une impulsion quelconque, fût-elle légère, cette chose indéfinissable n'aurait pas paru dans le monde. Un choc accidentel, une combinaison fortuite entre un cerveau détraqué et une personnalité douée d'une certaine dose d'énergie, aura pu suffire pour faire d'un seul individu le père d'une idée parfaitement contraire à ce que l'homme a de meilleur, le sens commun, et le premier moteur d'un mouvement qui devait trouver dans le milieu où il prit naissance toutes les facilités de se perpétuer indéfiniment. Il n'importe, du reste, que ce phénomène mental se soit produit dans un individu ou dans deux : le chiffre ne fait rien à l'affaire. Si cette maladie qui s'appelle l'hallucination était restée circonscrite dans la sphère étroite d'un seul ou de peu d'individus, un effort personnel, intelligent, eût peut-être pu la maîtriser ; mais, devenue contagieuse et répandue dans la foule, la vaincre était impossible. Les lois naturelles de la raison une fois violées, la perturbation de l'esprit créa une succession d'arguments sophistiques qui semblèrent satisfaire directement le désir du bonheur indélébile dans l'humanité ; une opposition incroyablement tenace du côté de l'erreur dut prendre et prit des proportions menaçantes. Si de croire que le soleil, au lieu de disparaître le soir derrière l'horizon, continue à luire la nuit avait pu élever d'un degré la félicité des humains, ils seraient arrivés, lentement, mais sûrement, à n'en pas douter.

L'homme qui s'isole de ses semblables et se renferme en lui-même est particulièrement apte à se forger artificiellement des représentations mentales qui lui donnent de la joie ; si donc la joie est indispensable à l'existence de l'homme, la religion qui la donne, ou qui peut en donner l'illusion, lui fait oublier le monde réel pour un monde imaginaire peuplé de brillants fantômes. Mais l'homme isolé est un phénomène rare, et nous ne jugeons bien que des hommes vivant dans le milieu social dont la communauté d'idées et de sentiments a fait, depuis des milliers de siècles, un tout homogène ; chacun y peut trouver des moyens de développer ses facultés personnelles, et de renforcer son pouvoir de résistance dans la lutte de chacun et de tous contre tous, et le bien qui est illusoire chez l'homme solitaire devient un bien positif pour le membre d'une société.

La religion cesserait probablement d'exister, si l'inégalité des conditions, et les douleurs qu'elle traîne à sa suite, venait à disparaître ; mais jusque-là, l'action de la religion dans la société est précieuse. Elle prêche aux pauvres de ne pas convoiter des trésors que la rouille détruit ; elle fait miroiter à leurs yeux l'image des compensations futures, et les heureux d'ici-bas y gagnent de pouvoir jouir avec plus de sécurité de leurs biens temporels ; la religion bâtit pour les malheureux des châteaux en Espagne et monte la garde devant les palais des riches ; en médecin habile, elle prescrit la morphine aux incurables et une nourriture fortifiante aux gens robustes qui ont de quoi la payer ; elle prêche la charité aux miséricordieux et la persécution aux fanatiques ; tantôt elle encourage les arts et la science, tantôt elle insinue à ses adeptes de ne pas trop aimer le beau dans l'art et de ne pas trop rechercher la vérité dans la science. Mais tout ce que la religion produit de beau ou de laid a peu d'importance à côté des grands services qu'elle rend à la société ; elle est le soutien de la loi civile et de la morale, et, en allumant le flambeau de l'hyménée, elle sanctifie la famille.

Sans attribuer aux fondateurs des diverses religions en vigueur parmi nous des mobiles égoïstes dans l'acception vulgaire de ce mot, Gruppe ne voit en eux tous que des égoïstes inconscients ; s'ils avaient été de calmes psychologues, ce que les prophètes sincères ne sont jamais, ils auraient senti en eux-mêmes l'attrait de la gloire ; mais alors, ils ne seraient pas restés fidèles jusqu'à la mort, et le pouvoir de communiquer cette force à leurs adhérents leur eût manqué. Gruppe distingue très finement l'action réflexe de notre désir d'être heureux, qui n'est autre que l'instinct de notre propre conservation, du mobile qui détermine quelques enthousiastes à fonder de nouvelles religions : ce sont là deux choses tout à fait différentes, quoiqu'elles agissent toujours de concert ; le besoin du bonheur, universel et permanent, prépare le sol où l'enthousiasme individuel fait à son heure des irruptions ; les religions tendent à conquérir le ciel ; elles manquent le but, mais elles héritent de la terre.

La lutte entre le positivisme à outrance et l'idéalisme vrai est un spectacle où les âmes sérieuses se retrempent. Évidemment impressionné par l'exposition de la doctrine spiritualiste, le savant docteur la résume ainsi : « La première perception de l'infini, de l'ordre et de la loi dans la nature, communiqua d'abord à l'esprit humain une simple impulsion ; mais cette force, une fois en mouvement, ne se ralentit pas avant d'avoir provoqué dans nos premiers ancêtres la conviction que tout est juste et bon, et l'espoir aussi — même plus que l'espoir — que tout sera juste et bon. Tel est le célèbre système de Max Müller. Ce n'est pas seulement la valeur personnelle de l'auteur qui nous oblige à le prendre en considération ; c'est encore le fait que ce système est l'explication la plus rationnelle en même temps que la plus éloquente expression d'une idée développée par d'autres écrivains dans de remarquables travaux sur l'histoire de la religion. La position où s'est placé Max Müller à son point de départ est pour nous, positivistes, inexpugnable. »

Cette appréciation, frappante dans la bouche d'un des plus forts adversaires de Max Müller, je l'ai citée textuellement.

Gruppe n'est pas uniquement un philosophe positiviste ; il est de plus bon indianiste, et savant mythologue ; il eût mieux fait de se borner à cultiver un champ qu'il connaît bien. Mais, comme il admet qu'à côté du penser rationnel il y a dans l'homme le penser psychologique et spontané, il ne peut refuser à l'âme humaine le droit de dire ce qu'elle pense. Or, il existe des documents littéraires qui nous renseignent sur ce que l'âme humaine a pensé de tout temps et en tous lieux, et nous jugeons que ses sentiments n'ont jamais varié.

On dit qu'une croyance à peu près générale en un fait quelconque n'est pas une preuve de la réalité de ce fait, et que, par conséquent, l'idée de choses supra-sensibles peut n'être basée sur aucun fait réel; l'observation est juste. J'y répondrai par une question : Pourrait-on démontrer que cette croyance à des choses indémontrables est non seulement universelle, mais de plus inévitable ? Si cela était possible, ce serait déjà beaucoup. Il nous suffit bien, pour tous nos calculs géométriques, de savoir qu'il n'existe, en ce monde du moins, que trois dimensions, et que la ligne droite d'un point à un autre est la plus courte, et que deux lignes parallèles ne peuvent jamais se rencontrer ; il devrait suffire de savoir qu'en ce monde du moins, la croyance, soit rationnelle, soit illusoire, en plusieurs divinités ou en une seule divinité est inévitable pour des créatures humaines constituées comme nous le sommes.

Nos premiers pères se représentaient probablement un grand espace commençant au delà de tout ce qu'ils voyaient, et nous savons comment leur imagination le peupla d'images très troubles de toute espèce de choses cachées derrière ou dans les phénomènes visibles.

Ces écarts de la pensée, qui devaient durer un temps, des milliers de siècles sans doute, se cristallisèrent peu à peu dans les mythologies de tous les peuples ; et ce sont ces mythologies qui nous introduisent dans cette époque initiale de la vie de l'humanité, et qui conservent, parmi mille extravagances de la fantaisie fourvoyée par le langage, les traces de cette vérité éternelle qui, dès le début, guida ses premiers pas. Il y a une philosophie pétrifiée dans les mythologies.

Depuis que, sous une forme ou sous une autre, l'histoire et la légende mentionnent le sentiment qu'on appelle la religion, ce sentiment même, diversement interprété, changeait d'aspect de siècle en siècle, et d'un pays à l'autre ; tant que nous n'en aurons pas remonté le cours jusqu'à son origine, la question de décider de quelle manière le concept de Dieu est né dans l'esprit humain demeurera intacte devant nous.

Nous prenons l'homme récemment apparu sur la terre, et n'ayant pour tout avoir que ses cinq sens qui le mirent en contact avec le monde extérieur. Sur les cinq, trois sont les plus sûrs : le toucher, l'odorat et le goût ; au point de vue de l'évolution, le toucher est le plus large fondement de l'édifice humain qui devait s'élever plus tard ; il réside principalement dans la main et a produit le terme de *manifeste ;* en dehors de ce qui pour nous est manifeste, ce que nous appelons la certitude n'existe pas. Les deux autres sens, la vue et l'ouïe, sont moins sûrs, et leurs informations ont souvent besoin d'être contrôlées par les trois premiers.

Les objets dont nous obtenons la connaissance au moyen de nos sens peuvent se distinguer en tangibles, semi-tangibles et intangibles. Les premiers sont, par exemple, une pierre, un os, un coquillage, un fruit, une peau d'animal, parce que, en les palpant de tous les côtés, il nous est facile d'en constater la réalité. Les seconds, les semi-tangibles, seront, par exemple, une rivière, une montagne, la terre, un arbre. Nous sommes au bord d'une rivière et nous trempons notre main dans le petit volume d'eau qui passe un instant devant nous ; nous pouvons aussi toucher du doigt le sol où posent nos pieds, ainsi que le tronc d'arbre sous lequel il nous arrive de nous asseoir ; mais ce n'est toujours que d'une insignifiante partie de ces objets que nous constatons la réalité en les touchant, et toutes les autres parties nous demeurent inconnues ; car la rivière est une grande masse d'eau qui jaillit d'une source que nous n'avons probablement jamais vue et se jette dans un endroit que nous ne verrons peut-être jamais ; on nous dit que la terre a forme de globe, et que ce globe est suspendu dans l'air, ce qu'il nous est impossible de vérifier ; l'arbre, quoique si petit en comparaison d'une rivière et de la terre, nous ne le connaissons que sous peu d'aspects ; d'où viennent les bourgeons, puis les feuilles et ce suc qui monte dans les branches chaque printemps ? Nous disons d'une poutre que c'est du bois mort, mais nous disons aussi que l'arbre croît et vit ; qu'est-ce que la vie de l'arbre ? Ici, nous sommes en présence de l'inconnu ; ce sont là autant d'objets semi-tangibles. Quant au ciel, aux astres, aux nuages, aux vents, le sens du toucher n'a rien à faire là ; ce sont des objets absolument intangibles, que nous voyons et sentons sans pouvoir les connaître par une opération naturelle ; la preuve en est qu'il nous faut des années de travail pour apprendre l'astronomie et la météorologie.

Voilà donc notre homme primitif pourvu de ses cinq sens, en présence de tous ces phénomènes naturels, et le problème à résoudre est celui-ci : Comment cet homme est-il arrivé à penser et à parler de choses qui ne sont pas finies, les choses finies étant les seules dont les sens soient capables d'avoir connaissance ?

« J'ai devant moi, dit Max Müller, une école de philosophie adverse qui me prévient qu'elle n'acceptera rien de ce que je dirai, si je ne me soumets aux conditions qu'elle m'impose. Cette école me dit : « Vous prétendez prouver que l'homme « peut connaître que Dieu existe ; et nous, nous affirmons que « le grand triomphe de notre siècle est d'avoir constaté que la « religion est une illusion. Toute connaissance doit passer par « deux portes : la porte des sens et la porte de la raison ; par « conséquent, la connaissance de la religion, pour être vraiment « connaissance, doit trouver fermée toute autre porte. » C'est ainsi que le positivisme nous barre la seule issue restée ouverte après Kant, qui appuyait sur l'absolue nécessité de la morale, laquelle à son tour présuppose l'existence de Dieu. Le positivisme refuse d'entendre une explication psychologique et historique d'un des plus grands faits psychologiques et historiques, celui de la religion : il se bouche les oreilles quand nous lui récitons notre *credo* : *Nihil est in fide quod non ante fuerit in sensu*. Il n'est rien dans la foi qui n'ait été dans le sens ; mais nous ne nous rebutons pas devant ce qu'il y a d'absurde dans l'acte de fermer les yeux pour ne pas voir les faits ; nous acceptons la lutte sur le terrain où nous appelle le positivisme et sommes prêts à ne faire usage que des armes qu'il choisit. Mesurons d'abord le terrain. De part et d'autre on est d'accord que toute connaissance sensible commence par les perceptions des sens, c'est-à-dire par ce que nous touchons, entendons et voyons ; on est aussi d'accord que ces matériaux nous permettent d'obtenir la connaissance rationnelle qui consiste en concepts collectifs et en concepts abstraits. Quant aux conditions du combat, elles sont fixées ; nous sommes debout devant les deux portes des sens et de la raison ; tout ce qui prétendra entrer par une troisième porte quelconque, soit qu'on l'appelle révélation surnaturelle ou idée innée, sera rejeté comme article de contrebande ; et tout ce qui se présentera à la porte de la raison sans avoir d'abord franchi la porte des sens, sera également repoussé, comme n'étant pas muni d'un passeport en règle. »

X

LES HYMNES VÉDIQUES

Nous avons pu constater que les premières paroles prononcées par les plus anciens membres de la famille aryenne se relient par un fil continu à celles dont nous faisons usage aujourd'hui dans toutes nos langues, tant vivantes que mortes; notre famille ne ferait pas partie de la race humaine tout entière, si cette continuité de la pensée n'existait pas également dans la constitution mentale de toutes les autres familles; seulement, comme aucune d'elles ne possède au même degré que la nôtre des archives assez vastes pour contenir la suite du discours humain, tandis que le Véda nous la fournit, c'est là le texte que Max Müller déchiffre dans tous ses ouvrages. Et c'est justement parce qu'il n'y eut jamais de solution de continuité dans la pensée humaine, que la seule méthode capable de nous rapprocher des premiers Aryens est la méthode historique ; notre travail consistera à rassembler tous les vestiges de ce long pèlerinage entrepris par nos pères, pèlerinage auquel nous nous associons et qu'auront à poursuivre ceux qui viendront après nous.

Entre l'aube de la pensée religieuse dans l'homme et le premier hymne de louange du Rig-Véda, composé dans le mètre le plus parfait et dans la langue la plus polie, il doit y avoir eu un abîme de temps dont on ne pourrait supputer la durée que par des milliers d'années. L'exode et la séparation des tribus aryennes appartenant à une époque préhistorique, donc en dehors de toute chronologie, et les hymnes védiques, œuvre de plusieurs siècles, ayant été complétés et réunis quelques centaines d'années avant notre ère, donc à une époque relativement récente, ce qui constitue pour nous la haute antiquité du Rig-Véda, c'est que les poètes hindous, les rishis, y ont consigné des pensées et des mots dont les racines avaient poussé sur le sol primitif aryen avant la dispersion des Aryas.

Cette période de la vie de l'humanité dans laquelle les hymnes nous font pénétrer est la plus reculée dont il ait jamais été parlé. Les rishis y chantent en sanscrit des pensées qui naissaient au fond des âmes bien avant l'éveil en la conscience des peuples de ce concept auquel le nom de Dieu unique pût être appliqué, et bien avant que ces peuples eussent imaginé les choses qu'ils nommèrent des dieux, avant l'apparition des mythes et des fables mythologiques, et avant qu'une langue sanscrite existât.

Les tribus aryennes n'étaient pas encore sorties de leur berceau commun, que la langue, quelle qu'elle fût, des Aryas possédait la racine *dyu* et *div*, deux mots connexes signifiant *briller*. Le Véda nous apprend que, pour ce peuple, brillants étaient le ciel, l'aurore, les astres, et bien d'autres choses encore, comme les rivières, le printemps, les prairies, les yeux de l'homme, tout ce qui peut nous faire à nous-mêmes l'effet d'être souriant, florissant et réjouissant à la vue; et de cette racine, le mot *déva* s'était déjà formé. Ni le grec, ni le latin, ni aucune langue vivante n'ont d'expression qui puisse rendre le sens du mot déva ; les dictionnaires grecs le traduisent par θεός, de même que nous traduisons θεός par Dieu ; mais si, le dictionnaire en main, nous mettions dieu ou divin à la place de déva dans certains passages des hymnes où ce mot se rencontre, nous ferions parfois un anachronisme d'un millier d'années peut-être. Au temps des premiers aryens, les dieux, au sens moderne de ce mot, n'existaient pas encore ; c'est tout au plus s'ils en étaient à lutter pour naître ; il était donc impossible aux hommes d'alors de les entrevoir même dans leurs rêves. Quant à nous, le mot déva changeant constamment de signification, non seulement dans les plus anciennes poésies brahmaniques, mais aussi dans les œuvres postérieures, le seul moyen de nous en faire une idée approximative eût été d'écrire toute sa biographie, depuis son étymologie jusqu'à sa dernière définition ; mais je ne juge pas nécessaire d'entreprendre ce travail philologique, et je me contenterai d'appuyer sur ce qu'à l'origine déva exprimait une qualité commune à beaucoup de phénomènes naturels, celle de la lumière, et que, par conséquent, déva était un terme général.

Il n'y avait encore là qu'une impression que l'homme recevait passivement, comme les bêtes reçoivent les leurs, mais sa nature ne lui permit pas d'en rester là ; tous les phénomènes qui l'entouraient étaient animés ; les plus merveilleux, d'un éclat particulièrement intense, se mouvaient dans les régions supérieures du firmament ; au milieu du mouvement général, l'esprit de l'homme ne pouvait rester inactif, et fatalement, la pensée et la parole, c'est-à-dire la raison, revendiquèrent leurs droits à l'action ; des noms furent donnés à toutes choses. La racine aryenne *svar* ou *sval*, qui voulait dire rayonner, étinceler et réchauffer en même temps, produisit un substantif sanscrit signifiant tantôt soleil, tantôt ciel.

Les poètes hindous, auteurs des hymnes, donnèrent au soleil divers noms correspondant à la tâche qu'il accomplit ; et chacun de ces noms dérivait du trait le plus saillant de la tâche même. A son lever, le soleil est Mitra, l'ami ; quand il avance et répand la vie sur son passage, il est Savitar, celui qui enfante, qui amène le jour ; quand il assemble les nuées et verse l'eau sur la terre, il est Indra, de *ind-u*, goutte ; et il reste Indra quand ses rayons dardent au zénith dans toute leur splendeur, car aucune herbe ne germe sans l'action combinée de la lumière et de l'humidité ; le soleil est Vishnu quand il fait ses trois pas sur la voûte céleste, le matin, à midi et le soir ; il est Varuna, celui qui couvre, quand il s'enveloppe de nuages comme d'un linceul et que le ciel s'assombrit. Certains phénomènes descendaient de là-haut jusqu'aux hommes, comme la foudre, le vent, les orages ; les orages qui éclatent inopinément, qui renversent tout en passant, reçurent le nom de Maruts, mot issu de la racine *Mar*, et signifiant ceux qui frappent, qui assomment ; le tonnerre s'appela Rudra, celui qui hurle, le vent Vâyu, celui qui souffle.

Mais tous ces noms désignaient ce qui se voyait et ce qui s'entendait, et les choses invisibles restaient toujours innommées ; et comment les hommes auraient-ils pu nommer des choses dont ils ne savaient rien, si ce n'est qu'elles devaient être, eux qui n'imaginaient pas un nom avant d'avoir perçu dans un objet une qualité ? Ils essayaient donc de tous les noms qu'ils connaissaient déjà, et c'étaient tour à tour l'orage, le feu, le firmament, qui prêtaient leurs noms. La prière que fit Jacob luttant au milieu des ténèbres avec un grand Inconnu : « Dis-moi, je te prie, ton nom ! » dut être dans les premiers temps la question de tous les humains, mais formulée de mille manières diverses ; et comme, à l'origine, tout nom était imparfait, parce qu'il n'exprimait toujours qu'un côté de l'objet, chaque nom nouveau signalait un pas en avant, et tout nouvel échec essuyé par l'esprit dans ses recherches du nom vrai le stimulait à chercher ailleurs.

Une idée germe dans l'esprit des poètes, et ils lui donnent le nom de *Rita*. Ce nom n'a pas d'équivalent dans nos langues, et les traducteurs hésitent sur le sens que lui prêtaient les rishis ; pliante et souple, cette parole aura dû être propre à refléter les plus fines nuances de la pensée, et, dans nos efforts pour la comprendre, la conjecture joue un rôle d'autant plus considérable que nous sommes forcés de jeter les conceptions de ce temps-là dans des moules modernes, et cette opération ne se fait pas sans violence. Max Müller suppose, pour des raisons d'étymologie, que Rita désignait d'abord le mouvement régulier des corps célestes, le chemin qu'ils suivent quotidiennement depuis le point de départ jusqu'au point du retour ; et il traduit Rita par le droit chemin. Quand on se rappelle le grand nombre de sacrifices qui se réglaient sur le cours du soleil, à son lever, à midi, à son coucher, à la nouvelle et à la pleine lune, on comprend pourquoi le sacrifice lui-même s'appela avec le temps le chemin du Rita. Rita donne l'idée de tout ce qui est droit et bon, et son opposé, *Anrita*, de tout ce qui est tortueux et mauvais ; ainsi, les Hindous auraient pressenti l'existence en ce monde d'une loi universelle imposée également aux phénomènes physiques et à eux-mêmes, êtres conscients, puisque c'était elle qui fixait le moment des sacrifices à offrir aux puissances ; et cette intuition qui serait au fond de la vieille croyance des Aryens d'Asie nous importe infiniment plus que toutes les histoires de Savitar, de Mitra, de Rudra et d'Indra, racontées plus tard des dieux indiens. En vérité, c'est une bien grande chose que cette croyance en un Rita, en l'ordre qui se révèle dans la marche des astres, comme dans le nombre invariable des parties d'une fleur ; ce n'est plus le chaos, c'est le cosmos ; ce n'est pas le hasard, c'est un plan déterminé. Cette idée d'une loi fondamentale nous est devenue si familière qu'elle nous occupe maintenant moins que beaucoup de lois secondaires, et cependant, nos philosophes trouvent encore malaisé de se rendre exactement compte de l'idée de la loi ; elle aura donc été infiniment trouble, mais aussi infiniment précieuse aux anciens voyants qui allaient tâtonnant à la recherche d'un terrain ferme pour y poser le pied. Sans cesse les rishis montrent le jour et la nuit suivant le chemin du Rita ; et si les dieux ont la force de triompher des pouvoirs ténébreux, c'est qu'ils le suivent eux-mêmes ; et ils accordent à ceux qui le leur demandent la grâce de marcher dans le même chemin :

« O Indra, conduis-nous par le chemin du Rita — pour que nous puissions vaincre tous les maux ! » (*Rig.* X, 133, 6.)

Marcher régulièrement comme marchent les astres du firmament, suivre pas à pas le soleil qui jamais ne sort de son orbite, c'est là une idée qui doit être naturelle à l'humanité, puisqu'elle est également familière aux races primitives et aux esprits les plus raffinés. Cicéron disait de lui-même qu'il n'était pas né uniquement pour admirer l'ordre avec lequel se meuvent les corps célestes, mais aussi pour imiter cet ordre dans sa propre conduite ; le grand orateur, tout en ignorant l'existence des hymnes védiques, parlait exactement comme les rishis, et les Maoris ne s'inspirent ni de Cicéron, ni des poètes hindous, quand ils poussent leur cri énergique : « Attends, attends, soleil, nous irons avec toi ! »

Rien au commencement n'était, pour nos premiers pères, indifférent dans la nature ; tout ce qu'ils apercevaient était pour eux une continuelle surprise : quand on lit attentivement les hymnes védiques, il n'y a pas à s'y tromper. Une force irrésistible les poussait à découvrir ce qu'étaient toutes ces apparitions si frappantes par leur étrangeté et leur grandeur, et qui étaient ceux qu'ils appelaient les tonnants, les pleuvants, les éclairants, mais aucune voix ne répondait à leurs questions ; autour d'eux, silence absolu ; limite du connu se dressant devant eux. Alors une nouvelle espèce de perception s'imposa à eux, qu'ils le voulussent ou non, car il n'est pas de limite qui n'ait deux côtés, l'un tourné vers nous, l'autre vers l'au-delà ; ils ignoraient ce qu'était l'au-delà, mais ils ne doutèrent pas de son existence, car la vue des choses bornées les mettait en contact immédiat avec lui. Ils voulurent s'en rapprocher pour le voir de plus près, mais dans quelle direction marcher ?

Les sentiments qu'éveillaient dans nos ancêtres l'apparition du soleil et de ses avant-coureurs nous resteront à tout jamais inimaginables ; pour nous, le lever de cet astre est l'effet d'une loi physique et n'est pas plus extraordinaire que la naissance d'un enfant de plus dans la famille ; nous savons que l'aurore est un reflet des rayons solaires dans les vapeurs matinales ; nous avons même appris à calculer ce qu'elle peut durer dans différents climats ; mais l'assurance avec laquelle nous disons : « Le soleil se lèvera demain, après-demain, chaque jour », nos pères ne pouvaient pas l'avoir, et ce fut ce vaste domaine de l'inconnu derrière le connu qui donna dès les premiers temps à l'esprit humain l'impulsion à chercher ce qu'il peut y avoir au delà du monde sensible.

Comme rien ne semble aussi éloigné que ces deux points de l'horizon où apparaît et où s'éteint la lumière du jour, c'est là que les rishis s'en vont chercher une issue ouverte sur l'au-delà.

« Cette chose d'où sort le soleil, — cette chose où il disparaît, — cela est, je crois, la chose la plus ancienne du monde, — et nul ne peut aller plus loin. » (*Atharva.* X, 8, 16.)

Les poètes donnèrent à l'aurore le nom d'*Aditi*. Aditi dérive de *diti*, lier et lien, et de la négation *a*; ainsi, Aditi fut d'abord ce qui est sans lien, non enchaîné, non enfermé, sans limites. Bientôt, l'imagination les transportera au delà de l'Aurore même, dans laquelle ils ne verront plus que la face d'Aditi; donc Aditi elle-même est insaisissable pour les sens.

Et voilà qu'une pensée singulièrement hardie traverse l'esprit des rishis : à la vue du soleil suivant la ligne courbe qui unit les deux points opposés de l'horizon, ils se disent qu'arrivé au milieu de sa course, au plus haut des cieux, Indra doit voir en même temps « diti et Aditi » (*Rig.* I, 35, 2), l'ici-bas et l'au-delà, ce qui est impossible aux hommes.

Sans cesse à la poursuite de ce qu'il n'avait pas encore, l'homme s'était déjà rendu maître de deux idées : celle de la loi et celle de l'au-delà; et quoiqu'il ne comprît pas le sens absolu des mots de loi et d'infini, sur ces deux points son esprit était en repos. Ces deux biens, une fois acquis, ne devaient plus lui être enlevés; dans Aditi qui est sans limites, il y a place pour des choses sans fin et pour des réponses à toutes les questions; et Rita, l'ordre qui préside au mouvement des corps célestes, est en même temps un avertissement et une promesse. Une violente commotion de la nature venait-elle jeter l'effroi dans le cœur de l'homme, une pensée se présentait à lui : cela ne durera pas toujours!

« Le soleil et la lune se succèdent régulièrement, — afin que nous puissions, — O Indra, voir et croire ! » (*Rig.* I, 102, 2.)

Sans la crainte, il n'y aurait pas eu d'espoir; sans l'espoir, il n'y aurait pas eu de foi.

Çraddhâ, mot aryen prononcé avant la dispersion de la famille, est lettre pour lettre le latin *credo*. Si les Romains ont pu dire : *credidi*, c'est parce que les brahmanes disaient : *çraddadhau*. Si les Romains ont dit : *creditum*, c'est parce que les brahmanes disaient : *çraddhitam*. Le germe du sentiment de la foi existait donc dans les couches les plus reculées de la pensée et du langage, car, sans les premières lueurs de la foi dans l'âme, il n'y aurait pas eu de mot pour *croire*.

Comme les verbes auxiliaires manquaient au discours, il y avait une grande difficulté à dire d'une chose qu'elle est ou qu'elle n'est pas; mais la langue possédait la racine *as*, qui signifiait à l'origine respirer, et son dérivé le plus simple était *as-u*, le souffle. L'homme ayant reconnu dans tous les phénomènes naturels une activité très semblable à la sienne, ce qui lui faisait dire de la lune qu'elle arpente, de la rivière qu'elle court, du soleil qu'il se lève et qu'il se couche, chacun de ces objets avait donc un genre d'activité qui lui était propre. N'en avait-il pas un qui fût commun à tous? sans doute, car il se trouve chez tous les animaux et chez tous les hommes; l'acte le plus général de toutes les créatures vivantes étant de respirer, nos pères, pour dire qu'une chose est, disaient qu'elle respire.

L'homme détourne son regard de dessus ce qui l'environne et se replie sur lui-même ; il se sent être plus que toute autre partie de la nature, plus que la rivière et que la montagne, autre chose que le soleil et que tous les astres. C'est qu'il a découvert qu'il porte en son corps quelque chose qui n'est pas son corps ; qu'est-ce, et comment l'appeler ? Il voyait son père, sa mère, qui tantôt encore étaient exactement semblables à lui, tomber, se raidir, devenir immobiles et muets ; que s'était-il là passé ? qu'était-ce donc, ce qui les avait quittés ? En possession de la racine *as*, et de son dérivé *as-u*, il dit tout d'abord : c'est le souffle ; il put aussi prononcer le mot d'esprit, qui ne signifiait originairement rien d'autre que l'air absorbé par les poumons d'où il sort comme haleine. Rien ne forçait l'homme, même au plus fort de son ignorance, de croire que, parce qu'il voyait ses parents morts et leurs corps tombant en pourriture, il s'ensuivait que ce qui les avait animés jusque-là était entièrement annihilé. Cette idée peut entrer dans le cerveau d'un philosophe, mais l'homme simple et primitif, tout terrifié qu'il était à l'aspect de la mort, devait être enclin à supposer que ce qu'il avait connu et aimé, et appelé son père et sa mère, se trouvait quelque part, tout en n'étant pas dans ces corps. On n'avait pas vu le souffle pourrir : qu'était-il devenu ? Plusieurs réponses furent données en divers temps et en diverses contrées ; elles étaient toutes également naturelles, sans objection possible, mais sans preuve non plus. De toutes ces réponses, la meilleure se rencontre dans la mythologie grecque : le souffle est allé dans la maison de l'invisible, l'Hadès ; aucune philosophie, aucune religion depuis lors n'a rien dit de plus vrai.

Du fond de l'Orient, Aditi monte chaque matin et dresse devant les poètes l'image de ce monde dont ils ne cessent de solliciter l'entrée; ce sera là sans doute que les dieux demeurent. Aditi est leur mère, car c'est d'elle que sortent chaque jour Mitra, Vishnu, Savitar, Varuna; et quand l'idée pointe que les parents et les amis, étant morts une fois, n'auraient plus à mourir, les poètes se disent qu'ils sont allés rejoindre les dieux. Aditi est donc le mystère de la mort et de la vie, la solution de l'énigme de notre existence. Toute la théogonie et la philosophie primitive des Aryens se concentrent dans l'aurore. Les âmes qui participent à l'infini d'Aditi deviennent elles-mêmes un objet de culte pour leurs enfants restés sur la terre. Un rejeton de ce vieux culte survit dans le christianisme, et la fête du 1er novembre, encore si populaire en certaines contrées, témoigne que cet hommage rendu à la mémoire des morts est un besoin du cœur humain. Et certes, ceux que nous appelons les morts sont toujours bien vivants! les rishis voudraient contempler leurs faces, et l'un d'eux, parlant au nom de tous, s'écrie :

« Qui me rendra à la grande Aditi, — pour que je puisse voir le père et la mère ! » (*Rig.* I, 24, 1.)

Tous les peuples ont voulu savoir quelle partie du corps humain était le siège de l'âme et de la vie : les dictionnaires de toutes les langues, civilisées et non civilisées, montrent que les mots de sang, de cœur, de poitrine, de foie, de reins, ont servi à rendre l'idée de la vie, de l'âme, de la pensée, des affections. Chez les Maoris, les mots désignant les entrailles de l'homme et de la bête signifient en même temps le cœur en tant que centre des joies et des chagrins, de la conscience, des désirs et de la volonté; il est curieux que le cerveau, considéré souvent parmi nous comme le berceau du principe pensant, n'ait pas été mentionné dans la nomenclature psychologique de l'ancien monde. L'expression : « Le sang est la vie, » que nous rencontrons dans la Bible et dans d'autres langues que l'hébreu, inspira beaucoup d'actes religieux et superstitieux. Il paraîtra singulier que dans un des dialectes parlés au sud de l'Inde, le tamoul, le mot pour l'âme a le sens de danseur : ce n'est là encore qu'une tentative de nommer ce qui se meut au dedans de nous. Nous nous trouvons ici, non au milieu de savants métaphysiciens, mais avec les enfants de la nature; du reste, de grands philosophes n'ont pas réussi à mieux définir l'âme qu'en disant que c'est ce qui se meut de soi-même et n'est pas mû.

Nous sommes si riches en termes abstraits, tous dérivés d'un petit nombre de mots concrets, que nous ne remarquons même pas combien souvent des mots au sens purement matériel nous servent à exprimer des actes et des états purement intellectuels ; nous disons : prendre quelque chose à cœur, savoir des vers par cœur, sans songer au cœur qui bat dans nos poitrines.

Le feu a préoccupé l'imagination de tous les peuples, mais aucun d'eux, à l'exception des Hindous, n'a laissé de tradition qui eût pu nous reporter au temps où le feu n'était encore pour eux que du feu, simplement du feu, rien de plus. Héraclite fait déjà mention du feu comme étant un être éternellement vivant et le principe de toutes choses, bien autrement puissant que les dieux de la populace que ce philosophe tolérait sans y croire; car « ce n'est pas un dieu, ni un homme, qui a fait le monde; le monde a toujours été et sera toujours, un feu vivant toujours, prenant des formes et les consumant ». Héraclite s'imaginait donc savoir ce que c'est que le feu. Les rishis ne parlent pas avec tant d'assurance ; ils nous confient d'abord leur grand étonnement en présence du feu, une des apparitions physiques qui les impressionnaient le plus, quoique, de tous les dévas, le feu eût semblé le plus aisé à connaître, parce qu'il demeurait parmi les hommes, qu'il était à la portée de la main, et se laissait même toucher; mais comme il brûlait les doigts, une fois l'expérience faite, on ne la réitérait pas volontairement. Cependant quoique vu de si près, le feu restait une grande énigme ; on ne comprenaît pas comment il réunissait en lui tant de bonnes et tant de méchantes qualités. Il réchauffait les membres engourdis par le froid ; la nuit il éclairait la cabane comme si le soleil y était entré ; mais il lui arrivait aussi d'embraser soudain toute une forêt ; et il était partout ; quand le tonnerre grondait, le feu s'échappait d'un nuage noir et devenait un éclair ; il sortait comme une étincelle du choc de deux cailloux ou de deux branches frottées l'une contre l'autre ; mais son trait le plus caractéristique était une mobilité si excessive qu'il n'y avait rien dans la nature qui pût se comparer à la vivacité de ses mouvements.

La langue d'alors possédait la racine *ag,* qui signifie aller, marcher, conduire, courir, forcer, pousser, chasser, sauter, et donne en général l'idée d'un mouvement prompt ; et comme le feu se mouvait perpétuellement, nos ancêtres se servirent de cette racine *ag* pour appeler le feu *agni ;* ce nom sanscrit, qui, entre beaucoup d'autres, était le plus populaire, subsiste en latin comme *ignis,* en lithuanien comme *ugni,* en vieux slave comme *ogni ;* un autre de ses noms était *vah-ni,* dont la racine se retrouve dans *veho* et *vehemens,* originairement ce qui se meut vite.

J'ai recueilli çà et là certains traits caractéristiques prêtés par les rishis au déva Agni.

« Comment naît-il vivant d'un morceau de bois mort ? — Comment sort-il de deux pierres ? — Sa mère ne le nourrit pas, pourtant l'enfant grandit rapidement et se met de suite à sa besogne ; — lui à qui rien ne résiste, — semblable à la foudre du ciel, à une arme lancée, — Agni en un moment a violenté les arbres de la forêt, — les a terrassés ; — tout ce qui se meut, — tout ce qui est debout, tremble devant lui ; il rampe çà et là parmi les buissons, — il rase la chevelure du sol, il en fait sa nourriture, — il lèche de ses langues de feu les herbes, même les plus hautes ; — soulevé par le vent, il grimpe sur les grands arbres, et les mange de ses dents aiguisées ; jamais lassé, il revient encore et toujours, tournant de tous côtés, — faisant claquer ses faucilles, — comme se jouant dans ses lueurs ».

Les physiciens savent bien ce qu'ils disent quand ils demandent : L'esprit humain peut-il se représenter le mouvement sans penser en même temps à quelque chose qui se meut ? non, certainement ; car l'idée même du mouvement implique celle d'un corps qui se meut. Quand nous demandons : Qu'est-ce qui se meut dans la lumière du soleil ? la théorie des ondulations répond : C'est une substance de propriétés mécaniques déterminées, un corps qui peut être, ou peut ne pas être une forme de matière ordinaire, mais auquel, quel qu'il soit, nous donnons le nom d'éther. Les vieux Aryens, s'ils avaient été assez avancés pour poser des questions savantes, auraient pu également demander : L'esprit humain peut-il se représenter le mouvement sans penser aussitôt à quelque chose qui fait mouvoir ? non, certainement ; car l'idée même du mouvement implique celle d'un moteur. Et si, en présence du feu, ces vieux Aryens avaient voulu savoir quel en était le moteur, supposons que des érudits se soient trouvés là pour répondre que c'est un sujet de propriétés déterminées, une personne qui peut être, ou peut n'être pas semblable aux personnes ordinaires, mais à laquelle, quelle qu'elle fût, ils donnaient le nom d'Agni.

Ainsi, les rishis parlaient d'Agni comme d'un agent, et d'Indra, de Vâyu, de Rudra et des Maruts, comme d'autant d'agents ; comprenons seulement qu'ils ne savaient pas plus ce qu'étaient ces agents et ces moteurs que nous ne le savons nous-mêmes quand nous parlons des phénomènes physiques comme d'éléments, ou de forces de la nature, ou de certaines formes du mouvement.

Ce singulier déva Agni, manifesté à l'origine dans l'éclair, dans l'étincelle, devient peu à peu l'hôte le plus désiré et le plus choyé en la demeure ; la flamme entretenue au foyer rend l'hiver supportable, cuit les herbes et les racines, transforme le mangeur de chair crue en un consommateur de viande rôtie, fait monter au ciel la fumée des sacrifices offerts aux Puissances. Que de précautions ne fallait-il pas pour que le feu aux allures capricieuses ne vînt pas à s'éteindre à un moment inopportun et pour que, dans sa colère, il ne détruisît pas les hommes et les choses! Le feu est pour les rishis un être de plus en plus inexplicable. De plus en plus surpris de l'excellence de ses bienfaits, ils cherchent à l'appeler de quelque nom nouveau exprimant mieux leurs nouvelles impressions, car le nom de déva, brillant, ne les contente plus; ils essaient des noms d'invincible, de tout-puissant, et c'est trop peu encore; enfin ils trouvent le nom d'Amartya — immortel.

« Immortel parmi les mortels! »

Chacun est libre d'entendre cette expression comme bon lui semble; il s'agit pour moi de constater que les Hindous s'en sont servis. Mais il est permis d'y voir une première tentative de jeter un pont par-dessus l'abîme creusé par la parole humaine entre le visible et l'invisible, entre le mortel et l'immortel, entre le fini et l'infini. Cette idée se glisse dans l'esprit; inconsciente des germes qu'elle porte en son sein, elle s'y incruste, prend de la consistance et produit le sol fertile d'où sortira un jour la conception de l'unité de ce qui est mortel et de ce qui est immortel, du visible et de l'invisible, du fini et de l'infini. Pour connaître notre organisation mentale, il est important de distinguer et de supputer les fils grossiers qui vinrent à former la trame de nos idées les plus abstraites.

Je dois observer que le mot d'*immortel* dans ce passage ne laisse nullement supposer qu'Agni soit déjà quelque chose de plus que le feu naturel. On chercherait en vain dans le Rig-Véda l'idée d'êtres supra-sensibles; tous les noms donnés aux grands aspects de la nature, et même ceux qui désignent les Puissances inconnues en général, tels qu'Asura — les choses vivantes, Déva-asura — les dieux vivants, Amartya — les immortels, retiennent encore dans les plus anciens hymnes des éléments physiques ; des êtres sans attributs définis ne se présentaient pas à l'imagination de ceux qui trouvaient ces noms et croyaient en l'existence de ce qu'ils devaient représenter.

Ce que l'on a si souvent appelé l'adoration du feu ne fut d'abord que son application aux nécessités de la vie domestique, à celles de l'industrie et du culte. Si nous réfléchissions à la difficulté qu'il y avait dans les premiers temps à se procurer du feu à un moment donné, et aux dangers qui menaçaient une communauté soudainement dépourvue de feu en hiver et plongée tout à coup dans les ténèbres, nous n'irions plus chercher si loin l'explication du grand nombre de coutumes répandues dans le monde entier, et qui toutes se rattachaient à l'acte d'allumer et d'entretenir le feu dans les demeures. Le besoin naturel de posséder un objet si utile, la terreur non moins naturelle d'en être privé, firent prendre à l'esprit humain ce pli connu sous le nom de superstition qui ne put qu'être naturel aussi dans l'enfance de l'humanité ; toutes ces circonstances réunies transformèrent peu à peu l'entretien du feu en un rite sacré ; plus tard il fallut des vierges pour y veiller dans les temples ; et les feux de la Saint-Jean, que nous allumons encore une fois l'an au sommet de certaines montagnes, sont les derniers vestiges de ces antiques usages.

Les hymnes védiques nous disent par combien de chemins différents a marché le phénomène du feu, essayant tantôt de l'un, tantôt de l'autre, sans se décourager jamais, pour attirer sur lui l'attention des hommes et réveiller leurs facultés assoupies. Le feu vient du ciel où il brille comme soleil, et des eaux, car il sort comme éclair du milieu des nuages humides ou pleuvants, et de la pierre et du bois d'où il s'échappe en étincelle, des feuilles sèches et des herbes déposées sur l'autel pour recueillir et nourrir la flamme du sacrifice. Sans cesse, le feu frappe à la porte de chaque habitation : « Comprenez bien, vous autres, semble-t-il dire aux hommes dont il connaît les têtes dures, que je viens vous réveiller de votre sommeil, et qu'il vous faudra comprendre qui je suis. »

Enfin, l'homme a entendu et compris, et les rishis répondent au feu :

« Toi, Agni, tu nais du ciel, — tu nais des eaux, — tu nais de la pierre, — tu nais du bois, — tu nais des herbes, toi roi des hommes, le brillant ! »

En même temps, l'esprit des poètes s'illumine d'une perception toute nouvelle :

« Si nous avons péché contre toi, Agni, — par faiblesse, par inadvertance, — purifie-nous devant Aditi, — écarte de nous nos errements ! »

On dirait qu'ici il ne reste plus rien du feu matériel dans cette puissance dont les commandements doivent être obéis, et qui peut pardonner à ceux qui les ont transgressés. Entre cet être transformé dont l'Aryen implore la miséricorde, et celui que nous avons coutume d'appeler Dieu, nous ne remarquons pas de différence, et pourtant, ô mystère de la langue et de la pensée humaine ! les indianistes qui pensent en vieux sanscrit déclarent qu'Agni ne s'est pas encore dépouillé de ses caractères physiques, qu'il n'est donc pas encore, qu'il ne peut être dieu, mais ils ajoutent qu'il leur est impossible de rendre l'idée védique dans sa plénitude, parce qu'aucune langue moderne n'a d'expression pour l'énoncer !

Je lis dans un autre hymne adressé à Agni un verset curieux :

« O ciel et terre ! — je proclame ce fait véridique, que l'enfant à peine né mange ses parents ; moi mortel, je ne comprends pas cet acte d'un dieu; mais Agni le comprend parce qu'il est sage. »

Le rishi qui pousse cette exclamation ignore-t-il donc que les parents du feu sont deux branches mortes? Ou bien, est-ce l'acte de manger ses père et mère qui l'épouvante de la part d'un dieu?

« O dieux! si nous, ignorants au milieu des sages, — transgressons vos commandements, — si notre faible intelligence ne comprend pas tout dans le sacrifice, — Agni prêtre, qui connaît tous les rites, — lui le comprend, il réparera nos erreurs. »

La question du sacrifice est encore vivement discutée de nos jours; le sacrifice a-t-il précédé ou suivi la prière? Les Hindous ont-ils attendu que le cérémonial se soit développé pour invoquer les Puissances, ou est-ce la prière qui suggéra la pratique des sacrifices?

« Agni, accepte la branche que je t'offre, accepte mon service; — écoute mes chants; — quiconque sacrifie à Agni avec un rameau, — avec une libation, avec une poignée d'herbes, — ou une inclination de la tête, — sera béni. »

Il n'y eut jamais de sacrifice muet. Ce que nous nommons sacrifice, les Hindous l'appelaient un acte, *karma;* une simple demande, précédée d'ablutions des mains et accompagnée d'une inclination de tête, pouvait constituer un acte; allumer le feu sur le foyer, pencher le front et prononcer le nom d'Agni avec amour, était de même un acte. Aussi, le sacrifice pourrait n'avoir été d'abord que la prière accompagnée d'un don ; tous deux auront pu être inséparables à l'origine, mais rien ne s'oppose à ce que nous croyions que, dans l'homme à l'état de nature, la prière vint d'abord. Avec le temps, l'acte du sacrifice assuma un caractère solennel et sacré. Dans le dictionnaire de termes communs aux langues aryennes, le mot de sacrifice n'existe pas : il est identique seulement en sanscrit et en zend, deux langues riches en termes se rapportant à de minutieux détails de l'antique cérémonial ; l'on infère de là qu'un hymme plein d'allusions à la célébration des sacrifices date d'une époque postérieure à la séparation de la famille.

« O Agni, chasse loin de nous nos ennemis, — car les tribus qui ne connaissent pas le feu sont venues nous attaquer ! »

Lorsque les Aryens d'Asie, abandonnant leurs foyers, s'avançaient en butinant vers le midi, ils rencontraient chemin faisant des populations dont ils convoitaient les territoires ; elles étaient d'une race autre que la leur ; la description qu'en font les rishis se rapporte sans doute aux habitants aborigènes de l'Inde, dont les descendants s'y trouvent encore et parlent des dialectes non aryens. Les épithètes de diables et de démons ne leur sont pas ménagées dans les hymnes. Mais il paraît que, dans ces rencontres, Agni qui se lançait sur les hordes ennemies sous la forme de torches enflammées ne réussissait pas à les soumettre, car les Aryens se cherchent d'autres alliés encore ; ils appellent à leur aide les pouvoirs guerriers par excellence, Indra et Soma, pour détruire « ceux qui ont d'autres dieux, qui ne disent pas la vérité et mangent de la chair crue. »

« O Indra et Soma ! — brûlez les diables, — précipitez-les dans l'abîme, — ceux qui grandissent dans l'obscurité ; — déchirez-les, ces fous, — tuez-les, tuez les gloutons ! — O Indra et Soma ! sus au démon maudit ! — qu'il brûle tel qu'une oblation dans la flamme ! Versez votre colère éternelle sur le vilain qui hait le *brahma*, — qui mange la chair crue, — et dont l'aspect est abominable ! » (*Rig*. VII, 104.)

Les Hindous se sont formé de ce Soma qui prête main forte à Agni pour repousser les ennemis des Aryens, quatre conceptions différentes : Soma est la lune, demeure des pères ; Soma est aussi le seigneur de la lune ; Soma est le vase où se recueille l'ambroisie, et Soma est l'ambroisie elle-même. L'homonymie tient à l'étymologie du nom ; il signifiait à l'origine : pluie et lune; l'ambroisie représente la pluie fertilisant la terre, en même temps que le breuvage fortifiant. Il est parfois impossible de deviner de quel Soma parlent les rishis, d'autant plus qu'eux-mêmes semblent prendre plaisir à les confondre ; ces jeux de mots remplissent presque tout un livre du Rig-Véda.

« Contemplez la sagesse de Soma (lune) dans toute sa grandeur ; — hier, il était mort, — aujourd'hui, il est vivant. »

« Le poète a bu Soma (le jus), — il a senti une inspiration puissante, — il a trouvé son hymne. »

Les hautes vertus de Soma lui valurent d'être élevé au rang des divinités qui dispensent l'immortalité :

« Dans le monde où le soleil se trouve, — et la lumière éternelle, — dans le monde impérissable, place-moi, ô Soma ! — où la vie est libre, dans le troisième ciel des cieux, fais-moi immortel ! » *Rig.* IX, 113, 7.)

Qu'est-ce que le troisième ciel? l'expression nous est familière, mais que signifie-t-elle? Les Aryens appellent aussi à leur secours les enfants de Rudra, alliés d'Indra ; ce sont les Maruts, qui remplissent l'air d'un effrayant vacarme ; ces êtres bruyants, les représentants des orages et des tempêtes, ne paraissent jamais isolés dans le Véda ; ils traversent l'espace par groupes variant de vingt-cinq à quatre-vingts individus, et s'abattent sur la terre comme des fous.

« Où allez-vous, — vers qui allez-vous, quand vous descendez de là-haut, semblables à des souffles de feu? que la force soit avec toi et ta race, ô Rudra ! — Venez à nous, Maruts, venez nous secourir aussi rapides que l'éclair avant la pluie ! — Lancez, ô dévoreurs, votre colère comme une flèche sur l'orgueilleux ennemi des poètes ! » (*Rig.* I, 39.)

Une grande question se présente : Qu'y avait-il avant qu'il y eût quelque chose? Deux idées contradictoires percent dans les hymnes, et leur conflit devait être troublant.

« Les sages ont dit : Au commencement, le monde était ; un seul monde, — et il n'y en avait pas un second. — Et d'autres ont dit : — Au commencement, ce monde n'était pas, — et de ce qui n'était pas, ce qui est est né. »

Il y avait bien de la confusion dans la pauvre tête humaine. Certes, le monde a été fait de certains matériaux, et par certains agents ; mais comment étaient-ils faits eux-mêmes, ces agents? et quels étaient les matériaux qui leur servirent à faire le monde ?

Les questions se succèdent : « Qui a vu le premier né ? Où était la vie, le sang du monde? — Qui alla le demander à qui pouvait le savoir ? — Qu'était la forêt, — qu'était l'arbre dont ils façonnèrent le ciel et la terre ? — O sages, cherchez en votre esprit sur quoi il se tenait quand il portait les mondes dans sa main ? » (*Rig.* I, 164; X, 81, 4.)

Nos pères n'eussent pas été humains s'ils avaient échappé à la tentation de se représenter les facteurs invisibles du monde sous un aspect quelconque; ils se prennent donc à parler de charpentiers et d'ouvriers « qui ont de bonnes mains, de forgerons habiles qui forgent l'éclair »; serait-ce eux qui ont fait tout ce qui se voit? On ne sait. Ce qui est certain, c'est qu'en parlant de charpentiers et d'ouvriers, et des tonnants, des éclairants, et des pleuvants, les hommes, sans se rendre compte de ce qui leur arrivait, s'approchaient à pas lents du domaine des causes, qui dès le commencement a été l'unique fondement de ce que nous appelons transcendantal dans notre connaissance; et il était impossible qu'il en fût autrement, car notre raison est ainsi faite qu'elle n'admet rien de ce qui n'est pas soit cause, soit effet.

Il y a dans le Véda des pensées extrêmement enfantines, et d'autres qui sont d'une étonnante subtilité ; peut-être datent-elles d'époques différentes; mais le génie individuel perce parfois dans ces hymnes, et il aura pu devancer de plusieurs siècles la masse des esprits contemporains cheminant à pas lents. Le rishi qui a dit : « Il n'y a qu'un être, bien que les poètes l'appellent de mille noms », a parfaitement exprimé cette vérité ; en effet, les Hindous ont continué durant des siècles à invoquer Indra, Mitra, Agni et Savitar, pendant que leurs plus sérieux penseurs protestaient contre l'usage traditionnel de ces noms, de même qu'Héraclite, cinq cents ans avant notre ère, s'élevait contre les mille noms, les mille temples, les mille légendes de la mythologie grecque.

Les rishis, en se demandant comment ont commencé toutes choses, ne se sont pas bornés à se représenter le monde sortant des mains d'ouvriers habiles, fussent-ils même invisibles ; il n'était pas nécessaire de beaucoup peiner pour trouver cela ; mais, à certaines heures, ils réfléchissaient profondément. Les littératures sacrées de beaucoup de peuples anciens sont parvenues jusqu'à nous, du moins en fragments plus ou moins complets ; mais des méditations qui puissent égaler celle de l'hymne 129 sont rares :

« L'Être n'était pas, — et le non-être non plus, — le firmament lumineux n'était pas, — ni la grande voûte des cieux ; — où tout était-il caché ? — était-ce dans l'abîme sans fond des eaux ? — la mort n'était pas, — et l'immortalité non plus. — Rien ne séparait le jour de la nuit. — L'Unique respirait sans souffle en lui-même, — excepté lui, rien n'a été depuis lors. — Il faisait sombre ; tout était voilé sous l'obscurité profonde, — un océan sans lumière ; — le germe qui dormait dans la gousse bondit dehors, chassé par la grande chaleur. — Sur ce germe se posa l'amour, le jeune printemps de l'esprit, — oui, — et les poètes, en méditant, découvrirent en leur âme le lien entre les choses créées et les choses incréées. — Cette étincelle vint-elle de la terre, perçant tout, pénétrant dans tout, — ou vint-elle du ciel ? — Alors, des semences furent répandues, et des forces puissantes surgirent ; — la nature en dessous, la volonté et le pouvoir en dessus. — Qui connaît le secret ? qui annonça d'où vint cette multiple création ? — Les dieux eux-mêmes apparurent plus tard ; — qui sait d'où vint cette grande création ? — celui d'où vint cette grande création, soit que sa volonté l'ait créée, ou qu'elle soit restée muette, — lui, le plus grand des voyants qui demeure au plus haut des cieux, il le sait, — et peut-être ne le sait-il pas lui-même ? »

« Qui sait d'où vint cette grande création ? » se demandait l'Hindou quelques milliers d'années avant notre ère ; et encore : Qu'était la forêt, qu'était l'arbre d'où ils taillèrent le ciel et la terre ?... Qu'y avait-il avant qu'il y eût quelque chose ? » Ces questions, différemment exprimées, se retrouvent dans maint endroit du Véda ; toute espèce de problèmes nous y sont présentés sous forme d'énigmes à deviner. Les Hindous entrevoyaient que le monde visible avait été précédé de quelque chose d'invisible et cependant de plus réel que le monde phénoménal où nous vivons, qu'avant que les apparences fussent, il y avait ce qui apparut plus tard dans le temps et dans l'espace.

Ces vieilles questions se répéteront en des termes toujours changeants tout le long des siècles à venir, aussi longtemps qu'il y aura un ciel et une terre.

Le problème qui occupait les fortes intelligences de Hume et de Kant, et que dans leur langage ces philosophes appelaient le principe de causalité, s'agitait déjà dans le cerveau de nos pères quand ils nommèrent pour la première fois le ciel, le soleil, l'aurore et les autres phénomènes physiques, au moyen de racines verbales exprimant l'activité ; car le principe de causalité se manifesta à l'origine, non dans la recherche directe d'une cause, mais dans l'affirmation de l'existence d'un agent. Ce travail mental, commencé et accompli il y a des milliers de siècles par des millions d'êtres humains, mérite au moins autant d'attention de notre part que les savantes spéculations de deux philosophes modernes, fussent-ils Hume et Kant.

Un objet aussi frappant que le soleil a dû, avant qu'il fût nommé, se désigner d'une manière quelconque; un simple cercle, tel que nous le voyons dans les hiéroglyphes égyptiens, dans le système d'écriture chinoise et jusque dans nos almanachs astronomiques, pouvait suffire; ce signe offrait peu de prise à la mythologie; mais quand il fit naître l'idée que le soleil était une boule, et qu'on trouva de l'analogie entre une boule et un œil, les hommes parlèrent du soleil comme de l'œil du ciel. Nous disons couramment dans toutes nos langues : « Dieu est omniscient » ; mais Hésiode, pour exprimer cette même pensée, a dit : « Le soleil est l'œil de Zeus qui voit tout et sait tout. » Si l'expression est enfantine, songeons que c'était le langage d'un poète qui vivait bien avant les philosophes de la Grèce, et nous serons moins sensibles à la gaucherie de la phrase et plus frappés de la justesse de la conception.

Le soleil a été un objet d'adoration pour beaucoup de peuples primitifs; le prenaient-ils pour la divinité elle-même ou pour son image? la plupart des mythologues assurent que certains Égyptiens ont adoré le disque même du soleil. Dans tous les cas, un premier pas est toujours suivi d'un second, et un bel exemple d'évolution religieuse nous est offert dans une ancienne légende américaine : elle raconte qu'un prince incas qui avait considéré toute sa vie le soleil comme l'ancêtre de sa famille se sentit un jour troublé à l'idée que cet astre paraît se mouvoir dans l'espace, non de sa propre volonté, mais par ordre de quelque autre puissance; comme son ancêtre n'avait jamais obéi à personne, l'Incas décida que le soleil ne pouvait pas être le vrai dieu, et que le vrai dieu ne devait pas s'appeler le soleil; il garda l'objet de son culte sans le nommer, en attendant qu'il réussît à trouver son vrai nom.

Nous suivons dans les hymnes le développement graduel du soleil qui, de simple luminaire, dispensateur de la vie physique, devient le père et le régulateur du monde. Celui qui répand la vie sur la terre aujourd'hui a bien pu l'y apporter le premier jour ; comme il dissipe les ténèbres de la nuit, et que « les étoiles fuient semblables à des voleurs devant lui », l'œil fixé sur les hommes, le soleil voit leurs bonnes et leurs mauvaises pensées.

Presque tous les peuples ont levé les yeux vers le ciel, demeure des Puissances invisibles, et nos pères, qui adressaient de si ferventes supplications à tous les phénomènes de la nature, ne pouvaient manquer de l'invoquer. Mais le ciel se montre sous des aspects très différents : il y a le ciel éblouissant de lumière, et il y a le ciel assombri ; il y a le ciel qui tonne et le ciel qui pleut ; chaque fois qu'il se transforme, il change de nom, et les noms, l'homme doit les connaître, car il ne manque jamais de prononcer celui de la puissance qu'il va implorer. Varuna est un des noms du ciel ; son caractère physique s'y reflète ; c'est la voûte qui recouvre comme un immense couvercle la terre entière et ceux qui l'habitent ; c'est encore le ciel qui se couvre lui-même et s'obscurcit quand le soleil disparaît. Dans le Véda, Varuna est l'associé de Mitra, la lumière ; ce sont là des dieux corrélatifs, car à eux deux, ils représentent la nuit et le jour, et le soleil est l'œil de Varuna.

« Celui qui fuirait bien loin au delà du firmament, — celui-là même ne se débarrassera pas de Varuna le roi ; — le roi Varuna voit tout ce qui est entre le ciel et la terre, — et ce qui est au delà ; — cette terre aussi appartient à Varuna le roi, — et ce vaste monde avec ses extrémités éloignées ; — les deux mers sont les reins de Varuna, — et il est contenu dans cette petite goutte d'eau. »

« Le Seigneur de ce monde voit comme s'il était près ; — quand un homme se tient debout, — ou marche, — ou se couche, — ou se lève, — quand il croit se glisser inaperçu, — le roi Varuna le voit ; — ce que deux personnes assises ensemble se chuchotent à l'oreille, — le roi Varuna l'entend, — il est là troisième. » (*Atharva.* IV, 16.)

Les prières des rishis débordent du sentiment de leur culpabilité et de la croyance que les dieux ont le pouvoir de les délivrer du fardeau de leurs fautes.

« Ne me laisse pas encore entrer, ô Varuna, dans la maison d'argile ! — Aie pitié, tout-puissant, aie pitié ! Si j'avance en tremblant, tel qu'un nuage chassé par le vent, — aie pitié ! — par manque de force, j'ai erré ; toi, dieu fort, aie pitié ! — la soif a accablé ton adorateur, quoiqu'il fût au milieu des eaux, — aie pitié, tout-puissant, aie pitié ! » (*Rig.* VII, 89.)

Je remarque que souvent, dans l'esprit de l'Hindou, le soleil, sous ses nombreuses manifestations, se confond avec le firmament : Indra qui resplendit au zénith, Savitar qui répand la vie, Mitra, l'ami des humains, l'infatigable Agni lui-même, si modeste mais si laborieux quand il cuit les aliments et fond le fer, si puissant quand il envoie au ciel la fumée des sacrifices et si haut quand il se loge dans le soleil d'où il redescend comme éclair, et la voûte céleste qui les accueille tous dans son sein, c'est tout un pour l'adorateur des Puissances ; tout est également éclatant, c'est un océan de lumière ! Oh ! que de dieux partout, et pas un auquel cette supplication ne s'adresse : « Délivre-nous du mal ! »

Poussé par une insatiable curiosité, le regard du rishi ne cesse de fouiller dans le lointain :

« Par-delà le ciel, par-delà la terre, par-delà les dévas et les asuras, — quel est le premier germe dans lequel se trouvaient tous les dieux ? — les eaux ont porté ce germe au sein duquel tous les dieux furent réunis ; — l'*Un* en qui reposent toutes les créatures fut placé au sein du non-né ; — vous ne saurez jamais celui qui créa ces choses, — il y a quelque chose entre vous et lui. — Enveloppés d'un brouillard et bégayant, — les poètes s'en vont satisfaits de vivre. » (*Rig.* X, 82.)

Comment, au milieu des magnificences de leur immense Panthéon, les poètes ont-ils réussi à entrevoir l'*Un* ? qui pourrait-il bien être ? le brouillard empêche de le discerner.

S'il y avait une chose dans la nature qui semblait pouvoir mieux que d'autres satisfaire le besoin de franchir les limites du monde visible, c'était bien la voûte du ciel ; au-dessus des orages et des nuages qui passent, au delà de tout ce qui change, cette voûte était sûrement, parmi tous les objets qui tombent sous les sens, le plus élevé, le plus étendu, le plus immuable. Nous connaissons la généalogie du nom du ciel, Dyaus, ce qui nous permet d'en suivre les transformations et les différentes applications ultérieures ; nous glanons en chemin quelques particularités de cette science qui s'intitula plus tard la grammaire.

On sait que, dans les langues aryennes, les plus anciens noms n'avaient pas de genre ; grammaticalement parlant, *pater* n'est pas masculin, ni *mater* féminin ; les premiers noms de rivière, de montagne, d'arbre, n'avaient aucun signe de genre grammatical ; sans indication extérieure de genre, tous les noms n'exprimaient qu'un principe actif. La distinction commença lorsqu'on mit à part certains suffixes dérivatifs pour former des mots féminins ; quand *bona* fut introduit, *bonus* devint masculin ; quand *puella* s'appliqua à la fille, *puer*, qui signifiait d'abord fille et garçon, désigna exclusivement le garçon. Ainsi, quand il nous arrive de rencontrer un représentant féminin d'un phénomène naturel à côté de son représentant masculin, nous pouvons presque toujours regarder le féminin comme étant la forme postérieure. Elle date de si loin, cette règle qui s'applique dans toute sa rigueur au vieux nom de Dyaus, que son origine se perd, comme on dit, dans la nuit des temps.

Comme déva — brillant, Dyaus procède de la racine *div* et *dyu*; mais cette racine se bifurque dès l'abord ; dans le Rig-Véda, les formes dérivant de la base *div* peuvent être masculines ou féminines, selon les cas, tandis que celles qui dérivent de la base *dyu*, sont toujours masculines ; ainsi, *dyaus* issu de *div* signifie le firmament, la voûte qui s'étend au-dessus de nos têtes ; c'est la forme féminine, postérieure ; et Dyaus issu de *dyu*, c'est le ciel conçu comme une Puissance, une force active : il est masculin, et par conséquent, c'est le concept primitif. Ces deux noms : *dyaus*, nominatif singulier, et *dyu*, base, étant à peu près synonymes, peuvent s'employer indifféremment.

Toute cellule végétale est destinée à devenir une plante, même différentes plantes ; nous l'apprenons en observant la nature. Toute cellule verbale est destinée à devenir des mots, différents mots, c'est-à-dire des idées différentes ; le peu d'examen philologique auquel nous nous sommes livrés dans ces pages nous l'a appris. Donc, toute cellule, quelle qu'elle soit, possède un mouvement transitif : le mot français éclater veut dire se répandre en éclats ; supposons des éclats de lumière s'échappant d'un centre lumineux, et nous aurons l'idée d'un mouvement lumineux transitif. Tant qu'une cellule en est à sa première phase, on ne peut pressentir quelles seront ses phases ultérieures ; nulle intelligence humaine n'aurait jamais pu prévoir que la racine *div, dyu,* produirait le mot sanscrit de déva, qui signifia briller, et que déva avec le temps se développerait en deus, qui ne signifia plus briller, mais dieu. C'est une curieuse particularité du sanscrit védique que cette mobilité flottante du sens de certains mots tels que déva, qui peuvent exprimer également des objets tangibles et des objets d'une nature supra-sensible ; ce sont autant de rayons de lumière échappés d'un même foyer.

La raison humaine, en cherchant sa route, s'égare dans des sentiers tortueux ; les représentations qu'elle se fait des choses se colorent des rayons projetés sur elles par des mirages mythologiques ou dogmatiques ; nous pouvons voir dans la manière dont nos ancêtres se figurèrent les Puissances supra-sensibles le prototype des errements de notre propre jugement. Du moment que Dyaus était le ciel chauffant, vivifiant, donc actif, les rishis étaient autorisés à le nommer *pitar*, le père, et à ranger à ses côtés Prithvî, la terre qui est la mère, et ils parlèrent de Dyaus comme du père de l'aurore, du jour et de la nuit; ce fut là un des premiers acheminements du ciel dans la mythologie aryenne.

Nous sommes enclins à attribuer ces écarts de la pensée à la fantaisie poétique, mais ils sont bien plutôt le résultat de la pauvreté de la langue qui rendait impossible non seulement d'exprimer les idées abstraites, mais même de parler correctement des manifestations du monde physique. La religion et le langage d'alors étaient si étroitement liés, qu'on peut dire de l'idée religieuse dans son enfance qu'elle était un fragment de l'ancien langage; car, pour rendre ses impressions, l'aryen dépendait absolument des mots qu'il lui fournissait. C'est pourquoi bien des hymnes, quelque incohérents qu'ils puissent paraître, sont d'une inappréciable valeur; ils ne contiennent pas une parole qui ne pèse; mais pour le traducteur qui essaye de faire passer la pensée védique dans nos idiomes modernes, c'est, dit-il, à se décourager jusqu'à abandonner la tâche.

Quand plus tard le nom de Dyaus devint un centre de récits fabuleux, il resta dans la langue sanscrite courante un des vingt noms traditionnels du ciel; mais pénétrons-nous bien de l'idée que, dans les plus anciens hymnes du Rig-Véda, ce nom incarne le Pouvoir inconcevable dont l'existence avait été obscurément pressentie dès le commencement, et qui demeura innommé longtemps encore après que les bêtes de la forêt et les oiseaux de l'air eurent reçu leurs appellations.

Lors de son exode, la famille aryenne, cheminant dans différentes directions, s'était naturellement divisée en plusieurs branches; des distances de plus en plus vastes les séparèrent, et elles oublièrent qu'un même berceau les avait abritées à leur naissance. Mais le lien qui les unissait à l'origine ne se rompit jamais sur tous les points, car elles avaient emporté avec elles des mots de la langue mère, et certaines intuitions restèrent leur propriété commune. Avant que les langues grecque, latine, sanscrite et germanique se fussent séparées, le nom d'un Pouvoir souverain se trouvait impliqué dans ceux de la divinité qui bien plus tard occupa une si large place dans l'histoire de la Grèce, de Rome, de l'Inde et de la Germanie.

Accouplé à celui de *pitár*, le nom de Dyaus paraît dans les plus anciennes prières aryennes comme Dyaush-pitár, comme Zeus-pater, comme Ju-piter. Ces noms ainsi composés n'ont pas été inventés par les poètes; ils sont les produits de certaines lois du langage auxquelles notre esprit, s'il ne veut pas se détourner de son seul vrai itinéraire, doit nécessairement se soumettre. L'initiale *dy* dans Dyaus est représentée en latin par la lettre *j*; Ju dans Jupiter correspond exactement à Dyaus; le nom du dieu germain Tyr, au génitif Tys, correspondant de même et tout aussi exactement à Dyaus, sera Tius en gothique, Tiv en anglo-saxon, où il se retrouve dans Tives-dag, le jour du dieu Tyr, et Zio en vieux haut allemand, retenu dans Zies-tag, le jour du dieu Mars. Tius, Tiv, Tyr, Zio, sont des formes qui subsistent l'une à côté de l'autre, et toutes procèdent, cela va sans dire, de cette merveilleuse racine *div* et représentent le ciel brillant, le jour et le dieu. Aucune interprétation étymologique ne serait satisfaisante qui n'embrasserait pas toutes ces formes ensemble, parce qu'elles ne sont que des variétés dialectiques de Dyaus, donc un même nom dans des langues différentes, et que tous les noms vraiment frères n'ont qu'une seule racine, de même que tous les êtres vivants vraiment frères n'ont jamais qu'une seule mère.

Si l'on voulait une preuve de plus de la continuité ininterrompue du langage et de la pensée chez les principaux peuples aryens, qu'on prête attention au fait suivant.

Au temps où les écoles florissaient à Athènes, temps où les

Grecs connaissaient à peine l'existence de l'Inde, on pouvait voir, j'imagine, de jeunes élèves assis devant un tableau sur lequel le maître traçait les déclinaisons qui composaient la tâche de la journée ; on y lisait :

    Nom. Zeús
    Gén. Dios
    Dat. Dii
    Acc. Dia
    Voc. Zeû

Les jeunes Athéniens écrivaient donc le nom de Zeus avec l'accent aigu au nominatif et l'accent circonflexe au vocatif.

A la même époque, les élèves des brahmanes à Bénarès, en déclinant le nom de leur divinité suprême, accentuaient les syllabes exactement de la même manière que les Grecs, et ils écrivaient :

    Nom. Dyaús
    Gén. Dívas
    Dat. Diví
    Acc. Divam
    Voc. Dyaûs

Mais il y avait cette différence entre les élèves grecs et les élèves indiens, que les premiers ignoraient la raison de ces changements d'accents, parce qu'ils n'en trouvaient pas l'explication dans la grammaire grecque, tandis que la grammaire sanscrite expliquait aux seconds les lois générales d'accentuation sur lesquelles ces changements reposent.

Le nom de Dyaus fut la source d'où sortit un nom, — un nom unique, forgé une seule fois et pour toujours, adopté par notre famille tout entière, sans que les Grecs l'aient emprunté aux Hindous, ni les Romains et les Germains aux Grecs ; car il fut prononcé avant que nos ancêtres se séparassent dans leur langue et leur religion, et il signifiait : Ciel — père.

Nos missionnaires qui s'en vont par le monde récitant dans presque tous les idiomes de la terre l'oraison dominicale, ne doutent pas du fait historique que cette prière fut dite un jour à Jérusalem pour la première fois; nous pouvons être tout aussi fermement convaincus que, sous le nom de Ciel-Père, l'Être suprême a été adoré dans les montagnes de l'Himalaya, sous les chênes de Dodone, sur le Capitole et dans les forêts de la Germanie. Il a fallu des millions d'hommes pour façonner ce seul nom, qui est la plus antique prière de la race aryenne.

Il y a cinq mille ans, peut-être davantage, les Aryens d'Asie, parlant une langue qui n'était ni le sanscrit, ni le grec, ni le latin, invoquaient Dyu-pater, Ciel-Père. Il y a quatre mille ans, plus peut-être, ceux d'entre les Aryens qui s'étaient portés au sud vers les rivières du Penjâb, invoquaient Dyaûsh-pitâ, Ciel-Père. Il y a trois mille ans, plus tôt peut-être, les Aryens établis sur les rives de l'Hellespont, invoquaient Zeus-pater, Ciel-Père. Il y a deux mille ans les Aryens d'Italie célébraient Ju-piter, Ciel-Père. Il y a mille ans, les Aryens teutoniques sacrifiaient au même Ciel-Père, et son vieux nom de Tyr, Tiv, Zio, retentissait peut-être alors pour la dernière fois.

Mais il n'y eut jamais une idée, ni une parole qui se soient entièrement perdues.

Des milliers d'années se sont écoulées depuis que ces peuples se sont répandus de tous côtés; chacun d'eux a formé sa propre langue, sa nationalité, sa manière de considérer la vie, et s'est fait sa propre philosophie; ils ont tous élevé des temples et les ont renversés; depuis, tous ont vieilli, tous sont devenus plus sages, peut-être meilleurs; mais le nom qu'ils donnent au Pouvoir invisible qui les étreint est encore jusqu'ici : « Notre Père qui es aux cieux. »

Ce nom, dont l'unité a toujours été parfaite, est une formule magique qui rapproche de nous les ancêtres les plus reculés de notre famille et nous les font voir tels qu'ils étaient, tels qu'ils parlaient et sentaient, des milliers d'années avant Homère et les poètes hindous. Guidés par la science du langage, et suivant à rebours la marche de l'esprit humain dans les hymnes védiques, nous voyons comment le concept de Dieu, en germe dans le nom de Déva, crût de l'idée de la lumière, de la lumière active, celle qui réveille, illumine, réchauffe et vivifie.

N'est-il pas aisé de comprendre la différence de ces deux assertions ; de celle-ci : que les premiers Aryens appelaient *dieu* les phénomènes mêmes de la nature, et de cette autre : que l'esprit aryen arriva à extraire du concept de ces phénomènes le concept général de Dieu ?

« Si l'on me demandait, dit Max Müller, quelle est la plus remarquable découverte du XIX° siècle dans le champ de l'histoire de l'humanité, je répondrais : c'est l'équation étymologique du sanscrit Dyaush-pitár, du grec Zeus-pater, du latin Ju-piter, et de Tyr, Tiv et Zio germains. »

Que le gros du public soit presque toujours inconséquent, cela n'étonne guère. On lui pardonne de croire sur la foi d'autrui toute espèce de faits dont il n'exige aucune preuve, et en même temps de se montrer récalcitrant à admettre les déductions d'une science dont il ne connaît pas le moindre mot, celle de l'étymologie ; mais ce qui, au premier abord, paraît vraiment étrange, c'est que de vrais érudits, qui sont à même de suivre les progrès de la philologie, se refusent à reconnaître l'identité des divers noms de la divinité suprême de la famille aryenne. Certains positivistes sont dans ce cas ; rien ne les agace comme de voir prouver par la grammaire même que tous les peuples aryens avaient, avant de se séparer, la même croyance, et ils tâchent de démontrer que le nom de Dyaus, à l'origine, ne signifiait rien d'autre que le firmament, et que plus tard seulement, les peuples avaient pu changer les mots de ciel, de voûte céleste, phénomènes physiques, en noms propres, ce qui fit que le *nomen* se transforma en *numen*.

Cette assertion, et cela est digne de remarque, est basée sur un fait, mais sur un fait mal interprété. Dans la littérature postérieure de l'Inde, que nous connaissions avant que le Véda fût bien étudié, le nom de Dyaus, en effet, ne paraît qu'au féminin; il signifie le firmament et le jour, et n'implique rien de divin. L'antique Dyaus aryen avait pâli devant Indra, divinité du cru indien ; Indra, naguère le donneur de pluie, l'allié de Rudra, cesse de résider exclusivement dans les phénomènes les plus bruyants et les plus menaçants de l'atmosphère, et c'est dans la pure lumière qu'on le contemple maintenant. Dès lors, il prime.

« Le divin Dyu s'incline devant Indra, — devant Indra s'incline la grande Prithvi » (*Rig.* I, 131, 1.)

Pour célébrer Indra, les rishis ne se contentent plus des louanges qui leur paraissaient bonnes pour les autres divinités; ils creusent dans leur esprit, et trouvent des accents particulièrement énergiques :

« Les autres dieux, on les a renvoyés comme des vieillards décrépits, — et c'est toi, ô Indra ! — qui es le souverain. — Nul n'est au-dessus de toi, — nul n'est plus puissant que toi, — nul n'est semblable à toi! — Faites silence ! nous offrons nos louanges au grand Indra dans la maison du sacrificateur ; — aura-t-il des trésors pour ceux qui sont pareils aux gens qui dorment ? — La louange languissante n'a pas de prix devant le munificent! » (*Rig.* I. 153. — IV, 19, 2.)

Il est étrange que ce soit au sujet du grand Indra, devenu le dieu le plus populaire parmi les Indiens, que des indices d'une lutte entre la foi et le doute commencent à percer dans les louanges qu'on lui adresse. L'existence des autres divinités était regardée comme aussi avérée que la splendeur du soleil et des étoiles, que les apparitions du feu, l'action du vent, les impressions du chaud et du froid ; et la confiance qu'elles inspiraient était trop solidement établie pour qu'on crût devoir la stimuler ; et tout à coup nous entendons les rishis raisonner et énumérer toutes les raisons que les hommes peuvent avoir de croire à Indra.

« Quand le fougueux Indra lance la foudre, — alors les hommes croient en lui. — Contemplez son œuvre, grande et puissante, et croyez-au pouvoir d'Indra ! — Ne nous frappe pas, ô Indra, dans ta colère, car nous croyons en ton grand pouvoir ! »

D'où vient cette insistance à rappeler le grand pouvoir d'Indra ? On dirait que les rishis sentent l'approche d'un changement dans leur conception de l'omnipotence de certains dieux de la nature.

« Offrez vos louanges à Indra, si vous désirez le butin, — des louanges sincères, s'il existe vraiment, — car quelques-uns disent : Il n'y a point d'Indra, qui l'a vu ? — qui louerions-nous ? ce dieu terrible de qui l'on demande : où est-il ? » (*Rig.* VIII, 100, 3.)

Mais aussitôt le poète introduit Indra en personne sur la scène, et lui fait dire :

« Me voici, ô mon adorateur ! — Contemple-moi ! en grandeur, je dépasse toute créature ! » (*Id.*)

Cependant, en lisant attentivement le Rig-Véda, et en dépit de ces efforts pour raviver l'ancienne foi, on découvre çà et là, en dehors de ce remarquable éveil de l'incrédulité en face du puissant Indra, des germes d'abord à peine saisissables de scepticisme. L'Hindou était de sa nature profondément croyant ; mais son esprit était fin, scrutateur, et tenait à se rendre exactement compte de tout ; les rishis font des remarques très justes.

« Le feu s'éteint sous l'eau, — un nuage cache le soleil, — le soleil disparaît aussi derrière la mer... » et ils tirent de leurs observations la conséquence que :

« L'eau ne doit pas être adorée, puisqu'un nuage peut l'emporter, — et le nuage non plus, parce que le vent l'emporte. »

Les positivistes se sont trop empressés de tirer parti du fait que Dyaus, à un certain moment, ne représente dans l'Inde que la voûte céleste et le jour ; car un roc n'est pas plus inébranlable que la grammaire, qui, du reste, n'a pas à s'émouvoir des coups secrètement portés à des vérités d'un autre ordre que la sienne.

Nos mythologues, en recherchant les origines des divinités aryennes, étaient surpris et déconcertés de rencontrer sur leur chemin une lacune qui empêchait leur travail de progresser ; nulle part dans l'Inde, ils n'apercevaient de trace d'un dieu Dyaus qui eût pu correspondre au dieu suprême des autres branches de la famille. Cependant, la conviction très rationnelle que cette divinité avait dû y exister allait grandissant dans l'esprit des savants. Ils en étaient là, c'est-à-dire dans une impasse, quand le Véda parut au grand jour, et apporta le nom d'un Dyaus tout autre que le dyaus féminin, d'un Dyaus se présentant non seulement comme substantif masculin, mais de plus combiné avec l'adjectif de père ; chez les Hindous, il s'était effacé devant Indra, dieu de date récente, mais les autres peuples aryens n'avaient rien su de tout cela ; ils avaient déjà emporté Dyaus le suprême dans leurs migrations colossales, et Zeus-pater, Ju-piter, Tyr, Tiv, Zio, en étaient, chacun dans chaque peuplade, le représentant exact ; et ce Dyaus primitif se retrouva, à la grande joie des mythologues, tout juste à la place du ciel où, selon tous les calculs de la science, il devait absolument se trouver, mais où, jusque-là, ils n'avaient pu constater qu'un vide.

Ce ne fut pas la seule découverte que nous devons à l'étude du Véda. Personne ne pouvait ignorer que, chez les Hindous, dyaus était le nom du ciel, puisqu'il porte en lui sa racine qui l'atteste, mais il nous était impossible de connaître, à l'aide du grec seul, le sens radical ou prédicatif du nom de

Zeus ; ce nom ne présente pas de certificat de naissance, et les Grecs ne possédaient pas de tradition qui eût pu nous renseigner. Tout s'éclaircit au moyen de la philologie comparée : Zeus était né quand Dyaus fut salué au masculin et appelé père, Dyaush-pitár, Ju-piter, Zeus-pater ; et du moment que nous tenons le véritable point de départ de Zeus, toute la suite de sa carrière se déroule d'elle-même.

Nos ancêtres, cependant, devaient errer longtemps encore dans le désert, et même s'y égarer maintes fois.

Les Hindous avaient cru un instant avoir trouvé dans Dyaus l'objet cherché ; mais la lumière supra-sensible et la lumière du jour se déversèrent peu à peu l'une dans l'autre ; quand le nom de Dyaus était prononcé, toutes ses significations vibraient ensemble et se fondaient dans un même accord ; elles devinrent, telles qu'une étoile double, une seule chose, et Dyu, le dieu de la lumière, s'éclipsa derrière dyu, le firmament.

Quand nos pères se demandaient d'où venaient la pluie, l'éclair et le tonnerre, ceux d'entre eux qui habitaient l'Italie répondaient que la pluie venait de Jupiter pluvius, l'éclair de Jupiter fulminator et fulgurator, le tonnerre de Jupiter tonans. En Grèce, tout ce qui pouvait être dit des hautes régions de l'air, se raconta de Zeus : Zeus pleuvait, neigeait, tonnait, assemblait les nuages, déchaînait la tempête, tenait l'arc-en-ciel dans sa main ; toute espèce de légendes se groupèrent autour de ces noms divins ; plus elles étaient incompréhensibles, plus on les écoutait volontiers, jusqu'à ce qu'enfin, c'est à peine s'il resta une trace quelconque de l'Être qui avait d'abord prêté au nom du ciel sa plus haute signification.

Un trait caractéristique de l'Hindou, et qui frappe dans les hymnes, est sa tendance à chanter les louanges de tout ce qui l'entoure. Non content de célébrer les vertus des êtres invisibles qu'il devine derrière tous ces semi-tangibles et ces intangibles, montagnes, rivières, arbres, feu, soleil, orages, les rishis, emportés par l'exubérance de leurs sentiments passionnés, glorifient des objets parfaitement tangibles, qu'ils ont travaillés de leurs propres mains, ou qui, du moins, n'ont rien pour eux de mystérieux ; ceux-ci, ils les appellent des *dévatas ;* les commentateurs expliquent que le mot *dévata* désigne la chose ou la personne à laquelle on s'adresse ; ainsi, bien des hymnes célèbrent les victimes offertes en sacrifice, et les vases servant au culte, et des haches, des boucliers ; il y a aussi des hymnes dialogués entre le rishi qui parle et le dévata qui reçoit son hommage.

Herbert Spencer raconte que, de nos jours encore, des Indiens adressent des prières aux objets dont ils ont coutume de se servir ; une femme adore le panier qu'elle porte au marché et lui offre un sacrifice, de même qu'à ses autres ustensiles de ménage ; le charpentier adore sa hachette, le maçon sa truelle, et le brahmane, sa plume. Il serait bon de savoir quel sens l'auteur des *Principes de Sociologie,* et surtout les Indiens eux-mêmes, prêtent au mot : adorer.

Le désir de se rendre compte de ce qui se passe marche de pair avec le besoin de prier et de glorifier ; les louanges et les questions s'entrelacent comme les fils d'un tissu.

« Le soleil ne pose sur rien, — il n'est pas enchaîné, — comment se lève-t-il et ne tombe pas ? »

Comme l'aurore et le soleil apparaissent chaque matin, et que la pluie tombe souvent, qu'il y a beaucoup de rivières et des ruisseaux en abondance, le poète veut savoir :

« Combien y a-t-il de feux, — combien d'aurores, — combien de soleils et combien d'eaux ? — Je ne le demande pas, ô pères, pour vous ennuyer, — je le demande, ô voyants, pour que je le sache ! »

Il faut expliquer aussi à ces grands curieux comment il se fait qu'une vache rousse ou brune puisse donner du lait blanc. Mais les rishis sont de rigoureux logiciens, et jugent que les dieux puissants qui ont fait le monde tel qu'il est auraient bien dû le faire meilleur ; et ils ne manquent pas de communiquer leur opinion à ceux que cela regarde : « Si nous étions aussi riches que vous, — nous n'aurions pas laissé nos adorateurs mendier leur pain ! »

On s'est demandé si l'humanité a commencé par être monothéiste ou polythéiste. Cette question ne s'est pas posée d'elle-même parmi nous ; elle a eu pour antécédent une opinion fort ancienne, développée dans les écoles de théologie au moyen âge ; les Pères de l'Église nous ont montré la croyance en un seul Dieu comme ayant été, dès les temps les plus reculés, le glorieux partage de la famille sémitique, issue en ligne directe du premier homme. Mais ces mêmes théologiens ayant vu dans l'hébreu la langue primitive du genre humain, assertion reconnue erronée, nous avons le droit de ne pas admettre sans en examiner la valeur l'idée d'une révélation divine dispensée exclusivement au peuple juif.

Les savants qui discutent sur la forme originelle de la pensée religieuse dans l'humanité semblent ignorer que les anciens Aryens ont pu n'être ni monothéistes, ni polythéistes. Les hymnes védiques nous apprennent qu'ils avaient beaucoup de dieux, et que ces dieux étaient tous égaux ; pendant que l'Hindou s'adresse à l'un, les autres sont pour lui comme s'ils n'existaient pas ; chaque dieu devient à son heure, sous la louange suprême, la puissance suprême ; le rishi qui vient de représenter le soleil sous ses noms de Vishnu, de Varuna, de Mitra, de Savitar, comme le créateur du monde, en parle l'instant d'après comme du fils des eaux, comme étant né de l'aurore, comme d'un dieu ni au-dessous, ni au-dessus des autres ; c'est ce trait de la religion aryenne, ce culte offert alternativement à différentes divinités, auquel Max Müller a donné le nom d'hénothéisme.

« Parmi vous, ô dieux, il n'en est pas de grands, — et il n'en est pas de petits, — il n'en est pas de vieux ni de jeunes, — tous vous êtes grands en vérité. »

La religion de l'humanité entière à l'origine aura été cette intuition du divin, qui a sa formule dans l'article de foi le plus simple et le plus important : Dieu est Dieu ; formule vague et par cela même applicable à l'aube d'une idée. Cette religion-là, qui n'est ni polythéiste, ni monothéiste, devient l'une ou l'autre selon l'expression que trouve le langage ; en aucune langue, le pluriel n'existe avant le singulier ; l'esprit humain n'eût jamais conçu l'idée de beaucoup de dieux, s'il n'avait eu d'abord l'idée de Dieu. Mais il est deux genres d'unité, et il est urgent de les distinguer ; l'un n'exclut pas absolument la pluralité, l'exemple des Hébreux le témoigne, et l'autre l'exclut ; si donc une expression devait être donnée à cette première intuition du divin, unique point de départ de toute religion, elle serait : il y a un dieu, et certainement pas encore : il n'y a qu'un dieu.

Ce sont là des nuances qui, pour être saisies, exigent une grande attention ; le fait que nos langues modernes ont dû tirer du pluriel grec Θεοί, les dieux, le singulier Θεός, dieu, a mis du trouble dans nos idées ; il est certain qu'au point de vue historique, la conception de Θεοί est issue de celle de Θεός, mais, en passant par cette évolution, le sens du mot a subi une transformation aussi complète que celle du gland en chêne ; l'évidence de ce changement s'impose avec tant de force à nos sens extérieurs mêmes, que, dès que notre esprit a atteint un certain degré de développement, le son du mot dieu pris au pluriel blesse l'oreille comme si nous entendions parler de deux univers ou d'un seul jumeau.

L'esprit de l'Hindou oscillait cependant entre la représentation de beaucoup de dieux et celle d'un dieu unique, et les rishis paraissent avoir tenté d'établir une sorte de priorité parmi leurs nombreuses divinités :

« Ce qui est *Un*, les voyants l'appellent de noms divers : on parle d'Indra, de Mitra, d'Agni, de Varuna, — on appelle de divers noms l'être qui est, et qui est *Un*. »

« Le soir, Agni devient Varuna, — il devient Mitra quand

il se lève le matin : — devenu Savitar, il traverse le ciel ; — devenu Indra, il embrase le ciel au Zénith. » (*Atharva.* XIII, 3, 13.)

Cette tentative, qui aurait pu mener au monothéisme, n'aboutit pas; sur ce point, les Hindous restèrent en arrière des Grecs et des Romains qui trouvèrent le polythéisme avec ses dieux présidés par un dieu suprême, par Zeus et Jupiter.

Une des mythologies aryennes, celle des peuples scandinaves connue sous le nom d'Edda (la bisaïeule), est une collection de petits poèmes dont l'un est intitulé : « le Crépuscule des dieux ». Quand nous voyons l'antique Dyaus détrôné par le dieu indien Indra, puis Indra lui-même presque nié par quelques-uns, il nous semble que la catastrophe finale prédite par les poètes islandais est près de fondre sur nos pères hindous ; nous atteignons, paraît-il, l'époque où l'hénothéisme, après de vains efforts pour s'organiser en polythéisme et pour se simplifier en monothéisme, doit immanquablement aboutir à l'athéisme ; mais le dernier mot de la religion védique ne fut point l'athéisme.

Au fait, qu'est-ce que l'athéisme ?

XI

LA RELIGION COMME L'HOMME L'A COMPRISE

(Je ne dis pas : les hommes, je dis : « l'Homme »).

> Nul ne connaît assez la puissance de la raison.
> Saint Thomas d'Aquin.
>
> De nos jours, nous manquons encore plus de raison que de religion.
> Fénelon.

Cette question : Qu'est ce que l'athéisme ? m'a réveillé comme en sursaut. Séduit par tant d'idées belles et vraies et neuves que je notais à mesure qu'elles se présentaient à moi, préoccupé aussi des observations passablement décourageantes que j'avais faites sur mon incapacité chronique d'en tirer un parti utile, je perdais de vue qu'il ne suffit pas de penser et d'écrire en marchant à l'aventure et sans savoir où l'on va. Me voici à mon onzième chapitre, et je m'aperçois avec terreur qu'il menace de sauter par-dessus les deux précédents, et de se mettre immédiatement à la suite des pages où il était question de mots sans cesse prononcés et rarement compris. Décidément, je manque de méthode.

Nous avons vu naître de nos jours, en Allemagne, une école, — l'école historique ; elle avait à sa tête Niebuhr, les deux Humboldt, Bopp, auteur de la première grammaire comparée, Grimm et quelques autres. Cette école appuyait sur ce que la continuité de la pensée humaine ne s'interrompant jamais, il n'existe pas de barrière entre l'histoire du présent et celle du passé, et que les difficultés que nous présente l'étude des problèmes philosophiques actuels s'élimineraient en grande partie, si nous savions sous quelle forme ces mêmes problèmes apparurent parmi les hommes pour la première fois.

L'école historique marche de pair avec celle de philologie comparée : celle-ci a démontré que, dans les commencements, le nombre des mots était très minime ; ils étaient, pour ainsi dire, rangés les uns à côté des autres, comme les premiers fils d'une trame tendue par le tisserand sur son métier. Mais peu à peu, par suite de notre négligence et de nos perpétuelles distractions, les idées contenues dans ces mots se sont confondues ; nous avons cessé d'en suivre le fil ; les mots sont restés empreints dans notre mémoire, mais le sens n'est plus le même ; ils contiennent même souvent plusieurs sens qui se contredisent ; il en est résulté que nous vivons dans l'ignorance de bien des choses qu'il nous importerait le plus de savoir clairement.

Tout problème de philosophie et de philologie ne s'explique jamais mieux qu'au moyen de la méthode historique ; saisissons à deux mains chaque question obscure dont nous n'avons pas encore la clef, chaque terme dont la signification s'est perdue, et faisons-leur faire à rebours le chemin qu'ils ont dû parcourir avant d'arriver jusqu'à nous. Interdisons-nous surtout les plaisirs, si chers aux esprits paresseux, de l'école buissonnière, et les promenades dans le pays des rêves qui manque de cartes pour diriger les voyageurs.

Pour ce qui est des mots, nous avons, nous autres qui ne sommes pas de savants linguistes, plus d'une manière de nous les expliquer ; la plus aisée est de noter l'usage qu'on en faisait à diverses époques dans le passé ; une autre manière, infiniment plus importante et la plus sûre, est de connaître leurs biographies ; nous les trouverons dans de très anciens documents ; et une troisième méthode, qui n'exige de connaissances ni en histoire, ni en généalogie, consiste simplement à réfléchir ; ce moyen-là devrait être à la portée d'un chacun ; pourtant peu s'en servent.

Comme je suis tenu de suivre le développement de la religion védique au sortir de ce qui n'était ni le polythéisme, ni le monothéisme, je reviens au dernier mot de mon précédent chapitre, pour chercher ses antécédents historiques.

Nous lisons dans l'histoire que, pareille à une bête féroce à la poursuite d'une proie, l'épithète d'athée se lançait en aveugle sur des hommes qui n'avaient entre eux rien de commun. Socrate, qui ne niait pas les dieux de la Grèce, fut condamné comme athée, parce qu'il réclamait la liberté de croire en des êtres supérieurs à quelques-unes des divinités grecques. Spinoza fut appelé athée par les Juifs ses coreligionnaires, parce que sa conception de Jahveh était plus large que la leur. Les premiers chrétiens furent appelés athées par les Juifs et par les Grecs, parce qu'ils ne croyaient pas à la façon des Juifs et des Grecs. Étaient-ils des athées, les Hindous, le jour où ils dirent : « Qu'est-ce que Indra ? c'est le soleil et c'est la pluie, rien de plus ». Etaient-ils des athées quand ils cessèrent de croire à leurs dévas, ces objets brillants, les astres, les prairies, les rivières, les yeux de l'homme ? Si l'histoire du mot athée ne nous avait appris qu'une seule chose, que ceux qui croient autrement que nous ne méritent pas pour cela d'être accusés d'athéisme, le feu de bien des *auto-da-fé* n'eût pas été allumé.

Mais y en a-t-il, de vrais athées, c'est-à-dire des gens convaincus que le mot *Dieu* ne représente rien ? Oui, peut-être, si vous avez réussi à convaincre la raison humaine qu'il peut y avoir un acte sans un moteur, une limite sans un au-delà, un fini sans un non-fini ; car alors vous aurez réellement prouvé qu'il n'y a point de Dieu.

« Dieu est une grande parole », disait un théologien anglais dont la sincérité et la piété n'ont jamais été mises en question ; « qui le sait et le sent, jugera plus justement celui qui avoue ne pas oser dire : je crois en Dieu ! »

Il est certain que nous ne devrions jamais appeler un homme athée, tant que nous ignorons quel Dieu on lui a appris à adorer, et quel Dieu il rejette ; il le fait peut-être par le plus pur motif. Si nous respectons la foi du charbonnier, respectons aussi le doute philosophique ; ce pourrait bien être le point tournant où l'esprit abandonne une croyance dont il a reconnu la fausseté, ou bien cherche à remplacer le moins parfait, si cher qu'il puisse être, par le plus parfait, si nouveau qu'il paraisse ; sans cet athéisme-là, il y a longtemps que la religion ne serait plus parmi nous que de l'hypocrisie figée.

Il arrive un moment, dans la vie de l'individu comme dans celle des peuples, où il est inévitable que les opinions se modifient ; l'ancienne idée d'un ouvrier façonnant le monde avec ses mains comme les potiers primitifs moulaient leurs vases d'argile a dû s'atténuer peu à peu ; cette idée répugnait si fortement à l'esprit éclairé de Çakya-Muni, le prince indien universellement connu sous le surnom du Buddha, qu'il déclarait irrévérencieux de demander comment le monde a été fait, et encore plus audacieux d'essayer de répondre.

Ce qui chez les Hindous prit la place de l'hénothéisme pourrait s'appeler l'adévisme, la négation des vieux dévas ; cette négation ne peut être une fin de religion ; elle en est bien plutôt le principe vivant.

Il me plaît assez, au moment d'exposer une idée que je sais être vraie, de mentionner d'abord les opinions fausses qui ont cours sur ce sujet, car il est curieux de voir comment un point de départ détermine le point d'arrivée. Hérodote, César, Quinte-Curce, qui ont parlé des croyances religieuses des peuples, racontent que les hommes adorent le soleil, la terre, le ciel, le feu, l'eau ; qu'ils adressent un culte à de certaines rivières, à de certains arbres, et considèrent généralement comme des dieux toutes les choses qui leur sont utiles. Ainsi parlaient les anciens historiens, parce qu'ils ne savaient rien dire de mieux ; et les théoriciens modernes, qui devraient en savoir davantage, répètent encore : « Les premiers hommes adoraient les phénomènes de la nature, les astres surtout, les prenant pour des dieux. »

Et on ne s'étonne pas de ce que les primitifs aient pu entrevoir qu'il doit exister quelque part, dans le monde ou hors du monde, un pouvoir souverain qu'ils appelèrent des dieux.

La théorie du fétichisme eut la prétention, au siècle dernier, d'expliquer cette intuition des primitifs ; mais elle n'expliqua rien du tout, parce qu'elle était à côté de la question. On ne s'en aperçut pas, et cette théorie passa pour être raisonnable.

Tandis que les théoriciens d'aujourd'hui considèrent le prédicat : Dieu, même appliqué à un fétiche, comme n'exigeant pas d'explication, l'école historique a vu dans ce nom le résultat d'une longue évolution de la pensée. D'abord il avait fallu que l'âme humaine fût faite de manière à tendre naturellement et invinciblement vers l'Inconnu. Et il fallut aussi que les hommes apprissent qu'ils avaient une âme.

Nous savons, nous, que nous en avons une. Mais savons-nous ce que c'est que l'âme ?

Nous dirons probablement : « Oui, c'est ce qui n'est pas le corps, qui périt, tandis que l'âme est immortelle. » C'est déjà quelque chose de pouvoir répondre ainsi, puisque c'est vrai ; c'est un résidu de ce que nous en a dit le catéchisme.

Mais puisqu'il est établi que toute connaissance humaine, tant abstraite que pratique, a toujours le même commencement, qu'elle entre en nous par le canal des sens, et que ni l'œil, ni l'oreille, ni la main n'ont jamais affaire à l'âme, qu'en pouvons-nous savoir ? Comment surtout saurions-nous quelque chose de la persistance de l'âme après la mort, du moment que l'immortalité est en dehors de la sphère de notre expérience sensible ? En tant qu'hommes, nous ne connaissons que des esprits renfermés dans des corps ; et des esprits non revêtus d'une forme quelconque, tels qu'ils pourraient être après ce qu'on appelle la mort, nous n'en savons pas plus que des idées sans mots.

Cette connaissance de l'âme, exactement comme la croyance en une divinité multiple, puis la découverte d'un Dieu unique, ne se peut comprendre que comme le résultat d'observations sans cesse renouvelées et de longues méditations ; on étudie cette histoire dans les annales du langage, dans ces vieux mots qui, signifiant à l'origine des choses palpables, arrivèrent peu à peu à exprimer ce qui est invisible et infini.

Le dernier soupir d'un mourant avait donné le premier soupçon de la présence dans l'homme d'un principe non corporel ; ce souffle visible fut reconnu au moment de la mort n'être qu'un accident, quelque chose de passager. Le langage distingua bien vite entre l'acte de respirer, qui est le souffle même, et ce qui avait respiré, l'invisible agent de cet acte. Cet agent reçut différents noms dans les différentes langues des peuples ; les Grecs le nommèrent *Psyche*, et dirent que c'était l'air qui à l'heure de la mort passe entre les dents et s'en va ; il s'appela *Atman* chez les Hindous, et *Anima* chez les Latins, deux noms compris originairement chez ces deux peuples comme ceux d'une chose qui respire. Cicéron parlait donc de l'*anima*, mais il jugeait prudent de ne pas la définir, et avouait franchement ne pas savoir si elle était de l'air ou du feu.

Il nous arrive encore de parler du souffle au figuré, quand nous cherchons un nom pour le mystérieux pouvoir qui gouverne le monde.

Quoique le mot de souffle fût le plus usité pour exprimer le principe de vie, on se servait encore anciennement d'une autre expression ; dans les contrées les plus éloignées les unes des autres, pour rendre l'idée de quelque chose d'intangible, mais d'étroitement lié au corps, on parlait de l'ombre d'un mort; l'influence du langage sur la pensée est à un tel point réelle et plus puissante que le témoignage même des sens, que ceux qui nommaient l'âme une ombre en étaient venus à croire que les cadavres ne projettent point d'ombre autour d'eux, parce que l'ombre les a quittés.

Puis, il fut découvert que l'âme n'est pas un tout homogène, mais un composé de parties dont les unes sont éphémères, destinées à disparaître avec le corps; ces parties-là forment ce que les Grecs et les Latins ont appelé l'*ego*, les Hindous l'*aham*, et ce que nous appelons en français le *moi*; ce sont trois noms pour une même chose, chose contingente, car elle dépend des circonstances, — du corps, de l'âge, du sexe.

Tous les hommes ont cherché à deviner l'énigme de la vie humaine; mais les Hindous, qui excellaient particulièrement dans la recherche de la formation des mots, c'est-à-dire de la naissance et du développement des idées, en fouillant plus et plus profondément dans leur âme, dans leur Atman, arrivèrent enfin à une partie de l'Atman débarrassée de tout alliage sensible; ils jugèrent que cette partie-là ne peut absolument pas expirer, parce qu'elle n'a jamais respiré; c'était l'être pur; profondément caché dans l'aham, dans l'ego, dans le moi, il ne dépend plus des circonstances; il *est* tout simplement.

Cette conception nouvelle pouvait réclamer un nouveau nom; mais le mot d'Atman, qui désignait d'abord tous les éléments réunis de l'âme, ceux qui passent et ceux qui demeurent, les Hindous le retinrent dans leur langage, et il servit en définitive à exprimer l'essence même de l'âme, l'être sans attributs aucun, identique à l'Être qui vivifie la nature entière; c'est l'infini même dans l'homme : Socrate en avait connaissance et l'appelait son démon.

Cette idée renferme, au point de vue indien, la solution de la grande énigme du monde; le commandement qui est comme la moelle de toute philosophie : « Connais-toi toi-même » devient dans la doctrine hindoue : « Connais ton être comme étant l'Être », ou comme nous disons nous-mêmes dans notre langage religieux : C'est en Lui que nous avons la vie, le mouvement et l'être. » En reconnaissant l'âme comme une chose qui *est*, nous devons comprendre que *d'être* est plus merveilleux que de respirer, de sentir, de penser, de vivre, puisque aucune de ces manifestations n'est possible qu'à la seule condition de procéder d'une chose qui *est*.

Après avoir analysé l'âme humaine, les Hindous la suivirent de phase en phase à partir du moment où le souffle qui fait de l'homme une personne vivante reçut ses premiers noms ; ils tracèrent ainsi toute son histoire dans le temps, et crurent pouvoir la prolonger jusque dans l'éternité.

Cette histoire a mis des siècles à s'élaborer ; nous ne la trouvons terminée que dans un ouvrage postérieur aux hymnes védiques, les Upanishads. L'étude de l'âme humaine est le point central de la philosophie hindoue, et les Upanishads sont certainement le premier travail psychologique qui ait jamais été fait.

Il est des gens qui doutent de beaucoup de choses que d'autres considèrent comme certaines ; mais personne n'a jamais douté de l'existence de sa propre âme. Pourquoi les théologiens qui ont rédigé notre Credo ont-ils omis d'y inclure l'article : « Je crois en mon âme ? » Cet article-là n'eût pas trouvé d'incrédules.

Une certaine dose de sens commun suffit pour admettre que l'âme sans Dieu n'aurait pas eu d'histoire, car ni l'âme sans Dieu, ni Dieu sans l'âme, ne constitue la religion. Or, cette chose qu'on appelle la religion, quand ce ne serait que sous forme d'un élan de la pensée vers un être inconnu, mais désirable, a toujours existé depuis qu'il y a des hommes sur la terre.

Nous avons entendu les perpétuels « d'où vient ?... pourquoi ? » et les fréquents « parce que ». Enfin, maintenant, un

groupe très peu nombreux de penseurs vient nous dire :
Toutes les explications de la philosophie spéculative sur les
premiers mouvements religieux de l'âme humaine ne seront
que des suppositions en l'air, tant que les philosophes n'auront pas reconnu avec les historiens qu'il y eut, à l'origine
des temps, une révélation dans le vrai sens de ce terme.

Les avis diffèrent sur ce qu'il est légitime d'appeler « le
vrai sens » de ce terme.

Nous sommes si habitués à appliquer l'expression : « la
Parole de Dieu » à nos livres sacrés, que nous ne songeons
pas à chercher cette parole ailleurs que là. Mais nos premiers
pères l'ont lue autre part que dans la Bible, qui, de leur
temps, n'existait pas encore.

Pour tout esprit réfléchi, c'est un spectacle étonnant que
celui des primitifs, mus par la curiosité de l'Inconnu et s'abandonnant simplement au courant qui les entraînait dans une
certaine direction.

Je m'imagine que nos ancêtres aryens n'eussent pas fixé
leur attention avec une si persistante ténacité sur la nature
environnante, si les astres du firmament avaient été immobiles. Mais le soleil paraissait d'un côté, traversait le ciel et
disparaissait d'un autre côté ; très naturelle, la remarque du
prince incas : « Il y a quelque chose derrière le soleil qui le
fait monter et descendre ! » L'idée ne lui était même pas venue,
à ce prince, que le soleil bougeait pour son propre compte.
Et d'autres princes, et des poètes, et toutes sortes de gens, les
yeux fixés sur tout ce qui bougeait à la voûte des cieux, auront
fait la même réflexion et cherché l'invisible moteur.

Si le monde a été suscité par une substance intelligente, les
créatures raisonnables auront dû l'avoir confusément senti
dès l'origine ; elles devaient être pareilles à ces plantes volubiles qui tournent forcément sur leur axe, et immanquablement d'un certain côté, parce qu'elles ne sont pas libres de
faire autrement.

« Vous promettiez une révélation, dira-t-on, et vous vous dirigez vers l'évolution ; de deux choses l'une, car l'une contredit l'autre. »

C'est à savoir. Essayons d'appliquer la théorie évolutive à la vie du mollusque ; nous le voyons diriger et étendre ses tentacules vers la miette de pain qui nage sur l'eau ; s'ils se rencontrent, leur contact provoquera dans le mollusque l'acte de saisir cette proie. Ce mouvement n'est encore qu'à demi conscient, ou plutôt il cesse d'être entièrement involontaire. Il y aurait là, sous les apparences de cause et d'effet immédiats, un principe antérieur au phénomène ; des idées qui passent aux yeux de la majorité des psychologues pour être innées, c'est-à-dire des images empreintes dans notre esprit avant que nous ayons conscience de nous-mêmes, pourraient bien être le résultat d'une simple réceptibilité de notre *moi* qui nous met à même, lorsqu'il est affecté d'une certaine façon, de se représenter ces affections sous de certaines formes.

Le pressentiment que des Puissances inconnues devaient se trouver au delà du monde visible ne faisait que poindre quand elles furent appelées par les Aryens Ciel, Soleil, Lune, Orage, Jour, Nuit, tous noms désignant déjà diverses parties de la Nature.

A la perception d'un au-delà, à la curiosité de savoir ce qu'il renferme, se lia nécessairement l'image du gouffre qui le séparait du monde connu ; il fallait pouvoir le franchir ; un pont était nécessaire ; cette pensée surgit spontanément d'une extrémité à l'autre du globe, mais on peut vraiment dire que nos ancêtres directs furent les premiers pontonniers. La mythologie scandinave mentionne un pont bâti par les dieux, et qui était de trois couleurs ; serait-ce l'arc-en-ciel ? La voie lactée servit de pont aux Hindous, et il est aussi question dans les Upanishads d'un sentier nuancé de cinq couleurs ; serait-ce l'arc-en-ciel encore ? La source de toutes ces rêveries est la croyance, indéracinable dans le cœur de l'homme, que l'au-delà et l'en-deçà, l'immortel et le mortel, le divin et l'humain, ne peuvent rester séparés pour toujours.

Ici, je relève un trait saillant du Rig-Véda. Les rishis se rendent parfaitement compte de la manière dont ils composent leurs hymnes ; ils déclarent y travailler comme tous les ouvriers, charpentiers, tisserands, potiers, travaillent à leurs métiers ; tantôt ils se représentent eux-mêmes parlant sous la dictée du cœur et « poussant leurs hymnes comme le rameur pousse son esquif sur la rivière » ; tantôt ils remarquent que les pensées leur viennent des dieux et que les dieux eux-mêmes sont des voyants et des poètes ; et nulle part dans le Rig-Véda il n'y a de trace d'une révélation surnaturelle dans le sens où ce mot s'entendait chez les Grecs, comme une théophanie ou apparition de la divinité, ou comme il fut compris plus tard dans presque toutes les religions, à commencer par le brahmanisme.

Il serait oiseux de chercher dans le Rig-Véda une exposition complète de la pensée védique ; ce ne sont pas tous les anciens hymnes qui s'y trouvent ; la collection en fut faite par les prêtres, et s'ils conservèrent tant de poésies inutiles pour la célébration du culte, nous devons leur en savoir gré, car ce sont elles qui racontent le pèlerinage entrepris par les Aryens à la recherche de l'aimant invisible qui les attirait au delà de tout ce qu'ils voyaient et entendaient. Ils marchaient et ils avançaient, se réjouissant chaque fois qu'une de leurs perceptions se faisait plus nette, et pliant sous le poids de la tristesse quand ils s'apercevaient s'être trompés.

Il est dit quelque part dans la Bible, que pour Dieu mille ans sont comme un jour. Et pour moi qui lis les livres sacrés de l'Inde, non en savant critique, mais en homme heureux de rencontrer ses propres pensées dans les confessions des poètes hindous, il m'est vraiment impossible de ne pas traiter comme un seul jour les trois, les quatre mille ans durant lesquels ils n'ont cessé de s'épancher dans leurs chants, et de ne pas condenser sur une même page les sentiments exprimés dans les premiers hymnes et dans les dernières Upanishads.

« Faible d'esprit, ne pouvant comprendre, je vais cherchant les places où se cachent les dieux, — mes oreilles s'évanouissent, mes yeux s'évanouissent, et aussi la lumière qui est dans mon cœur; mon âme avec ses désirs m'abandonne; que dirai-je, que penserai-je? »

« Il n'est point d'image de Celui dont le nom est grande gloire! — l'œil ne le peut saisir, ni aucun des autres sens, ni la parole, ni la pénitence ou les bonnes œuvres, — nous ne savons pas, nous ne comprenons pas comment quelqu'un pourrait nous renseigner, — cela diffère du connu, c'est aussi au-dessus de l'inconnu; ainsi nous disaient les anciens. »

« Vous ne saurez jamais Celui qui créa ces choses; il y a quelque chose entre vous et lui. »

Ces phrases incohérentes acquièrent une valeur toute spéciale, quand on songe que ce ne sont point là des citations tirées d'un ouvrage moderne imitant les écritures d'une autre époque; non, c'est ce qui n'existe nulle part ailleurs que dans le Véda, une œuvre littéraire composée dans l'ombre et le silence par des auteurs qui ignoraient eux-mêmes quel était l'objet de leurs poursuites.

Enfin un point se dégage de la brume; mille ans peut-être avant l'apparition du Christ en Palestine, ce verset fut prononcé au nord de l'Inde : « Celui qui, au-dessus des dieux, est le seul Dieu » (*Rig.*, X, 121, 8.)

Les divinités des Grecs, des Romains, des Germains, avaient disparu devant d'autres croyances; mais les Hindous, qui savaient déjà que leurs dévas n'étaient rien, rien que des noms, n'avaient pas à leur portée une religion naissante à adopter; ils n'abandonnèrent donc pas leur route traditionnelle et continuèrent à marcher, comme dit un de leurs poètes, « enveloppés de brouillard et de paroles vides ».

Toute la pensée religieuse de la période védique se retrouve dans les Upanishads (ce nom signifie littéralement : assemblée des élèves autour de leur maître); elle y est résumée, non systématiquement, ni dogmatiquement, mais sous forme de suppositions sur ce que peut être la vérité; l'esprit de l'ouvrage est très large; il accueille toutes les nuances d'opinions les plus diverses et les plus contradictoires. Les conjectures au sujet de la création y abondent; toutes partent de la conviction que le monde visible n'est pas le vrai monde, et qu'avant qu'il parût il y avait ce qui est vraiment, ce qui est par soi, et que de là est venu tout ce qui existe ou semble exister actuellement; c'est ce non-phénoménal que l'esprit humain a pressenti tout le long des siècles, intuition plus convaincante que tous les arguments trouvés plus tard sur l'existence d'une cause première de toutes les causes.

La difficulté du travail entrepris par les brahmanes pour former un ensemble rationnel de ces vagues pressentiments, de ces pensées confuses et de ces véritables intuitions, se compliquait étrangement par le fait qu'acceptant déjà chaque mot des Upanishads comme ayant été surnaturellement révélé, il s'agissait pour eux de découvrir la raison d'être de chaque sentence qui paraissait ne pouvoir s'accorder avec d'autres, et d'user des matériaux les plus disparates pour ériger un monument littéraire parfaitement harmonieux dans toutes ses parties. Ils y réussirent; les philosophes hindous, partagés en deux écoles, ont pu construire un système qui rivalise pour l'unité et la solidité avec n'importe quel autre système philosophique justement renommé.

Cette œuvre gigantesque, commencée dans les hymnes védiques et achevée dans le livre intitulé le Védânta, ou la fin, l'objet suprême du Véda, est également connue sous le nom de Mîmânsâ-Sûtras; mîmânsâ est une forme dérivative de la racine *man*, penser, nom bien approprié à une tâche de ce genre, et sûtras veut dire littéralement : chaîne; ici, ce mot s'applique à des séries d'aphorismes très abstraits, rendus encore plus énigmatiques par l'extrême concision du style. Il y en a plusieurs centaines à la suite les uns des autres; on dirait un chapelet magique d'une longueur démesurée, dont chaque grain aurait été une pensée. Ce travail aura exigé une concentration intense de l'esprit.

Le fond et la forme de ces aphorismes sont caractéristiques; en voici un :

« Je veux déclarer en un demi-couplet ce qui a été déclaré dans des millions de volumes :

« Brahma est vrai, le monde est faux; l'âme est Brahma, et rien d'autre. »

Ceux qui acceptent l'Être Suprême comme étant l'Infini dans la nature, et l'âme individuelle comme l'Infini dans l'homme, doivent se dire que Dieu et l'âme sont *Un*, non pas deux, vu qu'il ne peut y avoir deux Infinis; telle est la croyance des Hindous; mais elle ne leur appartient pas exclusivement; elle a existé parmi les Grecs, et on la rencontre encore de nos jours autre part que dans l'Inde.

Les Sûtras, comme œuvre d'art, ne sont rien; comme jalons d'un grand système, c'est admirable. On possède sous cette même forme fragmentaire des traités de grammaire, d'étymologie, d'exégèse, de phonétique, de cérémonial et de jurisprudence.

L'aphorisme que j'ai cité, est de la pure quintessence du Védânta.

Et du panthéisme pur, dira-t-on. Ce mot de panthéisme est l'un des plus malaisés à définir, et je ne tenterai même pas de l'expliquer. J'ai horreur des épithètes, et je déplore qu'on ne puisse pas toujours les éviter. J'en suis venu à ne plus examiner les systèmes philosophiques de très près, de peur d'être entraîné à y apposer des étiquettes telles que : panthéisme, mysticisme, positivisme, matérialisme, naturalisme, et cela sans bien voir le point où il n'est plus licite de les qualifier de telle ou telle manière ; car l'épithète ou l'étiquette se retourne facilement contre le jugement de celui qui l'applique. Je me bornerai donc, à propos de la croyance des Hindous, à faire une remarque : si chaque couleur définie se décompose en une quantité de teintes qui n'ont point reçu de noms, il peut en être de même pour les nuances de certains mots, c'est-à-dire de certaines idées.

Les Grecs avaient à peine soupçonné l'existence du Véda ; en ces derniers temps l'Europe l'entrevit quelque peu : enfin, entièrement découvert et étudié, il n'est encore bien connu que de quelques érudits, ce qui expliquerait pourquoi cette antique création de l'esprit hindou exerça si peu d'influence sur notre philosophie.

CODE SACRÉ DES HÉBREUX

Tandis que les hymnes du Rig-Véda, avec leurs simples méditations, invocations et interrogations lancées pour ainsi dire à tout hasard dans l'espace, retracent fidèlement la marche de la pensée à la recherche de ce que peut recéler l'Inconnu, nous épions en vain dans l'Ancien Testament un indice du premier soupçon dans l'esprit humain de l'existence du divin. A partir du jour où dans le jardin d'Éden, Adam et Ève s'entretiennent familièrement avec l'Éternel, l'allégorie se continue en des légendes toutes pleines de faits merveilleux où se sont glissés certains faits évidemment historiques.

On comprend de mieux en mieux, et à tous les points de vue, la nécessité de vérifier à la lumière de la science les titres que peut légitimement posséder la Bible à la vénération du monde chrétien. Peu de personnes parmi les lecteurs assidus de l'Ancien Testament, toujours très nombreux en certains pays, se doutent que les livres dits de Moïse sont un recueil d'anciens documents, une compilation sortie des mains de plusieurs groupes d'individus vivant à plusieurs siècles d'intervalle et ayant chacun sa propre manière de voir. L'examen consciencieux auquel est depuis longtemps soumise cette partie des saintes Écritures ne portait d'abord que sur des points isolés ; et pour acquérir les franches allures qui caractérisent maintenant la critique, il a fallu se débarrasser de l'opinion généralement admise que la religion des Juifs avait été moulée tout d'une pièce, et parfaite dès l'origine. Il s'agit avant tout de séparer les documents anciens d'avec ceux de date plus récente; mais on renonce à établir une chronologie dans ces commencements de l'histoire des Hébreux. Jusqu'à la mort de Salomon, il ne peut y avoir que des chiffres ronds ou point de chiffres; même la date du plus ancien fait historique, la sortie du peuple juif de l'Égypte, n'est pas définitivement fixée; parmi les égyptologues, dont le témoignage a seul ici de la valeur, plusieurs hésitent encore, quoique la plupart s'en tiennent au xve siècle avant notre ère. On parvient encore moins à se faire de Moïse une représentation qui ne se perde dans la brume où des héros comme Lycurgue et Numa se trouvent enveloppés.

L'idée d'une révélation expressément octroyée au peuple juif acquit surtout de la consistance au moyen âge ; et à partir de la Réformation, elle s'imposa à tous les esprits qui ne répugnaient pas à voir dans une faible poignée de l'humanité, à l'exclusion du reste, un vase d'élection destiné à répandre dans le monde la connaissance de la vérité religieuse ; la lecture de la Bible se propagea dans toutes les classes de la société là où elle ne fut pas interdite aux laïques, et l'on peut dire que, depuis lors, des millions d'êtres humains ne connurent point d'autre littérature.

Assurés que l'Ancien Testament renfermait la Parole divine même, Juifs et Chrétiens le lisaient avec un sentiment de révérence qui excluait naturellement toute velléité de critique. Mais l'esprit d'examen qui avait animé les Réformateurs ne pouvait plus s'éteindre, et des lecteurs particulièrement attentifs ne tardèrent pas à relever dans la composition du Pentateuque des irrégularités qu'ils ne parvenaient pas à s'expliquer. Du reste, la découverte que la Bible contient beaucoup de récits qu'il est extrêmement difficile de concilier entre eux, remonte bien au delà de cette époque. Lorsque saint Jérôme, mécontent des versions grecques et latines qui circulaient de son temps, entreprit d'en faire une plus correcte, il écrivait à un prêtre de ses amis : « Relis tous les livres de l'Ancien et du Nouveau Testament, et tu trouveras tant de contradictions dans le chiffre des années, et tant de confusion dans le nombre des rois de Juda et d'Israël, que ce serait à un homme désœuvré plutôt qu'à un homme studieux de faire attention à ces questions. »

A côté de ce travail de restauration historique qui se poursuit maintenant, il y en a un autre, d'une nature plus spécialement morale ; on veut savoir comment le peuple juif en est venu à se maintenir si fort, si compact, toujours lui-même au milieu de peuples étrangers et en dépit de toutes les vicissitudes ; on se demande ce qu'était dans les premiers temps la religion des Hébreux, et si c'est vraiment à un élément supra-humain que les bandes pillardes réunies au pied du Sinaï ont dû de se constituer en une nation ; enfin, les psychologues raffinés veulent connaître les phases par lesquelles la conception du divin passa dans l'esprit sémitique.

Les savants qui s'adonnent à cet examen ont soin d'en écarter tout ce qui tient, de près ou de loin, à l'orthodoxie populaire, car lorsque la théologie, c'est-à-dire la théorie, se glisse dans le camp des travailleurs, on n'y comprend plus rien ; le peuple d'Israël tout entier devient prophète, et les prophètes deviennent des apôtres. Mais les travaux avancent lentement ; chaque critique s'efforce de faire entrer ses propres élucubrations dans les vieux cadres bibliques que tous doivent et veulent conserver ; la science a encore beaucoup à faire pour persuader à quelques-uns de ses plus sincères adeptes que les écrivains hébreux n'étaient pas des chrétiens, encore moins des philosophes, et la lutte entre les commentateurs ne discontinue pas.

Parmi nous autres, témoins passifs de ce mouvement scientifique, bien des personnes, sans suivre de près les progrès de l'exégèse contemporaine, sont suffisamment éclairées pour en apprécier le but et l'utilité ; et celles-là remarquent avec une satisfaction mélangée d'étonnement : « Quoi qu'on dise, un fait demeure intact : nos saintes Écritures parlent de Dieu comme de Dieu, Créateur du ciel et de la terre, ce qu'il est véritablement; donc, l'Ancien Testament, produit de l'esprit sémitique, n'a pas été atteint, comme les vieilles littératures aryennes, du mal mythologique. »

Cherchons la raison d'être de cette immunité censément accordée aux livres sacrés des Hébreux; et cherchons-la dans le langage, et non en dehors du langage, où quelques-uns persistent encore à aller chercher des pensées.

LES DIVERS NOMS DE DIEU

Selon les historiens qui s'occupent des anciennes religions, chaque nom ou surnom donné à la divinité correspond à une conception particulière que s'en fait un peuple ; c'est là un principe généralement reçu, et il sert de fil conducteur dans l'étude des cultes primitifs.

Les ancêtres de la famille sémitique possédaient en commun plusieurs noms servant à désigner la déité, c'est-à-dire ce quelque chose d'implanté dans l'esprit de l'homme et inséparable du premier souffle de vie, du premier regard jeté sur le monde, de la première sensation de notre propre existence, en un mot, du sentiment de dépendre absolument d'un pouvoir en dehors de nous-mêmes. — Ces noms étaient tous, ou des titres honorifiques, ou la représentation de cer-

taines qualités morales : El, et El-Schadaï — le Fort, le
Puissant; Bel ou Baal — le Seigneur; Adon ou Adonaï —
le Maître; Melk ou Moloch — le Roi; Eliun — le Très-Haut.
Des noms aussi intelligibles donnaient peu de prise à l'équivoque, et la phraséologie chrétienne les adopta parce qu'ils
ne contenaient aucun trait qui ne pût être attribué à
Dieu.

J'aurais aimé à passer sous silence le nom d'Eloha, qui
devint avec le temps Elohim, car son histoire est longue;
mais j'en dirai quelques mots parce qu'il est un des plus primitifs, et que mieux que tout autre il donne une idée de ce
que les Sémites entendaient par le divin. Appliqué au pouvoir inconnu, invisible, seulement pressenti, le nom d'Elohim
exprimait le divin conçu comme puissance supérieure à tout
ce que l'homme connaît sur la terre; mais il désignait
en même temps un grand nombre d'objets visibles dont
l'exceptionnelle grandeur, soit physique, soit morale, demandait à être indiquée par le superlatif. C'est ainsi qu'on
disait d'un roi, d'un prince, d'un prophète, d'une très haute
montagne, d'une rivière très large, d'un arbre très vigoureux, d'un cerf qui l'emporte sur d'autres animaux par la
rapidité de sa course, qu'ils étaient des Elohim; il y avait
donc beaucoup d'Elohims de nature très diverse; la terminaison sémitique en *im*, qui avait fait d'Eloha un pluriel,
n'empêchait pas le verbe qui l'accompagnait d'être employé
au singulier; et l'on disait aussi bien l'Elohim que les
Elohims.

Une comparaison établie entre la manière dont le même
sujet est traité par les Sémites et par les Aryens semblera
d'abord justifier pleinement l'impression que le langage
mythologique n'a pas osé attaquer la pensée des écrivains
hébreux. Je supposerai que le thème soit l'aurore; elle restera
chez les premiers un phénomène naturel quotidien, et les
seconds la transformeront en un agent personnel prenant les

formes de gracieux personnages mythiques. J'en trouve un exemple dans le livre de Job.

Sont en présence l'un de l'autre Jéhovah, Créateur de l'univers, et Job étendu sur le fumier et cherchant à surprendre les secrets de la nature. Jéhovah est mécontent, et il accentue en ces termes le ridicule dont se couvre l'orgueilleux vermisseau :

> As-tu, depuis que tu existes, donné des ordres au matin ?
> As-tu enseigné sa place à l'aurore ?
> Parles, puisque tu sais tout... ;
> Sais-tu quel chemin conduit au séjour de la lumière,
> Et en quel lieu résident les ténèbres ?
> Tu le sais sans doute ! car tu étais né avant elles ;
> Le nombre de tes jours est si grand !

Telle est l'aurore dans le langage biblique et dans la nature ; et qui la reconnaîtrait sous les traits de Daphné, d'Eos, d'Ahanâ, qui ont tant fait travailler le cerveau de nos mythologues !

Mais Jéhovah tient à enfoncer encore plus avant dans la conscience de Job la pointe acérée de sa parole :

> Qui a ouvert des rigoles aux ondées...
> Pour que la pluie tombe sur la terre inhabitée ?...
> La pluie a-t-elle un père ?
> Qui engendre les gouttes de la rosée ?...
> Pourrais-tu, en commandant aux nuages,
> Attirer sur toi des torrents de pluie ?

Les Aryens ont aussi parlé de la pluie, et leur pensée était exactement la même que celle des Sémites, mais elle revêtait chez eux le vêtement bizarre que nous avons coutume d'appeler le mythe. Dans toutes les mythologies primitives de la race aryenne, la pluie est considérée comme le fruit des embrassements du ciel et de la terre. C'est déjà un acheminement vers la métaphore poétique qu'Eschyle plus tard exprima ainsi : « Le ciel brillant se plaît à faire fructifier la terre ;

la terre, de son côté, aspire à cette union céleste ; la pluie qui tombe du ciel amoureux, imbibe la terre, et elle donne aux mortels ses fruits. »

Il faut posséder une connaissance plus ou moins approfondie des caractères morphologiques des langues sémitiques et aryennes pour se rendre compte des particularités que je viens de signaler, et pour comprendre à quel point elles exercent de l'influence sur la phraséologie religieuse.

LE GÉNIE DES LANGUES

Chaque famille de langues a ses traits particuliers, comme chaque peuple a une physionomie qui lui est propre ; le trait distinctif des langues sémitiques est que, chez elles, les éléments significatifs destinés à former les appellations des choses, une fois incorporés sous forme de racines dans les mots, ne subissent pas de modifications, et leur sens originel ne se perd pas de vue. Ainsi, tous les noms sémitiques d'aurore, de soleil, de voûte de ciel, de pluie et autres phénomènes naturels, conservant leur caractère appellatif, ne peuvent s'appliquer à d'autres objets ; ils ne serviront donc jamais à exprimer une idée abstraite comme celle de la déité. La méthode suivie dans l'arrangement de la plupart des dictionnaires sémitiques, qui sont à proprement parler des dictionnaires de racines, met ce fait en évidence : quand on veut savoir la signification d'un mot hébreu ou arabe, on en prend la racine, on la cherche dans le dictionnaire, et on l'y trouve accompagnée de ses annexes. Dans de semblables langues, il n'est point d'équivoque possible, rien n'y prête au mythe.

Le caractère des langues aryennes est tout autre ; ici, les racines sont aptes à s'absorber si complètement dans les éléments dérivatifs, préfixes ou suffixes, que souvent un substantif à peine formé cesse presque aussitôt d'être un appellatif et devient un nom commun, ou un nom propre ; c'est ce qui permit aux Hindous de créer des noms tels que Dyaus, Aditi, Varuna, Indra, désignant différents aspects de la nature, et de les appliquer ensuite tels quels à différents aspects de la divinité. Les pages précédentes nous en ont offert beaucoup d'exemples ; et j'espère que le parallèle que je viens de faire de deux façons de se représenter le même objet achèvera d'expliquer pourquoi nous avons une mythologie grecque et hindoue, et n'avons point de mythologie hébraïque.

LA MÉTAPHORE

Mais en revanche, l'Ancien Testament est plein de métaphores ; et les métaphores, ces perles du discours, ces expressions si légères dans la bouche des poètes qu'elles effleurent seulement les objets qu'elles touchent, pèsent lourdement sur notre faculté de raisonner, dès que nous les prenons à la lettre. Tant que David parle de Dieu comme d'un roc, ou d'une forteresse, ou d'un bouclier, nous n'avons nulle peine à comprendre ce qu'il veut dire. Mais nous nous croyons en face d'un mystère en voyant apparaître devant nous, sous les traits d'un traître personnage, une pensée mauvaise, un mouvement de révolte.

« Or, il arriva qu'un jour, les fils de Dieu étant venus pour se présenter devant Jéhovah, Satan vint aussi au milieu d'eux pour se présenter devant Jéhovah. Et Jéhovah dit à Satan : « D'où viens-tu ? » et Satan répondit à Jéhovah : « De parcourir le monde et de m'y promener. » Et Jéhovah dit à Satan : « As-tu remarqué mon serviteur Job ? Il n'y a pas d'homme comme lui sur la terre, intègre, droit, craignant Dieu et éloigné du mal. » Et Satan répondit à Jéhovah : « Peau pour peau ; l'homme donne tout ce qu'il possède pour sa propre personne ; étends ta main, touche ses os et sa chair, et on verra s'il ne te renie pas en face. » (Trad. du *Livre de Job*, par Renan.)

C'est bien nos idées à nous que ces anciens écrivains exprimaient à leur façon, et c'est notre faute, non la leur, si nous persistons à prendre leurs paroles à la lettre ; nous oublions qu'avant que le langage sanctionnât la distinction entre le concret et l'abstrait, l'idée d'une tentation ne pouvait être saisie que sous l'aspect d'un tentateur. Plus de la moitié des difficultés que nous rencontrons dans l'histoire de la pensée religieuse ont leur raison d'être dans ce que nous ne voulons décidément pas apprendre à traduire les vieux mots dans des mots nouveaux, et cela, parce que le mot nous est plus sacré que l'esprit.

LE DERNIER NOM DE DIEU CHEZ LES HÉBREUX

Chaque nom divin cité jusqu'ici représentait une qualité, un attribut ; en voici un, de date plus récente, et qui ne contient ni attribut, ni similitude ; il est mentionné pour la première fois dans un dialogue entre Moïse et Dieu. Dieu, parlant du milieu d'un buisson ardent, ordonne à Moïse de faire sortir son peuple de l'Égypte. « Que dirai-je aux enfants d'Israël, dit Moïse, s'ils me demandent le nom de Celui qui m'envoie ? » Dieu répondit : « Je suis Celui qui suis. » Et il dit encore : « Tu diras : « Je suis » m'envoie vers vous. » (*Exode*. III, 14, 15.)

Dieu en parlant de lui-même, dit : « Je suis Celui qui suis » ou simplement : « Je suis ». Mais l'homme le désignera sous le nom de Jéhovah. On chercha l'étymologie du mot Jéhovah, et on le dit provenir d'une racine araméenne dont le sens serait *être*. Jéhovah est donc l'existence absolue, ou simplement l'Être.

Dieu parla encore à Moïse : « Je suis Jéhovah ; j'apparus à Abraham, à Isaac et à Jacob comme El-Schadaï, mais sous mon nom Jahveh, je ne leur ai pas été connu » (*Exode*. vi, 2, 3).

On est aujourd'hui à peu près d'accord à reconnaître que le nom de Jéhovah doit se prononcer Iahveh. Renan relève cette singularité : « Le nom du Dieu qui a conquis le monde, dit-il, est inconnu de tous ceux qui ne sont pas hébraïsants de profession, et même ceux-ci ne savent pas comment le prononcer. »

Par une superstition que quelques écrivains veulent faire remonter très haut, les Israélites regardèrent le nom par lequel Dieu s'était désigné lui-même comme trop pur pour être proféré par des lèvres humaines ; peu à peu il fut presque supprimé et remplacé par un mot tout déiste : « le Seigneur ».

Aucun des noms de Dieu qui étaient d'abord ceux d'une seule et même personnalité divine n'avait préservé le peuple d'Israël contre le polythéisme, car il y eut à peine une tribu qui n'oubliât de temps à autre le sens originaire de ces noms ; si les Juifs s'étaient toujours souvenus de la signification du nom d'El, ils n'eussent pas adoré Baal comme un Dieu différent d'El ; mais, de même que les Grecs se plaisaient à joindre au culte de Zeus ceux d'Apollon et d'Uranus, les Juifs aussi étaient prêts à invoquer les dieux de leurs voisins.

Ce n'est pas, du reste, que ces premiers noms divins ne continssent eux-mêmes, en tant qu'adjectifs qualificatifs, de secrètes embûches ; la Force, par exemple, peut être représentée par des symboles ; mais l'idée de l'existence absolue rendue par les mots : « Je suis », exclut tout symbole, toute image.

Les Juifs ne profitèrent cependant pas de ce préservatif contre l'erreur : au contraire ; avec l'apparition en Israël de ce nouveau concept du divin, l'éclipse partielle qui avait souvent obscurci la raison de ce peuple fit place à une éclipse totale. Lorsque Moïse eut constitué les Juifs en nation, ils firent de ce Dieu dont ils ne comprenaient pas la nature un Dieu national, c'est-à-dire un Dieu identifié avec son peuple et, comme on l'a dit, engagé à lui donner raison même quand il a tort.

Le point capital de la religion de l'Ancien Testament est l'idée d'une alliance contractée entre Jéhovah et Israël, et l'arc-en-ciel en devint l'emblème. La seule sanction de la loi morale chez les Hébreux, ce sont les biens et les maux de la vie présente ; si Israël observe le pacte avec l'Éternel et obéit à ses commandements, les champs donneront leurs moissons, les arbres leurs fruits, et la paix régnera dans le pays ; s'il méprise ce pacte, le ciel sera d'airain, la famine et la peste décimeront le peuple, et le reste sera emmené captif par des rois étrangers.

Les théologiens ont toujours remarqué que nulle part dans l'Ancien Testament il n'est fait mention de l'immortalité de l'âme ; mais ce qui échappe presque toujours à la majorité des lecteurs, c'est qu'il y est souvent question d'un lieu où se réunissent les âmes après la dissolution du corps ; c'est le schéol, où la joie et la souffrance sont également inconnues. Le tableau que trace David, dans plusieurs psaumes, du séjour des trépassés, est navrant de tristesse ; ce lieu souterrain semble avoir été conçu d'après l'analogie des caves sépulcrales ; là, les âmes *durent*, c'est tout ce qu'on en peut dire ; elles sont assises ensembles, tranquilles, sans rien savoir de Dieu ni des hommes.

Les Hébreux devaient plaindre sincèrement leurs morts ; sûrement, il leur échappait de murmurer : Mon pauvre père ! Ma pauvre mère ! mon pauvre enfant ! Mais pourquoi nous, Aryens, dont le langage ne se relie pas philologiquement à celui des Sémites, avons-nous l'habitude de répéter ces mêmes phrases ? Pourquoi nous, chrétiens, qu'aucun lien dogmatique ne rattache à des gens capables d'imaginer pour leurs décédés un séjour aussi désespérément ennuyeux que le schéol, nous permettons-nous de parler comme on parlait en Palestine des siècles avant notre ère ?

LES NÂBIS (PROPHÈTES) D'ISRAEL

Le prophétisme, un des aspects primitifs du développement de l'esprit humain, est un phénomène commun à tous les peuples à un moment de leur histoire. Avant que la réflexion ait pris le dessus sur le sentiment, des mouvements psychiques spontanés guidaient les hommes. On sait le rôle important qu'ont joué les oracles dans l'histoire de la Grèce ; les Grecs désignaient indifféremment sous le nom de prophètes et les prêtres chargés d'interpréter les présages, et des individus qui se croyaient inspirés des dieux et prétendaient connaître les choses cachées. Au IIIe siècle avant notre ère, les rabbins d'Alexandrie, auteurs de la version grecque de la Bible, traduisirent naturellement le mot hébreu de *nâbi* par prophète. Comme c'est un fait reconnu dans le camp même de l'orthodoxie que le mot nâbi n'impliquait pas chez les Hébreux la faculté de lire dans l'avenir, tandis que celui de prophète a pris ce sens-là, il serait plus correct, je pense, de parler des nâbis, et non des prophètes de l'Ancien Testament.

Selon les hébraïsants, le sens primitif du mot nâbi était : « ce qui jaillit en bouillonnant ». Ces hommes devaient traverser une phase d'excitation nerveuse avant de commencer leurs péroraisons, et une fois lancés, ils ne pouvaient plus maîtriser les impulsions de leur esprit ; physiquement, ils en étaient brisés ; ce qui fit attribuer ces manifestations à une prise de possession des orateurs par une puissance divine irrésistible.

Ces nâbis, qui apparaissaient dès qu'il y avait à combattre pour le bien de tous, étaient à la tête des mouvements populaires et leur imprimaient une saine direction ; ils furent les premiers à s'élever contre l'oppression des classes dirigeantes et il en périt des milliers dans les supplices. Isaïe les assimile à des sentinelles toujours debout, veillant, le regard fixé sur l'horizon et chargées de jeter l'alarme à l'approche du danger. « Au point du jour, on leur crie de Séir : « Sentinelle ! qu'as-tu vu la nuit ? et la nuit : Sentinelle ! qu'as-tu vu depuis le soir ? » Ce même Isaïe compare les nâbis négligents à des chiens muets qui ne savent pas aboyer, qui ronflent et aiment à dormir.

Leurs prédications devaient être extrêmement puissantes ; Luther a dit en parlant des discours d'Isaïe : « Chaque mot est une fournaise. »

Jusque-là, Jéhovah, par la bouche de ses nâbis, s'adressait à son peuple en bloc : l'individu pour lui n'existait pas. Mais imperceptiblement, le vent changeait ; il y avait comme de nouveaux ingrédients dans l'air qu'on respirait. Au lieu de l'ordre impitoyable ; « Tuez, tuez, » on entendit des accents plus doux ; ce fut comme un cœur d'homme parlant à un cœur d'homme ;

> Qu'offrirai-je au Seigneur qui soit digne de lui ?
> Des veaux d'un an ?... mille béliers,
> Ou des milliers de boucs engraissés ?
> Lui sacrifierai-je pour mon crime mon fils aîné,
> Et pour mon péché quelque autre de mes enfants ?
> O homme ! je te dirai ce que le Seigneur demande de toi :
> C'est que tu aimes la miséricorde (Michée. vi).

Et l'individu aussi commence à percer çà et là ; comme les rishis, Élie allait cherchant la place où se cachait l'Éternel ; il vint au Mont Horeb, et là « un grand vent impétueux fendait la montagne et brisait les rochers ; mais l'Éternel n'était point dans ce vent ; après le vent, il se fit un tremblement ; mais l'Éternel n'était point dans ce tremblement ; après le tremblement vint un feu ; mais l'Éternel n'était point dans ce feu ;

après le feu, il y eut un son doux, subtil... ». Je m'imagine qu'Élie dut se dire : ce son-là est pour *moi*.

Il y avait dans certaines localités des corporations de nâbis et des écoles où les jeunes gens apprenaient à bien parler et même à composer des discours ; car si les uns improvisaient, d'autres, comme Isaïe, écrivaient préalablement leurs prédications ; tous se servaient d'une langue rythmique voisine de la poésie ; l'enseignement de la musique devait faire partie de leur éducation, car le son des instruments les aidait à entrer dans l'état fébrile nécessaire à leur mission ; c'était chez eux une fièvre contagieuse ; on les rencontrait souvent marchant par bandes, suivis de musiciens et prophétisant.

Pendant les huit derniers siècles qui précédèrent notre ère, ce fut une succession des plus terribles calamités. Les nâbis soutenaient le courage du peuple par leur inébranlable conviction que l'Éternel lui enverrait un héros pour le délivrer de ses ennemis. Durant tout ce temps, Israël, toujours désespéré et parfois en révolte, résista pourtant au doute ; phénomène inconnu de toute l'antiquité païenne. Ce qui est vraiment inexplicable pour nous autres dans le judaïsme, c'est qu'il put produire des prodiges de dévouement à la cause sainte sans faire appel à des espérances d'outre-tombe.

L'Elohim d'Abraham, d'Isaac et de Jacob, avec lequel les patriarches causaient de vive voix, était resté plus sympathique au simple Israélite que cet inaccessible Jéhovah dont il lui était défendu de se faire une représentation quelconque. Cela se comprend. Plus on songe à cette infinie grandeur de Dieu, conçu sans aucune similitude, qui n'a pas d'autre nom que « Je suis », et auquel, selon Fénelon, même le terme d'esprit est inapplicable, et dont, selon Descartes et Bossuet, on ne doit rien dire de plus que ceci : « c'est l'Être », — plus il semble qu'on peut bien le méditer, mais l'aimer, difficilement. En effet, cela s'est rarement vu.

J'ai voulu savoir ce que les meilleurs, les plus profonds

esprits qui ont expérimenté sur eux-mêmes l'action de l'amour divin ont dit du lien qui unit l'homme à son Créateur ; et je me suis en même temps promis de m'étendre le moins possible sur les différentes formes dont la pensée de ces hommes s'est revêtue, soit dans des systèmes philosophiques, soit dans les religions qu'ils ont fondées et qui se sont organisées en Églises visibles.

Parmi les penseurs qui se sont beaucoup occupés de ces matières, j'en mentionnerai un qui, il y a près de deux siècles et demi, était regardé comme un dangereux hérétique. Baruch Spinoza a eu le temps, depuis lors, d'être anathématisé comme athée et d'être vénéré comme un saint ; puis, des philosophes ont dit qu'il n'était pas du tout athée, mais ils l'ont déclaré panthéiste ; et, de nos jours, on commence à le trouver moins panthéiste qu'on ne l'avait cru.

Reculant toujours devant les épithètes qui troublent mon jugement, je n'entreprends pas d'examiner laquelle de ces opinions se rapproche le plus de la vérité.

Je parlais une fois dans ce sens à des amis, en présence d'un individu que je voyais pour la première fois.

« Vous vous défiez trop de vous-même, me dit cet individu ; je vous donnerai un préservatif contre l'obscurcissement du jugement ; lisez attentivement tout système philosophique qu'il vous plaira ; vous trouverez, je suppose, que l'erreur y prédomine ; laissez-le pour le moment de côté et lisez-en un autre ; faites ainsi le tour de plusieurs systèmes ; votre première impression, je suppose encore, se renouvellera chaque fois ; après cela, repassez-les tous en votre esprit, mais déjà en bloc ; vous arriverez à mettre la main sur une certaine vérité, — je dis *une*, que vous aurez trouvée partout ; couvez-la paisiblement en vous sans trop la presser d'éclore ; vous aurez bientôt oublié toutes les épithètes, et il ne restera plus pour vous qu'une note dominante qui éclaircira votre jugement. »

La manière dont Spinoza interprète le code sacré de sa race n'a peut-être pas suffisamment attiré l'attention; le plus important de ses ouvrages, à ce point de vue, porte le titre rébarbatif de : *Tractatus theologico-politicus*. Il est très diffus, indigeste, et les traducteurs n'ont pu réussir à le rendre plus aimable; en détail, il est même très difficile à comprendre, tant les réticences, volontaires ou non, de l'auteur sont abondantes.

LES IDÉES DE SPINOZA

En lisant Spinoza, il ne faut jamais oublier, et cela n'est pas aisé, qu'il n'était ni un philosophe païen, ni un Père de l'Église, ni un critique moderne, mais un Juif très savant, vivant en plein xviie siècle; je tâcherai de reproduire ses jugements dans les termes mêmes dont il s'est servi, et en les garantissant, autant que je pourrai, de tout reflet des idées qu'on peut avoir à l'expiration du xixe siècle.

Spinoza déclare tout d'abord qu'il accepte la Bible comme étant un livre inspiré; nous voilà donc avertis; en cela il diffère de nos exégètes contemporains qui étudient la Bible comme tout autre livre d'histoire, de morale et de légende.

Les chrétiens naissent et grandissent avec l'idée que la Bible renferme la Parole divine, et ils prétendent que leur doctrine a sa base dans l'Ancien Testament. Qu'en savent-ils? Ils ne connaissent pas l'histoire des Hébreux, ils ne comprennent pas le langage de leurs écrivains, et ils ignorent ce qui déterminait les prophètes, ces uniques instructeurs du peuple, à parler dans telle ou telle occasion de telle ou telle façon; ignorant tout cela, les chrétiens sont réduits à se faire de l'Ancien Testament une représentation qui les trompe.

L'existence de ce que nous appelons les lois de la nature étant ignorée de tous les hommes en ces temps reculés, les Hébreux ne pouvaient apercevoir nulle part de causes secondaires, médianes, particulières ; c'est ce que le livre de Job exprime dans la perfection ; Dieu intervient en personne dans chaque événement, car il n'y a au monde que deux choses : l'homme qui pâtit, c'est-à-dire qui consent ou se révolte, et Jéhovah qui veut ou ne veut pas.

Comme tout, sans exception, est directement rapporté à Dieu dans l'Ancien Testament, tout ce qui est est dit être de Dieu ; les cèdres du Liban sont les cèdres de Dieu ; les hommes d'une taille démesurée, les géants, sont appelés dans la Genèse les fils de Dieu ; les connaissances naturelles possédées par Salomon sont la sagesse de Dieu ; la prudence du juge et le gain du marchand sont des dons de Dieu ; l'Assyrie est le fléau de Dieu, et les éclairs sont ses flèches. Et pourquoi, se demande Spinoza, nomme-t-on les enfants d'Israël le peuple de Dieu ? — parce que l'Éternel, les ayant arrachés des mains du Pharaon, les conduisit dans une certaine région où ils vécurent sous des lois révélées à Moïse, auxquelles les autres nations n'étaient point assujetties. « Vous serez mon peuple et je serai votre Dieu, » avait dit Jéhovah par la bouche de Moïse ; ce fut là le pacte conclu sur le mont Sinaï entre l'Éternel et le peuple juif. Ces lois, civiles et religieuses en même temps, furent appelées dans leur ensemble la Loi de Dieu, et le livre qui en contient les préceptes, s'appela la Parole de Dieu.

Suivant une antique tradition, Dieu avait révélé à Noé sept préceptes qui étaient autant de commandements donnés à tous les hommes sans distinction de races ; il y aurait donc eu une révélation à l'origine des temps, bien avant le premier et le plus grand d'entre les prophètes, Moïse ; et celle-là, les patriarches l'avaient connue. La lumière qui éclaire tout homme venant en ce monde grava ces premiers préceptes dans le cœur humain, mais le peuple juif ignorait qu'une loi divine qui ne fût pas promulguée par une bouche humaine et au nom du Dieu d'Israël pût être imposée aux hommes ;

après donc que Moïse eut entendu la voix de Dieu dans la foudre et le tonnerre, les Israélites se crurent fort au-dessus du reste de l'humanité, et tinrent en médiocre estime des sentences éternelles qui étaient le partage de tout le monde. Moïse leur annonça qu'après sa mort Dieu ne cesserait pas de susciter de nouveaux prophètes parmi eux, à condition toutefois qu'ils observassent le pacte conclu avec l'Éternel, et il les avertit que s'ils venaient à le rompre, ce serait la fin de leur domination dans le pays.

Nous trouvons cette seconde révélation dans les livres dits de Moïse; écrite dans notre mémoire aussi clairement que dans la Bible, elle a si complètement éclipsé la première, que maintenant, la plupart d'entre nous ne se souviennent même pas d'avoir jamais entendu parler des sept préceptes de Noé.

Après la mort de Moïse, en effet, les prophètes se succédèrent en Israël; tous, depuis les premiers jusqu'aux derniers, déclaraient recevoir la révélation au moyen des images et de la parole : leurs yeux, disaient-ils, voyaient les objets, et leurs oreilles entendaient l'explication de ce qu'ils voyaient; comme Moïse, Ézéchiel percevait Dieu sous l'apparence d'un feu ardent, et Daniel, sous l'aspect d'un vieillard vêtu de blanc; les disciples du Christ ont vu l'esprit de Dieu sous la forme d'une colombe, les apôtres sous celle de langues flamboyantes, et Saul, au moment de sa conversion, le reconnut dans l'éclat de la lumière; et aucun de ces tableaux n'avait passé devant eux sans être accompagné de quelques paroles.

Les prophètes étaient supérieurs aux autres hommes par l'intensité de leur foi et par la vivacité de leur imagination : mais l'imagination est une faculté mobile, l'extase chez eux n'était point permanente : comment donc pouvaient-ils être assurés d'être réellement en communication avec le Seigneur lui-même? Justement, ils en étaient si peu certains, qu'ils demandaient toujours quelques signes palpables; ainsi firent Abraham, et Moïse, et Gédéon, et tant d'autres. Et chaque fois, les signes apparaissaient ; un feu descendant du ciel sur les offrandes pour les consumer ; une baguette de bois changée en serpent ; une main saine instantanément couverte de lèpre ; une peau d'agneau restant sèche sur le sol trempé par la rosée, et autres signes miraculeux.

Le don de prophétie, selon Spinoza, se montre inférieur à la connaissance naturelle qui n'a pas besoin de signe extérieur de confirmation.

Le caractère des révélations dépendait aussi du tempérament de chaque prophète, de son éducation et de ses opinions personnelles ; les mages qui croyaient à l'astrologie, apercevant une étoile se lever à l'orient, se mirent aussitôt en quête de l'enfant attendu. Mais il y avait un point sur lequel tous les prophètes étaient d'accord ; ils disaient tous avec Moïse : « Tu aimeras l'Éternel ton Dieu de tout ton cœur, de toutes tes forces, et ton prochain comme toi-même. » Et tous parlaient comme Isaïe : « Purifiez-vous, cessez de mal faire, apprenez à bien faire, recherchez la droiture, protégez l'opprimé. »

L'OBÉISSANCE

Un trait saillant du système philosophique de Spinoza est de fonder tout l'édifice de la vie religieuse sur l'obéissance ; or, l'obéissance présuppose l'existence d'une loi.

Les Israélites étant incapables de sentir l'excellence intrinsèque des préceptes naturels, Moïse, pour les leur faire pratiquer, les avait courbés sous la règle de l'obéissance en leur représentant Dieu comme un législateur juste qui récompense ceux qui gardent ses commandements et châtie ceux qui les transgressent. Et quand cette loi fut promulguée au milieu des tonnerres et des éclairs, les enfants d'Israël y virent une loi nouvelle, et quoiqu'ils ne la pratiquassent pas, ils l'adorèrent, parce qu'ils étaient seuls entre tous les peuples à la posséder.

Enfin, l'heure arriva où l'on put dire : « Les temps sont accomplis. » L'État juif, en faveur duquel la loi mosaïque avait été révélée, était sur le point de crouler, quand le Christ vint proclamer la loi divine universelle. Le Christ n'était pas un prophète, car ce ne furent ni des visions, ni des paroles qui lui découvrirent la pensée de Dieu ; par un acte mental pur, il perçut la vérité dans sa plénitude ; son esprit s'identifia à l'esprit du Père, et la Sagesse éternelle revêtit en lui la forme humaine.

Les théologiens, tant juifs que chrétiens, ont beaucoup contribué à obscurcir le sens des Saintes Écritures ; ils ont enseigné que la raison humaine est corrompue, qu'elle pénètre difficilement les mystères de la religion, qu'il n'y a donc qu'à accepter la Bible comme infaillible, et cela, dans toutes ses parties. Les fidèles étendirent l'infaillibilité à chaque parole du texte et ne distinguèrent pas les principes éternels, toujours énoncés simplement et clairement par les prophètes, des excès de leur fantaisie qui les entraînait à parler sans la moindre hésitation, dans les termes les plus propres à impressionner et à émerveiller le vulgaire, de choses impossibles à exprimer, comme de la nature divine par exemple. Mais ce que Spinoza reproche avec le plus d'énergie aux théologiens, c'est d'avoir introduit dans leurs commentaires des idées empruntées à la philosophie des Grecs, qu'ils adaptaient à l'Ancien et au Nouveau Testament en les revêtant d'un coloris biblique ; ce mélange d'inspiration divine et de subtils arguments déroutait plus et plus les âmes pieuses qui ne cherchaient dans la Bible que des sujets d'édification.

A ceux qui étaient capables de le comprendre, le Christ dévoilait les secrets du royaume de Dieu comme il les voyait lui-même ; c'étaient des vérités éternelles qu'on embrasse pour leur excellence même ; mais il parlait en paraboles à la foule et lui présentait les préceptes sous forme de commandements auxquels il faut obéir pour entrer dans le royaume de Dieu. Les apôtres transmettaient plus loin les enseignements du Christ; ils prêchaient l'amour de Dieu et du prochain, non comme une idée éternelle suffisante par elle-même, mais comme commandé au nom de la vie et de la Passion du Christ. Et puis, chacun d'eux argumentait à sa manière sur des points de doctrine d'une valeur secondaire et variait les sujets de ses prédications selon qu'il s'adressait aux Juifs ou aux Gentils; divers enseignements se propagèrent ainsi, et firent naître dans les jeunes Églises des malentendus, des disputes et des schismes; et après dix-neuf siècles d'études on ne parvient pas encore à se bien entendre. Spinoza cite à ce propos le dicton hollandais : « Geen ketter, sonder letter. » — Sans textes, point d'hérésies.

Quand donc comprendrons-nous que la véritable Parole de Dieu n'est pas renfermée dans un certain nombre de livres, dans un certain nombre de mots! Il faut de toute nécessité qu'elle soit écrite encore ailleurs, car les mots se laissent interpréter très différemment, les livres s'égarent et se perdent, le papier moisit et se déchire, et la pierre se brise, même entre les mains d'un prophète.

Spinoza dit avoir lu et relu les Saintes Écritures avec le plus grand soin avant d'entreprendre de les commenter; et il se promit de montrer aux gouvernements chrétiens la nécessité de réformer les constitutions des Églises établies, en remplaçant le vain fantôme de la Bible sur lequel elles reposent toutes par la Bible comprise en esprit et en vérité.

La partie scientifique de la tâche ne serait pas compliquée, car les commandements de Dieu sont en petit nombre; en fait, ils peuvent se réduire à un seul précepte, indispensable pour qu'il puisse y avoir de l'obéissance : croire que Dieu est et qu'il connaît ceux qui le cherchent; et la preuve qu'on le cherche, c'est la pratique de la justice et de la charité; ce sont là les fondements de la foi, et ils sont si clairs et si simples qu'ils n'ont besoin d'aucun commentaire, et qu'aucune des erreurs qui abondent dans les narrations bibliques ne les affectent en rien.

Les autorités ecclésiastiques agissent donc contrairement à la volonté divine en déclarant ennemis de Dieu des gens d'une vie parfaitement vertueuse par cela seul que leurs opinions spéculatives ne sont point conformes aux définitions théologiques acceptées par les Églises. Que le pouvoir civil soit juge de la croyance d'un citoyen par les fruits qu'elle produit; si ses œuvres sont bonnes, c'est que sa croyance est, aux yeux de Dieu, correcte; mais des opinions théologiques personnelles, quand bien même elles seraient conformes aux définitions admises par les Églises, ne prévaudront pas devant Dieu sur des œuvres mauvaises. Quand les gouvernements marcheront dans cette voie, tous s'en trouveront bien, les individus, les peuples et les gouvernements aussi.

Pour croire que la Parole de Dieu puisse se trouver quelque part, il faut être assuré que Dieu existe. Son existence ne nous étant pas connue en soi, nous en avons cependant quelque connaissance au moyen de certaines notions dont la réalité est pour nous évidente, tellement évidente que nous ne pouvons même pas nous représenter un pouvoir capable de les invalider; ces notions sont les axiomes fondamentaux inhérents à l'esprit humain, et base de toute connaissance; c'est à elles que nous devons de distinguer naturellement entre le bien et le mal, et nous pouvons regarder cette faculté de notre esprit comme une préparation à la révélation divine. Mais si nous admettions la possibilité que ces premiers principes, ces axiomes, puissent s'oblitérer, nous douterions de leur vérité intrinsèque, ce qui attaquerait leur première conséquence qui est l'existence même de Dieu; dès lors, nous ne posséderions aucun élément de certitude. Et voilà pourquoi il a été dit que les attaques contre la raison sont plus dangereuses que les attaques contre la foi, parce qu'elles ruinent du même coup et l'édifice sacré, et le sol qui le porte.

LA LOI

Dans un système où la Loi est tout, comment Spinoza comprend-il l'action de la Providence ?

Les hommes se sont accoutumés à appeler divine la science qui dépasse l'entendement humain, et miraculeux, un effet dont la cause leur est inconnue ; aussi, rien ne leur démontre mieux l'existence de Dieu, sa puissance et sa Providence, que des faits qui leur paraissent altérer l'ordre de la nature ; nous ne pourrions pas manifester plus ridiculement notre ignorance, qu'en recourant à une volonté particulière de Dieu pour expliquer les choses que nous ignorons. Ceux qui pensent ainsi ne seraient pas en état de dire ce qu'ils entendent par l'ordre de la nature.

Cette manière de voir les choses pourrait bien dater des premiers Hébreux qui voulaient prouver aux peuples non sémitiques, adorateurs de déités visibles telles que les corps célestes, que c'étaient là des dieux subalternes soumis à la volonté du Dieu invisible dont ils narraient les miracles accomplis en leur faveur ; car ils étaient convaincus que la nature entière concourait au bien-être exclusif du peuple hébreu.

L'intellect et la volonté sont en Dieu une même chose ; connaître et vouloir, c'est en Dieu un acte unique ; connaître une chose telle qu'elle est en soi et la réaliser effectivement, est donc une nécessité inhérente à la perfection divine ; toutes les vérités procédant nécessairement de l'intellect divin, les lois universelles de la nature sont les éternels décrets de Dieu.

Si un fait quelconque se produisait dans la nature contrairement aux lois universelles, c'est donc que l'intelligence de

Dieu ne l'aurait pas conçu ; en d'autres termes, celui qui affirmerait que Dieu, dans ce cas, a agi contrairement aux lois de la nature affirmerait que Dieu a agi contrairement à sa propre nature divine; et ce serait proférer une absurdité et étaler sa propre perversité. Aucun événement n'arrive si ce n'est par la volonté et par un décret éternel de Dieu ; tout événement est conforme à des lois éternellement nécessaires et absolument vraies. Croire qu'il puisse en être autrement, c'est admettre que Dieu a créé la nature imparfaite, et établi des lois assez incomplètes pour devoir les retoucher chaque fois qu'elles se trouvent impuissantes à réaliser un plan divin ; conception étrange et qui n'a nulle raison d'être. Les gens qui cherchent et trouvent leur suprême bonheur dans l'amour de Dieu et dans la pratique du meilleur bien, ne veulent pas que la nature leur obéisse, ils veulent se soumettre eux-mêmes à la nature, sachant indubitablement que Dieu gouverne toutes choses suivant des lois générales qui conviennent à l'universalité des existences.

Dès lors, ce n'est plus de résignation, de soumission passive qu'il s'agit; l'homme adhère de tout son être à la loi suprême; l'instinct de sa propre conservation, qui chez tout homme le fait tendre aveuglément, et la plupart du temps insensément, au bonheur, se transforme, dans une grande nature comme celle de Spinoza, en un incessant effort de maintenir et d'agrandir son propre être; le passage d'une perfection à une perfection plus complète est toujours accompagné d'un sentiment de joie, et la tristesse marque chaque pas en arrière vers une perfection moindre. L'être, c'est donc la perfection, et le bien et le mal consistent dans l'accroissement ou la diminution de l'être. L'amour naturel de l'homme pour la vie a été transformé en Loi par Spinoza ; sa maxime est bien connue : « Tout être tend à persévérer dans l'être. »

LA LOI ÉVANGÉLIQUE

L'Ancien et le Nouveau Testament ne sont que l'exposé d'une longue discipline d'obéissance; c'est ce qui fait leur force et c'est ce que découvrent les personnes qui les étudient sans idées préconçues.

Spinoza distingue entre les besoins spirituels de la majorité des hommes et ceux de la minorité, et entre les religions qui conviennent à l'une et à l'autre. Mais tous les hommes sans exception ont à passer par la religion de tous, et c'est la religion pratique, qui consiste à observer les commandements divins déposés dans les livres sacrés. Cette obéissance sert à amortir les passions; à mesure que l'homme se rapproche de ce but, une lumière de plus en plus pure éclaire son intelligence, et mieux il comprend que le vrai bonheur est le prix de la vertu. Très peu d'hommes vont plus loin et, sans autre guide que la raison, arrivent à expérimenter l'amour intellectuel de Dieu, inséparable de la vraie connaissance de Dieu et de l'homme; absolument désintéressé, cet amour donne une joie qui n'est plus la récompense de la vertu, parce qu'il ne fait qu'un avec la vertu même.

Cette loi divine, a dit saint Jean, était dans le monde avant la venue de Moïse et du Christ, mais le monde en masse ignorait cette loi; la raison nous la donne, et la raison nous dit qu'elle conduit à l'éternelle béatitude, et que ceux qui la suivent n'en cherchent point une autre.

Mais il est une chose que la raison n'aurait pu nous dire; ceci précisément : que l'action morale de cette loi universelle, obéie non parce qu'elle est vraie, nécessaire, parfaite, mais simplement parce que Moïse commande d'obéir au nom du pacte conclu avec l'Éternel, et simplement parce que le Christ le commande au nom de Dieu, a le pouvoir de mener à la béatitude; et ceux-là l'obtiennent qui s'identifient à l'esprit du Christ percevant dans la loi de Dieu la vérité absolue. C'est là ce que la raison n'aurait pu nous apprendre, car cela n'est pas écrit dans le cœur humain, et c'est là ce que nous dit la Bible.

Quant à avoir une certitude mathématique de la vérité contenue dans une promesse faite à l'obéissance seule, nous ne pouvons pas l'avoir, car la certitude mathématique ne découle que des choses déduites par la raison des éléments qu'elle porte en elle-même ; mais nous pouvons en avoir une certitude morale, et celle-là était justement la part des prophètes ; et elle était possible, parce qu'elle ne contenait rien qui fût contraire à la raison.

NOTICE

Spinoza appartenait à une famille de Juifs portugais établie à Amsterdam. Sa vie était exemplaire ; il était pauvre, et, à ce qu'il paraît, satisfait de l'être, car il refusait des secours qu'en bonne conscience il eût pu accepter de ses amis ; ce qu'il gagnait en polissant des verres de lunettes lui suffisait. On lui avait conseillé de dédier un de ses ouvrages au munificent patron des lettres, au roi Louis XIV ; il n'en fit rien.

L'*Éthique*, ouvrage auquel il dut sa célébrité, ne parut, sur sa recommandation expresse, qu'après sa mort, et sans nom d'auteur ; il le voulut ainsi, parce que, disait-il, la vérité ne doit pas porter un nom d'homme ; il avait craint aussi d'attacher le sien à une nouvelle école de philosophie.

Les rabbins d'Amsterdam cherchaient depuis longtemps à ramener Spinoza dans une voie plus orthodoxe que celle qu'il suivait ; son idée que l'institution des prophètes avait été pour le peuple hébreu un élément de faiblesse plutôt que de force menaçait d'aboutir à une hérésie formelle.

L'apparition, en 1656, du *Traité théologico-politique*, seul ouvrage important que publia Spinoza de son vivant, souleva une tempête d'indignation ; et un beau matin, on lisait, à la porte de la synagogue, la sentence d'excommunication rédigée en ces termes :

« De par la sentence des Anges et le décret des Saints, nous anathématisons et exécrons Baruch Spinoza, en présence des Livres sacrés et des six cent treize préceptes qu'ils renferment. Maudit soit-il de jour et de nuit ; que la fureur du Seigneur consume cet homme et amasse sur sa tête toutes les malédictions écrites au Livre de la Loi ; que le Seigneur le détruise du milieu des tribus d'Israël ; qu'aucun homme ne l'approche, et ne lui parle, et ne lui écrive, et ne lui témoigne aucune compassion. »

Comme les hommes sont éloquents quand ils se fâchent ! Ce jour-là Spinoza avait déjà quitté sa ville natale ; il se réfugia à la Haye, où il mourut l'an 1677, âgé de quarante-quatre ans.

En lisant les pages que d'éminents critiques ont consacré à l'examen du système de Spinoza, on croit voir devant soi non l'homme dont on connaît les écrits, mais deux, ou même plusieurs hommes différents ; je ne sais si le philosophe auquel on pense, se serait facilement retrouvé dans tous ces resumés.

Spinoza, a-t-on observé, n'est ni vraiment juif, ni vraiment chrétien, car sa négation des causes finales est tout aussi étrangère à l'esprit de l'Ancien Testament que son joyeux stoïcisme est étranger à l'esprit du Nouveau. D'autres ont rappelé le mot de Novalis : « Spinoza était ivre de Dieu ! » Ils ont ajouté que chez lui le couronnement de l'amour intellectuel de Dieu était un transport de l'âme hors d'elle-même, mais que ce transport devait différer du ravissement où tant de saints de l'Église chrétienne trouvaient le complément de la vie religieuse. Mais, au fond, quelle est chez les chrétiens, la conception de la béatitude ? Je vois bien Dieu dans notre ciel ; mais notre prochain, où est-il ? Il y a d'un côté les bienheureux, de l'autre les réprouvés, et des deux côtés on se voit, on se connaît, on communique... les peintres ont tant de fois représenté cette scène sur les indications des théologiens, qu'elle nous est familière ; est-ce vraiment là l'idée que nous nous faisons de la béatitude éternelle ? (Spinoza avoue n'être jamais parvenu à distinguer entre la part qu'avaient eue les apôtres dans l'enseignement répandu parmi les premiers disciples, et celle qui peut remonter au Christ lui-même.)

Du reste, l'état mental et moral de notre philosophe prête peu à l'analyse ; celui-là aura le plus soigneusement étudié ses idées qui hésitera le plus en les exposant, tant il y aura trouvé de points obscurs. Toutefois, il est bon de se rappeler cette circonstance : Spinoza est mort depuis plus de deux cents ans, et la découverte qu'avant de parler il faut connaître la signification des mots dont on se sert date presque d'hier. Spinoza, dans son *Traité théologico-politique*, prononce continuellement les mots de prophétie, d'inspiration, de révélation, de foi et de théologie, et le lecteur qui a sacrifié volontiers le repos de quelques nuits pour savoir ce que Spinoza entend par ces cinq mots finit par s'avouer que son dévouement a été inutile. Heureusement, notre philosophe connaît on ne peut mieux le sens du mot d'obéissance, ce qui sauve le lecteur ; il regrette seulement que les critiques aient si peu appuyé sur ce point capital.

L'homme ne se laissant pas bien comprendre si on l'isole de ses semblables, à partir de Novalis (ce poétique et charmant écrivain dont le vrai nom était Hardenberg), des points de comparaison ont été établis entre le philosophe hollandais et l'extatique sainte Thérèse, et l'enthousiaste saint François d'Assise. Adressons-nous maintenant au sobre génie d'Aristote, et voyons s'il ne réussirait pas à jeter un peu de jour dans la pensée voilée de Spinoza.

« L'infini attire. » Ce seul mot d'Aristote eût suffi ; mais le prince de la critique explique davantage : « L'homme est en face de la vérité, et la lumière éclaire tout homme venant au monde... tous ceux qui voient voient la même chose, et tout ce que l'homme a vu est vrai... Dieu opère en nous, non comme un ouvrier qui travaille et se fatigue, mais comme une vertu toute-puissante qui agit... il meut comme objet d'amour » (*Métaphysique*. XII.)

Cette opinion d'Aristote est partagée par Platon, par saint Thomas d'Aquin et par saint Augustin. Unanimité complète.

Frappé quelquefois de certaines vérités revêtues de tout l'éclat que possèdent les vérités pures, mais me sentant incapable de former de ces quelques vérités, quand elles sont éparses, un tout rationnel, je serais tombé dans le découragement si je n'avais lu dans le *Traité du libre arbitre* de Bossuet ces paroles : « Quand nous nous mettons à raisonner, nous devons d'abord poser comme indubitable que nous pouvons connaître *très certainement* beaucoup de choses dont toutefois nous n'entendons pas toutes les dépendances, ni toutes les suites. La première règle de notre logique, c'est qu'il ne faut jamais abandonner les vérités une fois connues, quelque difficulté qui survienne quand on veut les concilier, mais qu'il faut tenir fortement les deux bouts de la chaîne, quoiqu'on n'en voie pas toujours le milieu par où l'enchaînement se continue. »

LES IDÉES DE PLATON

Un philosophe me disait : « Puisque nous ne pouvons rien savoir de l'au-delà, faisons de nécessité vertu, et sachons du moins exactement ce qu'il y a en deçà. » Le conseil est excellent. L'astronomie nous apprend qu'un ordre parfait règne dans la sphère qu'étudie cette science. Le monde sera peut-être le résultat de certaines combinaisons chimiques qui se seraient rencontrées par hasard ; mais si le hasard a introduit de l'ordre dans ces combinaisons chimiques, il aura tout aussi bien pu le déranger et le remplacer par le désordre ; cependant, les astronomes n'ont pas réussi à découvrir le moindre indice de désordre dans leur domaine ; cela, nous le savons positivement.

On admet en général que le monde a eu un commencement ; est-ce l'absence de raison ou la raison qui se sera trouvée à l'origine du monde ? Et sont-ce des lois qui le font marcher si régulièrement? Les lois, ont dit les sages, c'est ce qui gouverne la matière, les forces, les mouvements, toutes choses qui sont, mais pourraient n'être pas, de même que le monde est, comme il aurait tout aussi bien pu ne pas être.

On a tant discuté, depuis Darwin, sur l'origine des espèces, et on n'a pas songé à se demander si les philosophes grecs n'auraient pas aussi quelque chose à nous en dire. Si, par exemple, il a été découvert que la loi de tel phénomène sidéral est un cercle, ou une ellipse, une forme géométrique quelconque, cette loi, prise en elle-même, sera une idée géométrique ; elle pourrait subsister, cette idée, alors même que le phénomène dans lequel elle s'est un jour réalisée disparaîtrait avec le monde lui-même.

Selon Kepler, la géométrie a donné les formes de toute la création, et Kepler a dit que Dieu gouverne toutes choses conformément à lui-même ; dans ce cas, la géométrie serait antérieure au monde et co-éternelle à Dieu même ; et si les formes géométriques qui sont parfaites ont été pensées par une intelligence parfaite, n'en est-il pas de même pour tout ce qui compose les règnes végétal et animal? Un cheval, ou l'ancêtre quel qu'il fût du cheval, aura-t-il été un produit spontané dans la nature? Pour qu'il ait pu apparaître un jour, n'a-t-il pas dû avoir un type quelque part, type qui se réalise dans tous les chevaux, se multipliant et variant autant de fois qu'il y a d'espèces de chevaux ? et ainsi de même pour les arbres et toutes les plantes. Les premiers types de ces choses n'auront-ils pas existé avant l'homme, cette autre partie de la nature, et avant tout ce que l'homme appelle le Bien, le Beau? Tout cela n'a-t-il pas été pensé et voulu par un esprit capable de penser et de vouloir?

C'est bien là ce qu'a dit Platon.

Il est reçu en théologie comme en philosophie que toute chose a en Dieu son modèle idéal ; la matière elle-même a son idée et sa raison d'être en Dieu ; saint Thomas d'Aquin a pu dire sans trace de panthéisme : « Dieu est éminemment toute chose. »

EN GUISE D'ÉPISODE

Deux voyageurs anglais, Gatchet et Hale, se trouvant une fois parmi les Klamaths, tribu de Peaux-Rouges, les interrogeaient sur leurs croyances ; ces Indiens-là adorent un Être suprême qui a fait le monde avec ses plantes, ses animaux et ses hommes, et ils le nomment : « Le Plus Ancien, le Vieux d'en haut. » Les voyageurs leur ayant adressé cette question tant soit peu insidieuse : « Et comment a-t-il fait le monde? avait-il des instruments? » Il leur fut répondu : « Non, il l'a fait en *pensant et voulant*. » Cette étonnante réponse contient le germe de la pensée qui, sur le sol grec, s'incorpora dans le mot *Logos*, l'acte de penser et de parler, acte unique qui pour le Créateur signifie vouloir et produire. Cette même réponse est un écho à peine affaibli de cette parole célèbre : « Dieu est le Vivant qui est, en qui sont les idées » (le *Timée*). En effet, Platon affirme que le monde et tout ce qu'il renferme a été fait à la ressemblance des idées, et les idées sont dans le Vivant qui est.

Unanimité parfaite encore, s'étendant cette fois jusqu'aux Peaux-Rouges.

On dirait qu'un courant électrique se promène par le monde ; certains phénomènes psychiques semblent défier toute autre explication.

UNE EXCURSION DANS UN PAYS PEU CONNU

S'il y a des preuves de l'existence de Dieu, elles doivent être à la portée de tout le monde, des savants et des ignorants, car Dieu n'est pas plus le Dieu d'une certaine catégorie de gens qu'il ne l'est d'un certain peuple.

On rencontre parfois dans des livres modernes de philosophie, cette phrase : « La pression de l'infini sur les âmes » ; pour peu que nous y prêtions attention, nous avons le sentiment très juste que l'infini n'exerce sur nos âmes aucune pression ; mais il ne s'agit pas de nous, il s'agit de nos ancêtres primitifs qui allaient cherchant ce qu'il pouvait y avoir derrière tout ce qu'ils voyaient et entendaient ; le sens commun, avec son fond d'instincts troubles, mais puissants, dirigeait les premiers hommes vers un aimant invisible. Ce n'était pas notre sens commun à nous, c'est-à-dire tel que nous modernes, le définissons, les principes évidents par eux-mêmes, les jugements spontanés qui motivent tous nos actes ; c'était le sens commun tel que le comprenait Aristote, la faculté de sentir et de percevoir, où se réunissent toutes nos sensations parce que tous nos sens extérieurs y convergent ; ce sens commun là est si bien un sens, qu'il a son propre organe central qui est ce que nous appelons le cœur dans notre langage familier. Mais cette pression de l'invisible, — un autre nom pour l'infini, — n'avait d'abord rien à faire à la religion ; elle déposait seulement dans l'âme un germe sans lequel nulle tendance religieuse ne se serait fait sentir ; et sous l'impulsion de ce ressort qui est le sens divin et qu'Aristote a appelé l'attrait du désirable et de l'intelligible, l'acte le plus naturel et le plus nécessaire de la vie morale, le passage direct du fini à l'infini, s'accomplissait par un simple élan de l'esprit humain.

Platon a expliqué ce phénomène mental : « Il y a, dit-il, tout au fond de notre âme un point : là est la racine de l'âme que Dieu tient suspendue à lui ; et l'âme ne vit que parce que Dieu la touche. »

Apercevant en elle et autour d'elle des traces de bonté, de beauté, d'intelligence, d'amour et de joie, sentant en elle et autour d'elle la vie et ses forces, l'âme n'a qu'à pousser ses idées par delà les limites de son être borné avec ses qualités et ses joies imparfaites, et elle s'approchera de Dieu.

Kepler, en déterminant les lois qui régissent les mouvements des corps célestes, remarqua de la géométrie dans le ciel ; depuis, les savants ont trouvé les mathématiques dans toutes les branches de la physique ; ils ont vu des nombres et des figures géométriques dans la lumière et les couleurs, dans le son et dans la musique sous sa forme sensible. Leibniz, un des plus grands mathématiciens qu'ait eu le monde et qui trouva le calcul infinitésimal, vit qu'au moyen de ce procédé, on remonte de la grandeur finie aux lois et aux formes mathématiques telles qu'elles sont éternellement en Dieu, indépendantes de toute dimension.

Entre l'élan spontané de l'âme s'élançant ailes déployées de toute donnée finie à l'infini, et les hautes mathématiques, science complétée il n'y a pas plus de deux cents ans, l'analogie est parfaite ; les savantes démonstrations de l'existence de Dieu données par tous les vrais philosophes sont des résultats correspondant à ceux obtenus par la méthode vulgaire employée par tous les hommes depuis qu'il y a des hommes au monde. Donc, l'identité du procédé fondamental de la vie raisonnable et du procédé infinitésimal géométrique, qui tous deux démontrent Dieu, est rigoureusement établie ; la certitude métaphysique du premier procédé égale la certitude géométrique du second. Et voilà pourquoi Leibniz a pu dire : « Il y a de la géométrie, de la métaphysique, de l'harmonie et de la morale partout. »

J'ai bien dit que le moi humain faisait de la science et de la philosophie bien avant que des philosophes apparussent pour reconnaître que le mouvement naturel de l'âme, décrit dans les hymnes védiques par les poètes hindous au temps de leur plus profonde ignorance, et qui n'est rien d'autre que le fait universel de la prière, est la vraie voie pour arriver à Dieu.

Pour le philosophe, la preuve de l'existence de Dieu peut sembler reposer sur un syllogisme ; elle repose pour l'historien sur l'évolution entière de l'esprit humain.

Faut-il se demander encore comment l'idée d'un principe supra-sensible pénétra dans l'esprit humain, et comment elle se répandit dans le monde ? La réponse à cette question est dans le Véda où les hymnes exposent avec méthode, au milieu d'une confusion apparente, ce que nous recueillons çà et là de la bouche des sages de tous les temps. Cette idée se révéla d'abord à l'homme dans la nature extérieure ; puis, l'homme la découvrit dans son propre moi personnel et phénoménal, cet abrégé de l'humanité entière avec ses vivants et ses morts. Enfin, dans les nuages de la mythologie psychologique et derrière le voile de l'*ego*, le vrai moi qui cherche le Divin se montra à l'homme ; c'est le démon de Socrate, c'est ce que les premiers écrivains chrétiens ont appelé l'Esprit-Saint, un nom qui reçut diverses interprétations dans les écoles de théologie, mais qui doit redevenir ce qu'il était à l'origine, l'expression de l'unité de l'élément éternel humain et du Saint des Saints, le véritable, l'unique Infini. C'est là ce qu'on est convenu de nommer la Religion naturelle, parce qu'elle fut révélée par la Nature elle-même, et la vérité de cette révélation est mathématiquement démontrée.

Tout ce que je viens de dire a été résumé en peu de lignes par un penseur de notre siècle, Bordas-Desmoulins : « Sans les mathématiques, on ne pénètre point au fond de la philosophie ; sans la philosophie, on ne pénètre point au fond des mathématiques ; sans les deux, on ne pénètre au fond de rien. »

Aristote a cité les paroles d'Anaxagore qui vivait cent cinquante ans avant lui : « Le jour où l'homme vint dire qu'il y a dans la nature une intelligence qui est la cause de l'arrangement et de l'ordre de l'Univers, cet homme parut avoir seul conservé sa raison au milieu de la folie et de l'ivresse de ses devanciers. »

Il n'y eut pas de solution de continuité entre l'impression subie par les hommes à la vue du feu de l'éclair, et le Dieu que chaque peuple nomma à sa manière, et celui que les Athéniens vénéraient sans connaître son nom, le Dieu que l'Apôtre vint leur annoncer.

Je répéterai ici les mots d'Aristote qui ne devraient jamais s'effacer de notre mémoire : « L'homme est en face de la lumière qui éclaire tout homme venant au monde. » C'est ce qui a fait dire au même philosophe cette autre étonnante parole, si difficile à saisir quand on la rencontre dans un livre pour la première fois : « Tous ceux qui voient voient la même chose, et tout ce qu'un homme a vu est vrai. »

L'ANTHROPOMORPHISME

Quand, dans les commencements, les hommes qui ne connaissaient que deux espèces d'agents, tous deux tangibles, eux-mêmes et les bêtes, conçurent l'idée que les phénomènes de la nature étaient mus par des agents invisibles quelconques, leur imagination suivit sa pente naturelle en se les représentant sous l'un ou l'autre de ces aspects qui leur étaient familiers, et parfois sous les deux réunis ; car ces puissances inconnues assumèrent fréquemment, par exemple, chez les Égyptiens, la forme d'êtres moitié homme et moitié poisson, ou oiseau, ou quadrupède. Mais avec les progrès de la civilisation, les représentations de la divinité se modifièrent ; l'homme, ayant entrevu une distinction entre le phénoménal et le non-phénoménal, fut amené à soupçonner l'existence d'un auteur de l'un et de l'autre ; et il le comprit, cet auteur, anthropomorphiquement, c'est-à-dire comme une personnalité humaine, mais revêtue de toutes les qualités de bonté et de beauté qui distinguent les meilleurs d'entre les hommes. Nous savons que l'anthropomorphisme, à le prendre d'une manière abstraite, est faux ; pourtant, sans lui, jamais peut-être l'homme n'eût trouvé le moyen de se rapprocher de cet auteur inconnu de toutes les choses créées ; et le besoin de le connaître de plus près était irrésistible.

Dans un sens, nous sommes moins avancés que nos ancêtres primitifs ; attirés d'un certain côté par les propriétés occultes de l'aimant, et mus par la sensation, ils avançaient simplement. Plus tard, ils ont voulu qu'on leur expliquât ce qu'ils ne comprenaient pas ; des hommes s'en chargèrent ; leurs enseignements furent respectueusement recueillis ; les codes sacrés en sortirent.

LES CODES SACRÉS ET LES CODES DE LOI

L'histoire nous apprend que chaque code sacré a crû peu à peu, et de même que les codes de lois. La religion particulière à chaque peuple, vague, indéterminée, existait avant son code, comme les lois de chaque pays, indéterminées et arbitraires, existaient avant leur code. S'il n'y avait pas eu une croissance de la loi sous forme d'arrêts prononcés en différents temps par les chefs du peuple, accumulés lentement et acceptés au fur et à mesure par le peuple en général, il n'aurait pu y avoir de codes de lois, tels que ceux de Solon, de Dracon et d'autres. S'il n'y avait pas eu une croissance de la religion formulée dans des oracles, et des prières, et des commandements prononcés en différents temps par des prophètes, accumulés lentement et acceptés au fur et à mesure par le peuple en général, il n'y aurait pas eu de livres sacrés, tels que ceux de Moïse, de Confucius, du Buddha et d'autres.

Il arrive parfois que les codes de lois se transforment en fétiches pétrifiés auxquels on se soumet aveuglément, pendant que leur origine s'oublie, et que l'idée de ce qui est juste et injuste s'efface devant la seule pensée de ce qui est écrit et légal; et les livres sacrés deviennent des sortes de fétiches exigeant une soumission implicite, pendant que leur origine est oubliée, et que l'idée de ce qui est vrai et divin est absorbée dans l'unique pensée de ce qui est écrit et orthodoxe.

Le sens de la responsabilité du citoyen devant la loi de son pays est en danger d'être paralysé, quand cette loi est appliquée avec une exactitude mécanique plutôt qu'avec l'idée de ce qui est juste en tout temps et injuste en certain temps; et la responsabilité du croyant devant la religion de son pays court risque d'être paralysée, quand la religion est formulée avec une exactitude cérémonielle plutôt qu'avec le sentiment humain de ce qui est vrai ou faux. La présence des livres sacrés remplaça l'action de l'aimant; la pression effective de l'Infini se changea en une habitude qui chassa le mouvement spontané; nous distinguons difficilement les religions organisées de la religion en soi, qui était notre religion primitive; nous avons des rites que nous aimons; les rites, qui étaient d'abord des reflets de l'idée de Dieu, se sont imperceptiblement glissés à la place du Dieu vivant dans notre vie religieuse; nous possédons des dogmes, mais non pas notre propre assurance de l'existence d'un Être que Platon nommait l'*être par soi;* ce qui dérive de ce fait est très grave, car les dogmes et les credos, par eux-mêmes, ne fournissent pas d'arguments contre l'athéisme.

Je me suis demandé pour quelle espèce de gens cet Être

par soi aura été et reste encore quelque chose de plus qu'un nom dans un livre? Il fut bien une réalité pour le petit nombre d'individus connus au loin et à travers les âges, comme saints de l'Église chrétienne et comme grands philosophes païens; il peut être encore une réalité pour quelques individualités que certains philosophes modernes ne savent dans quelle catégorie classer, dans celle des panthéistes, ou des athées, ou des esprits inconséquents; cet Être est, dans un sens, une réalité pour tel érudit, tel esprit méditatif qui en fait un objet d'étude... énigmatique. Mais, pour la presque totalité des hommes, y compris les civilisés baptisés, c'est quelque chose dont ils se passent facilement; ils se contentent des reflets.

On pourra dire que c'est à notre raison plus qu'à notre cœur à remonter à Dieu comme Être par soi; mais Sénèque y a réfléchi et a dit : « La raison ne se compose pas seulement d'évidence; sa meilleure partie est obscure et cachée. »

De nos jours on a paraphrasé et précisé l'observation de Sénèque, et on a dit : « Il y a des esprits où il fait clair, et il y en a où il fait chaud; la chaleur et la clarté quelquefois se séparent, la chaleur et la grandeur jamais; les esprits les plus grands sont toujours ceux où il fait chaud. »

Si, comme l'a cru Spinoza, la raison devient moins apte à s'élever à la connaissance de Dieu dès que l'imagination et l'enthousiasme qu'elle engendre gagnent en puissance, d'autre part, le monde en général aura plutôt bénéficié de l'action exercée sur lui par le mouvement prophétique qui caractérise l'histoire du peuple hébreu; la masse des intelligences ne serait pas allée chercher la connaissance de Dieu chez les anciens philosophes où elle se conservait en dépôt sous une forme trop pure, trop abstraite pour impressionner la masse; il fallait donc que la pensée divine descendît jusqu'à elle et la captivât précisément par un mélange du divin et de l'humain; et c'est parce que la Bible renferme cet élément vraiment universel que l'idée d'une révélation surnaturelle s'est profondément gravée dans la conscience humaine, et qu'une partie du monde a pu prendre la Bible pour la source unique de toute révélation. C'est ainsi que le peuple d'Israël, le plus pauvre en action parmi tant d'autres dont parle l'histoire, est pour l'homme qui pense le plus important de l'antiquité, car il a prouvé, comme nul autre, la force de l'élément spirituel dans l'humanité.

Il déplaît à beaucoup de personnes d'entendre parler d'une science de la religion : « Comment faire une science, disent-elles, de ce qui n'est qu'un sentiment naturel ? nous pouvons croire sans avoir étudié. » Pourquoi n'ajoutent-elles pas : et sans avoir réfléchi ?

Certes, la religion n'a pas commencé en ce monde par l'étude ; les hommes se sont d'abord appliqués aux sciences de la nature ; ils arrivent à peine aujourd'hui aux sciences sociales ; et selon l'opinion de certains théologiens, du père Gratry, par exemple, ils n'arriveront que dans quelques siècles peut-être à la science de la religion ; mais c'est dire qu'on s'attend à ce qu'elle devienne l'objet d'une science sans que le sentiment religieux en souffre. Avec cette perspective devant nous, commençons non à bâtir, mais à rassembler les matériaux ; suivons le conseil de l'excommunié d'Amsterdam, jetons un coup d'œil sur les codes sacrés des peuples pour avoir quelque idée des diverses religions, ce qui est bien plus aisé que de savoir ce qu'est la religion.

L'indifférence et l'ignorance sont si générales, qu'il n'est pas rare de rencontrer même des jeunes gens se préparant à entrer dans les ordres qui seraient incapables de répondre à ces questions : Quelles sont les principales religions historiques en vigueur de nos jours ? Combien y en a-t-il ? Qui sont les hommes qu'on dit en être les fondateurs ? Quels sont les titres des livres que les membres de ces communautés acceptent comme des autorités en matière de foi ? Nous aurions honte de répéter que le monde fut créé en six jours, et nous n'en éprouvons aucune d'ignorer les formes de religion dans lesquelles, depuis des milliers d'années, des milliards de créatures humaines puisent leur espoir, leur consolation et leur règle de conduite.

On compte huit grandes religions en possession de codes sacrés : le brahmanisme, qui est la religion védique, la plus ancienne de la famille aryenne, et le bouddhisme, deux religions de l'Inde ; le zoroastrisme ou magisme, religion de la Perse ; deux religions de la Chine, l'une issue de l'enseignement philosophique de Lao-tseu, l'autre de celui plus pratique de Confucius ; le judaïsme et le christianisme, deux religions de la Palestine ; enfin l'islamisme, religion de l'Arabie.

En fait de religions non chrétiennes, une seule nous est tant soit peu familière ; elle a même de l'attrait pour nous, probablement parce que nous la supposons renfermer beaucoup de choses occultes, ce qui nous stimule à pénétrer dans ses mystères ; c'est le bouddhisme. Avec quelle désinvolture nous parlons dans nos salons du bouddhisme sans soupçonner que, dès nos premiers pas, nous nous sommes trompés de route ; nous généralisons les convictions intimes de milliards d'âmes séparées les unes des autres par la moitié du monde et des milliers d'années d'intervalle, sans songer qu'elles ont varié et varient toujours dans les nombreuses sectes, comme une langue varie dans ses dialectes ; et le principe religieux qui est au fond de ces croyances nous échappe toujours.

Je ne dirai que peu de mots du bouddhisme, et ce sera d'abord une question d'orthographe ; il faut distinguer entre les mots de Buddha et de Budha, que l'on confond toujours ; ils n'ont entre eux de commun que leur racine ; Buddha avec deux *d* est le participe de *budh*, et signifie réveillé, éclairé d'une lumière particulière ; ce nom est donné à ceux qui ont atteint le plus haut degré de la sagesse humaine; et Budha écrit avec un *d*, c'est simplement un savant; et lorsque les Hindous apprirent des Grecs à connaître les planètes, ils donnèrent ce nom à la planète Mercure.

On parle encore avec autant d'étonnement que de répulsion de l'ancienne coutume de livrer aux flammes, sur le même bûcher, les restes d'un mort et sa veuve; pendant des siècles, ni les Hindous, ni les Européens ne se sont doutés que cet affreux rite était dû à une interprétation fautive de quelques lignes du Véda.

Un temps arriva où les brahmanes qui formaient la noblesse sacerdotale du pays et avaient la garde de la religion védique prétendirent que chaque parole du Véda avait été surnaturellement révélée; des voix s'élevèrent pour protester contre cette affirmation; le peuple hindou, qui courbait patiemment la tête sous le joug du despotisme politique, n'admettait point de monopole dans l'enseignement des vérités éternelles; et pour ébranler l'autorité du clergé, il suffisait qu'un homme sortît de la foule et proclamât l'axiome que le bonheur éternel est possible en dehors de l'intervention des prêtres, et sans une foi aveugle dans des livres sur lesquels ils ont eux-mêmes appliqué le sceau de l'infaillibilité. Cinq cents ans avant notre ère, cet homme parut, un simple fils de roi n'appartenant pas à la classe des brahmanes; c'était Gotama Çakya-Muni, connu plus tard dans le monde entier sous le surnom du Buddha. Il s'attribua à lui-même le droit d'enseigner, et le passa aux autres illuminés. Deux siècles après sa mort, le roi Açoka convoqua le premier concile bouddhique afin de fixer les principaux points de la doctrine, et il fit graver son édit en dialecte vulgaire sur les rochers dans toute l'étendue de son royaume.

Si l'enseignement du Buddha éveilla une si ardente sympathie dans les âmes et se propagea avec tant de rapidité, c'est que l'esprit hindou avait été préparé à le recevoir par des siècles de méditation.

Ce n'est pas le Buddha qui forgea le terme de Nirvâna ; il l'avait trouvé tout fait dans les Upanishads, où il signifiait à l'origine non l'annihilation de l'âme, mais l'extinction de ses passions, donc l'émancipation morale finale et l'union de l'âme individuelle et du principe éternel.

Je dirai, pour terminer ce court aperçu du bouddhisme, que de nos jours encore, il y a des brahmanes mendiants, les uns vivant en communauté, les autres dispersés dans des villages, qui savent par cœur tout le Rig-Véda comme leurs ancêtres d'il y a trois mille ans ; et quoiqu'ils aient des manuscrits, même des textes imprimés, ils ne s'en servent pas.

Ce que la connaissance des religions établies rendra tout d'abord indubitable, c'est la détérioration à laquelles toutes sont sujettes ; aucune d'elles n'est restée ce qu'elle était dans sa période initiale ; la religion la plus parfaite pâtit de son contact avec le monde, de même que l'air le plus pur se corrompt par le seul fait que des milliers de poumons le respirent.

L'enseignement du Christ conquit la foule ignorante et la partie la plus civilisée du monde, parce qu'il prêta dès son début aux plus hautes vérités des expressions que pouvaient comprendre l'apprenti juif, le publicain romain et le philosophe grec. Le christianisme rompit la barrière qui divisait les peuples ; jusque-là, pour le Grec, tout homme ne parlant pas le grec était un barbare ; pour le Juif, tout incirconcis était un étranger ; le christianisme naissant rapprocha le blanc du noir ; l'idée du genre humain formant une famille naquit à la parole du Christ.

L'étroitesse de vue disparut pour un temps ; elle revint avec l'effort de renfermer la pensée du Christ dans une formule rigide ; et il arriva que la doctrine naissante cessa d'être ce qu'elle devait être avant tout, un lien de charité universelle. Des disciples trop zélés, rabaissant sans discernement les religions dissidentes, réussirent à détacher le christianisme de la chaîne ininterrompue qui s'appelle le gouvernement du monde ou la Providence divine, et ils en firent un membre isolé dans l'histoire de l'humanité.

Mais toute religion, de même que le langage, a déjà une histoire dans le passé ; seulement, nous négligeons d'en rechercher l'origine, parce que nous perdons totalement de vue qu'aucun des initiateurs des grandes religions n'a réclamé pour lui-même le droit de s'en nommer l'auteur exclusif.

« Un de nos articles de foi, » écrivait saint Justin dans son *Apologie*, l'an 139 de notre ère, « est que le Christ est le véritable Logos (la Raison universelle) auquel l'humanité participe ; et nous avons prouvé que ceux qui vivent selon le Logos sont chrétiens alors même qu'ils passent à nos yeux pour athées ; tels étaient, parmi les Grecs, Héraclite, Socrate et leurs pareils, et parmi les barbares, Abraham, Ananias, Azarias, Mizaël, Élie et beaucoup d'autres ; et ceux qui ont vécu dans les premiers temps en opposition au Logos étaient les ennemis du Christ et les meurtriers de ceux qui vivaient selon la Raison universelle, tandis que ceux qui en ont fait ou qui en font la règle de leurs actions sont chrétiens, et gens sans crainte ni tremblement. »

Saint Augustin parlait dans le même sens : « Ce qu'on appelle maintenant la religion chrétienne a existé depuis le commencement de la race humaine, jusqu'à ce que le Christ fût venu en sa chair ; à partir de ce temps, la vraie religion, qui existait déjà, commença à être appelée la religion chrétienne » (*Retract.*, I, 13).

Nous connaissons par cœur certaines phrases du Nouveau Testament ; mais c'est leur son plutôt que leur sens qui est resté empreint dans notre mémoire ; aussi, quand il nous arrive de retrouver ces mêmes phrases commentées quelques siècles avant que l'Évangile fût prêché, elles nous frappent, et il nous semble alors ne les avoir jamais entendues. Jésus disait une fois devant la foule réunie : « Si un homme ne naît de nouveau, il ne peut voir le royaume de Dieu. » Ces mots piquèrent la curiosité d'un notable juif nommé Nicodème ; il vint trouver Jésus en secret et le pria d'expliquer de quelle façon un homme déjà vieux pouvait naître une seconde fois ? « Comment, lui dit Jésus, tu es docteur en Israël et tu ne sais pas ces choses ? »

Non, le docteur en Israël ne savait pas ces choses, mais le païen Aristote les connaissait ; il avait dit en parlant de la contemplation de Dieu : « Une telle vie est supérieure à la vie de l'homme ; ce n'est pas en tant qu'homme que l'homme peut vivre ainsi, mais en tant qu'un principe divin vit en lui » (*Morale à Nicomaque*).

« Femme, crois-moi, » dit Jésus à une Samaritaine qu'il trouva assise au pied du mont Garizim, lieu sacré pour les gens de sa croyance, « l'heure est venue où l'on n'adorera plus le Seigneur sur cette montagne, ni à Jérusalem, mais partout où les vrais adorateurs du Père l'adoreront en esprit et en vérité. »

Et voilà près de deux mille ans qu'on ne veut pas le croire.

« Si nous voulons enfin sortir de l'enfance, » écrivait Origène, un des premiers Pères de l'Eglise, « il nous faut traduire l'Évangile temporel et sensible en un Évangile éternel et intelligible. » Ce même Père fut condamné par un concile pour quelques opinions jugées incorrectes, entre autres celle que la pluralité des mondes, qu'il disait avoir trouvée dans l'Évangile, pouvait bien être une réalité. Saint Jérôme rapporte la formule de cet anathème : « Pareil à Satan dont il est fils, Origène est tombé du ciel comme un éclair. » Comme pièce d'éloquence, c'est aussi beau que la condamnation du philosophe d'Amsterdam.

Une masse de légendes se sont répandues dans le peuple, productions naturelles de l'atmosphère morale de l'Europe à l'époque où les premiers germes du christianisme tombèrent sur un sol encore jonché des débris de l'ancienne mythologie. Ce qui arriva alors arrivera toujours là où la foule apprend à parler le langage de ses maîtres avant d'avoir appris à repenser leur pensée.

On raconte qu'au xiiie siècle, dans une petite ville d'Italie, un moine, le frère Thomas, alla demander au frère Bonaventure d'où lui venait la force et l'onction dont tous ses discours étaient pénétrés. Bonaventure montra un crucifix suspendu au mur de sa cellule : « C'est lui, répondit-il, qui me dicte tout ce que j'ai à dire. » Cette réponse fut rapportée au peuple qui la comprit littéralement, et les habitants de la ville restèrent convaincus que frère Bonaventure possédait un crucifix qui parle. Les peintres s'emparèrent de ce motif, ceux d'Espagne les premiers. Un symbole éclipsa la splendeur d'une vérité sacrée.

On a souvent accusé l'Église de tolérer de pareilles superstitions ; elle essaya pourtant de temps à autre d'arrêter leur propagation, mais la tâche de remettre chaque pierre de l'édifice à sa place est pour elle une tâche délicate, qui ébranlerait peut-être le fondement sur lequel s'est élevé durant de longs siècles la vie spirituelle de tant de nations. Les miracles sont un trait saillant dans toutes les religions ; cependant, lorsque les disciples du Buddha priaient leur maître de les mettre à même d'en faire, celui-ci répondit : « Je vous enseignerai à faire le plus grand de tous les miracles : cachez vos bonnes œuvres et confessez publiquement vos péchés. »

Mahomet exprime dans le Coran le plus grand mépris pour ce qui passe généralement sous le terme de miracle, et il en appelle aux œuvres vraiment grandes d'Allah : « Je ne peux pas, disait-il à ses disciples, vous montrer des signes plus éclatants que ceux que vous voyez chaque jour et chaque nuit. » Mais les mahométans orthodoxes ne se lassent pas de conter les miracles qui ont fait du prophète la merveille de l'Arabie.

Les miracles ne servent, paraît-il, qu'à nous inculquer

l'idée qu'une religion où ils se produisent ne peut être que vraie ; d'un autre côté on a observé qu'un même miracle ne pourrait jamais se faire deux fois, car, à la seconde fois, on le trouverait tout naturel ; elle est extraordinaire, la faculté que l'homme possède de cesser de s'étonner de ce qu'il y a de plus étonnant.

C'est maintenant en critiques que nous envisageons les aberrations mentales de l'époque mythologique ; nous comprenons que, lorsque les anciens peuples faisaient descendre de la divinité suprême leurs rois et leurs héros, ce n'était là que la plus haute louange que l'homme pût adresser à l'homme ; nous savons que la mythologie, telle qu'on nous l'enseignait à l'école, n'était pas plus la religion pour les Grecs et les Romains que la rouille n'est du fer. C'est cet hommage pourtant qui obscurcit notre esprit en lui faisant entrevoir des rapports absolument humains entre les mortels et les immortels. L'action de la métaphore dépassa les limites des temps fabuleux ; elle envahit à notre insu le domaine de la pensée moderne, et notre religion ne fut pas à l'abri de son atteinte ; nous avons transporté dans notre phraséologie religieuse les termes si communs de père et de fils, sans les dépouiller d'abord de leur sens matériel, et nous ne songeons pas que, dans cette tout autre sphère, ces termes sont devenus la métaphore la plus hardie qu'ait pu créer le langage humain. Une vague idée que Dieu est séparé de nous par l'espace nous domine au point que la croyance qu'il ne peut y avoir de barrière entre le divin et l'humain est souvent confondue avec le panthéisme ; cependant, sans cette espèce de panthéisme, qui diffère totalement du panthéisme dogmatique, le christianisme n'eût jamais fait son apparition en ce monde. Nous n'invoquons ni Jupiter, ni Jéhovah ; Dieu est pour nous simplement Dieu dans nos langues modernes, mais c'est Dieu en dehors de nous ; en parlant de lui, c'est au ciel que nous pensons ; quand un homme déclare prendre Dieu à témoin de son innocence, involontairement il lève la main au ciel ; en temps de calamiteuse sécheresse, lorsque la terre refuse aux hommes et aux bêtes leur nourriture, les âmes pieuses sont invitées à solliciter de Dieu le bienfait de la pluie ; pendant que la science travaille depuis longtemps à remonter aux causes, la religion se borne comme par le passé à supposer un agent pour chaque acte ; l'influence des anciennes représentations sur notre pensée actuelle opère toujours, et notre esprit est forcé de vivre comme l'huître, sous un couvercle qu'il s'est bâti lui-même. Mais il faut bien nous soumettre à l'évidence, et reconnaître que, si nous n'échappons pas encore au pouvoir de la mythologie, c'est que nous n'avons pu éviter de trouver son langage partout, et jusque dans nos livres sacrés.

Le langage a moulé notre pensée ; dès qu'elle se reporte vers Dieu, nous nous le représentons comme étant « quelqu'un » ; c'est que nous ne sommes pas libres de ne pas avoir ce genre de représentations ; nous savons que le soleil ne se lève pas le matin, mais nous ne pouvons faire autrement que de le voir se lever ; nous savons que le ciel n'est pas bleu, mais nous ne réussirons jamais à ne pas le voir bleu.

On répète qu'un Dieu impersonnel n'est pas Dieu ; on oublie que la personnalité implique toujours une limitation, car nous ne pouvons la concevoir qu'à un point de vue humain, donc bornée. De ce que Spinoza niait la personnalité divine, les commentateurs ont cru qu'il niait Dieu ; mais aucun des philosophes du xviie siècle, y compris les théologiens catholiques, n'a défini Dieu par la personnalité ; Descartes, Fénelon, le définissaient : « l'être infiniment parfait, l'être sans restriction, l'être sans rien ajouter ». Personnifiez Dieu, et vous serez logique en disant avec Massillon que : « Dieu, dans sa colère, exauce des prières insensées pour punir ceux qui les lui adressent » ; et vous serez logique aussi, si vous croyez avec telle mère chrétienne que Dieu lui retire son enfant pour la punir de l'avoir trop aimé.

En traçant la marche de l'idée de Dieu tout le long des âges, ce serait pour nous une triste tâche que de recueillir les traits choisis par des écrivains chrétiens comme caractérisant le mieux l'Être suprême; ces traits fourniraient de quoi ériger tout un Panthéon de divinités mythologiques.

Tous les philosophes et tous les théologiens vraiment philosophes ont soutenu qu'il est une Raison impersonnelle qui est Dieu; Bossuet l'a même nommée : « la Raison-Dieu ». Cette lumière qui éclaire tout homme venant au monde est la source d'un principe de certitude; Aristote, saint Augustin, saint Thomas d'Aquin, le comprenaient ainsi quand ils disaient que : « l'intellect ne peut pas se tromper ».

Si nous voulons nous faire de Dieu une idée tant soit peu approximative, suivons scrupuleusement le conseil de saint Thomas : « Éliminez, éliminez » ; alors seulement nous pourrons comprendre dans quel sens les sages ont dit que la négation contient plus de choses que l'affirmation.

Des milliers d'années avant saint Thomas, les Hindous pratiquaient sa méthode, car c'était justement l'imperfection des noms trouvés pour exprimer l'obscur sentiment du divin qui les poussait à toujours en chercher de nouveaux, jusqu'à ce qu'enfin, tous les phénomènes de la nature ayant été explorés, à bout de patience, les Hindous s'écrièrent : « Impossible de saisir ce qu'il nous faut avoir ; ce n'est ni ceci, ni cela, ce n'est rien de ce que nous avons nommé ! » Et ils arrivèrent à croire qu'il n'est point de nom digne de Dieu dans le langage humain, et que tout ce qu'on en peut dire, c'est : « Non ! Non ! »

Il faut bien, cependant, faire usage de mots du moment que nous avons des idées. Toutes celles qui ont contribué à l'éducation de l'humanité ont été le produit d'un travail impersonnel, fruit d'une longue fermentation de l'esprit humain ; ainsi de l'idée et du nom de Dieu comme « l'Être », la tradition y rattache le nom de Moïse ; peut-être ce prophète y a-t-il mis la dernière main : « Je suis celui qui suis », fait-il dire à l'Éternel. Les Hébreux imaginèrent une autre manière de s'entendre en parlant de Dieu ; souvent ils le désignaient par le pronom de la troisième personne : « Il », et « Il » put ainsi remplacer un nom propre. Quelque chose d'équivalent se trouve dans le Zend-Avesta : « Regardant autour de lui, Il (Ahuramazda, nom zend d'Ormazd) ne vit rien que lui-même, et Il dit : c'est Moi ; et son nom fut : Moi. »

Mais l'homme ne peut pas être sur ses gardes à chaque instant de sa vie ; dans le trouble et la douleur, il ne s'adresse pas à « l'Être » ; il dit : Mon Père ! et il se souvient de tous les vieux noms qu'il balbutiait dans son enfance, et tous viennent se poser sur ses lèvres, et Celui qui est au-dessus de tous les noms comprend.

Ne séparons pas la religion de la philosophie ; les sujets qui touchent à la religion ont toujours été ceux-là mêmes qui ont donné naissance à la philosophie ; si même la religion ne vivait que par le sentiment, comme quelques gens le soutiennent, ce serait encore à la philosophie à déterminer si ce sentiment est une illusion, ou s'il a une base rationnelle ; les séparer, c'est les amoindrir toutes deux.

XII

A PROPOS DE MOTS

> « Nomina si nescis, perit et cognitio rerum. »
> Quand le nom t'est inconnu, la connaissance de la chose t'échappe.
> LINNÉ.

Si le langage est la vraie autobiographie de l'entendement humain, ajoutons que notre langage actuel est une photographie parfaite de notre entendement dans sa phase présente qui est brumeuse. Tous tant que nous sommes, ignorants ou savants, nous parlons et discutons toujours, et nous nous entendons rarement faute de connaître le sens précis des mots. Les sciences les plus avancées sont celles où l'on ne dispute plus sur la signification des termes; les mathématiques sont de ce nombre. Quand nous nous serons bien convaincus de l'identité de la pensée et de la parole, nous introduirons dans nos idées, et par conséquent dans tous nos entretiens, tant familiers que philosophiques, une clarté impossible à obtenir d'une autre manière.

Il nous serait déjà d'un grand secours de savoir l'étymologie des mots, mais cela ne suffirait pas. « L'étymologie, » a dit Voltaire, « est une science où les voyelles ne font rien, et les consonnes fort peu de chose. » Cette saillie porte bien la date du siècle où elle pouvait se faire de bonne foi; du temps de Voltaire, la science étymologique se bornait à faire dériver un nom d'un autre nom avec lequel il avait, quant au son, une grande ressemblance; et le spirituel écrivain n'était pas le seul à railler les quelques rares érudits qui entrevoyaient la possibilité de faire remonter à une même source des noms dans lesquels il était impossible de soupçonner la moindre parenté. Si Voltaire s'était douté que son sarcasme n'était au fond qu'une simple vérité scientifique, il eût eu peut-être moins de plaisir à le décocher ; la science étymologique, née de nos jours, a découvert des mots qui n'ont en apparence rien de commun, ni le son, ni le sens, et qui néanmoins ont une même origine.

Ce serait un curieux chapitre de l'histoire de la Pensée que celui où seraient exposées les erreurs introduites et enracinées dans nos esprits par l'emploi de certains mots qui sont arrivés peu à peu à signifier l'opposé de ce qu'ils exprimaient au commencement.

Par exemple, on se représente généralement la matière comme quelque chose de tangible ; du moins, tout le monde s'accorde à n'y voir aucune trace d'intelligence, et le plus grand blâme que l'on puisse infliger à un siècle quelconque consiste à l'appeler matérialiste. Cependant, nous qui touchons chaque jour des objets tangibles comme la pierre, le métal, le bois, nous n'arrivons jamais à mettre la main sur la matière ; nous ne saurions même pas où la trouver : serait-ce que la matière n'est point tangible ? Le mot latin *materia* signifiait d'abord le bois de l'arbre ; ensuite il s'appliqua à tout bois de construction. Cette signification se généralisa de façon à convenir à tout corps solide capable de prendre toute espèce de formes ; au temps où l'on fabriquait des idoles de bois, on distinguait la matière, c'est-à-dire le bois, de sa forme, l'idole ; et quand les sculpteurs firent des statues de marbre ou de métal, le marbre et le métal furent aussi désignés du nom de matière ou de matériel ; et quand on s'avisa de demander de quoi étaient faits tous les autres objets tangibles, et même le monde où nous vivons, il fut répondu que tout cela était fait de matière en tant que différent de la forme.

C'est ainsi que nous en sommes venus à posséder notre mot de matière, auquel rien de tangible ne semble correspondre ; et grâce probablement à son caractère énigmatique, il n'a pas cessé d'exercer la sagacité des savants.

Si les philosophes n'ont pas réussi à expliquer ce que c'est que la matière, les physiciens n'y parviennent pas non plus ; car ce que nous appelons la matière, c'est précisément quelque chose qui ne tombe pas sous nos sens. Le mot eût évité cette malchance, s'il était toujours resté dans la bouche des sages, qui tâchent de ne jamais se servir de mots encore indéfinis ; mais il est dans la bouche des fous aussi bien que dans celle des sages, et les fous sont si nombreux sur la terre que c'est un vrai miracle si nos conversations conservent encore un grain de bon sens.

Max Müller se dit prêt à admettre que la matière peut être nommée la cause objective de toutes nos perceptions ; et du moment qu'elle est une *cause*, on comprend pourquoi elle échappe à nos sens extérieurs. En somme, tout ce qui peut être dit raisonnablement de la matière, c'est qu'elle produit nos sensations, qu'elle existe dans l'espace et dans le temps, qu'elle est une, mais revêt une infinité de formes phénoménales sous lesquelles elle demeure toujours la même.

L'histoire du mot matière nous apprend donc que la parole, seule chargée d'introduire la lumière dans notre entendement, y glisse aussi l'erreur dès qu'elle nous trouve dans l'ignorance de la signification originelle des mots ; la matière, en tant que bois de l'arbre et bois de construction, était pour ceux qui forgèrent ce mot un objet propre à être perçu et conçu ; plus tard vinrent des esprits autrement constitués qui virent en elle un objet qui perçoit et qui conçoit.

Nous pouvons suivre beaucoup de mots à travers leurs transformations d'une langue à l'autre ; par contre, il en est dont il ne nous est pas possible de connaître exactement l'histoire, vu les révolutions qui en ont tranché çà et là le fil ; mais la science du langage progresse, et les gens qui la cultivent entrevoient le jour où les études philosophiques poseront enfin sur leur véritable base.

On ne se doute pas du grand nombre d'idées fausses que nous devons exclusivement aux littératures que nous lisons en traduction. Quand nous commençons à apprendre une langue étrangère, la tâche nous paraît aisée ; le dictionnaire nous donne les mots équivalents, la grammaire, les formes correspondantes ; mais à mesure que nous avançons, nous sommes de moins en moins satisfaits ; nous voyons croître la difficulté de trouver des expressions qui nous contentent ; il y a toujours dans notre travail quelque chose de trop ou de trop peu ; toutes sortes d'idées disparates s'associent en se jouant autour de nos propres conceptions, et il nous semble entrer dans une localité inconnue, parce qu'un nouvel effet de lumière et d'ombre a prêté au paysage un nouveau caractère. Une traduction n'est donc jamais qu'une tentative de rapprocher des pensées destinées à rester toujours séparées.

Si, dans nos langues modernes, certains mots changent nécessairement de signification dans le cours de trois à quatre siècles, les langues anciennes sont soumises à cette loi dans une mesure infiniment plus étendue. Beaucoup de savants ont consacré leur vie entière à pénétrer le sens des vieux documents, car il eût été impossible que des littératures antérieures de plusieurs siècles à notre ère gardassent leur physionomie originale deux mille ans après. Une traduction des hymnes du Véda et de l'Avesta exige l'emploi du procédé qui a servi à déchiffrer les inscriptions du temps de Cyrus, de Darius et de Xerxès ; on cherche dans différents passages le mot dont le sens s'est perdu pour découvrir ce qu'il peut signifier dans tous ces passages ; faute d'observer ce procédé, des textes sanscrits et zends ont été traduits tout de travers. Et ce sont précisément les Écritures sacrées qui souffrent le plus de la part des interprètes; les endroits des hymnes qui n'ont point de rapport direct avec les doctrines religieuses ou philosophiques sont en général correctement rendus; mais chaque génération tenant à rencontrer les idées de sa propre époque dans les paroles des anciens voyants, dès qu'une phrase peut être comprise de façon à cadrer avec des conceptions modernes quelconques, fussent-elles irrationnelles, les plus simples discours sont torturés et forcés de dire des choses absolument étrangères à l'esprit de leurs auteurs.

Il en est de même pour le texte hébreu de l'Ancien Testament. A l'époque où 72 rabbins établis à Alexandrie s'occupaient à traduire la Bible en grec, deux siècles et demi avant le Christ, l'hébreu ne pouvait passer pour une langue morte; pourtant, les plus érudits d'entre ces docteurs ne comprenaient plus le sens primitif de bien des expressions. Quant à deviner comment les discours attribués à Moïse étaient compris de ceux auxquels ils s'adressaient, il est probable que fort peu de traducteurs eurent l'idée d'entreprendre cette tâche.

Si l'Ancien Testament a perdu quelque chose de son auréole, il a acquis en revanche une valeur historique que les théologiens d'autrefois n'avaient même pas rêvée. La science de la philologie comparée ayant été appliquée au déchiffrement des inscriptions cunéiformes ou hiéroglyphiques gravées sur les murs ruinés des temples et des palais de Ninive et de Babylone, nous possédons des renseignements sur les cultes des Phéniciens, des Carthaginois et des nomades de la péninsule arabique; on ne songe plus aujourd'hui à invoquer le témoignage de ces inscriptions en faveur de la véracité des récits bibliques; ce sont eux qui confirment tout ce que les inscriptions nous apprennent.

Une seule réflexion encore au sujet de notre vieille Bible : je ne comprends pas que les personnes qui ont des goûts littéraires n'ouvrent jamais, pour les satisfaire, l'Ancien Testament. Affaire de mode, peut-être ; les beaux esprits de la Renaissance avaient une sorte de mépris pour l'Ancien Testament ; maintenant les admirateurs des auteurs classiques savent apprécier ses beautés littéraires ; il en est plein, et de tous les genres ; on a beaucoup vanté certains romanciers de nos jours pour leurs *chutes de phrases ;* les chutes de chapitres que contient la Bible sont superbes.

Le hasard fit une fois découvrir l'influence que des particularités d'un idiome peuvent exercer sur l'énoncé d'un dogme religieux. Un Mohawk (indigène de l'Amérique du Nord), étudiant à l'Université d'Oxford, était examiné dans sa langue maternelle ; on remarqua que le jeune homme ne disait jamais *le* père, *le* fils ; il remplaçait l'article par les adjectifs possessifs *mon, ton* ou *son*. On lui fit traduire ces phrases : Je crois en Dieu le Père, je crois en Dieu le Fils ; mais il disait : Je crois en Dieu *mon* ou *notre* Père ; on se persuada enfin qu'il lui était impossible de s'exprimer de manière à laisser ouverte la question de la procession du Saint-Esprit du Père, ou du Père et du Fils ; n'ayant de choix qu'entre *son* ou *leur* Saint-Esprit, il était forcé de se déclarer pour la procession unique ou double, indépendamment 'e l'autorité du symbole de Nicée.

Ce fait a surtout de l'intérêt pour les linguistes ; ce qui va suivre nous concerne tous.

Une dame, désireuse de faire un bout de philosophie avec les éléments qu'elle avait à son service, m'écrivait une fois : « Je suis perplexe ; mon cœur me dit une chose, et mon âme me dit une autre chose. » Il me fallut quelques instants de réflexion pour comprendre ce que ma correspondante voulait me dire ; le cœur était sans doute, à ses yeux, le siège des affections terrestres, et l'âme, celui des aspirations purement spirituelles. Cette façon peu claire de s'exprimer peut, au premier abord, paraître inoffensive ; mais en y regardant de plus près, on la trouve fâcheuse, car cette même confusion dans la pensée et dans les termes se rencontre sur les pages de maint livre dit d'édification, où le lecteur la remarque rarement, surtout s'il est indifférent ou pressé ; mais on regrette de voir de bonnes âmes féminines passer régulièrement une demi-heure par jour à lire de pareilles nullités, et croire accomplir ainsi un devoir religieux ; ces personnes, avec leur culture intellectuelle, retireraient plus de profit en consacrant leur demi-heure à la lecture de livres religieux plus substantiels.

Nous croyons avoir des idées claires sur la conscience ; les hommes sérieux l'appellent un moniteur intérieur ; les gens simples, comme nous, l'appellent la voix de Dieu ; pour les uns et pour les autres, la conscience semble donc être un guide sur lequel ils peuvent compter, et le poète grec Ménandre ne se serait pas trompé en écrivant ce vers : « La conscience est un dieu pour tous les mortels. » Mais si nous portions en nous-mêmes une faculté particulière chargée de nous apprendre nos devoirs, Pascal n'aurait pas dit que le bien et le mal diffèrent avec les degrés de latitude ; or, c'est un fait que la conscience d'un mormon tient un autre langage que celle d'un non-mormon. Nous disons avec raison que nous sommes conscients d'avoir bien ou mal agi, mais il ne s'ensuit pas que c'est à notre conscience que nous devons de savoir ce qui est juste et injuste ; cette connaissance-là est le fruit de certains enseignements venus d'ailleurs, et que nous acceptons lorsque notre propre jugement et notre propre expérience nous en démontrent la vérité.

Dans les sujets d'intérêt général, la tâche de définir les termes devrait consister à choisir, parmi les diverses interprétations qui se sont peu à peu attachées à certains vocables, non la plus intimement, c'est-à-dire étymologiquement, liée à la racine primaire, mais celle qui indiquerait une distinction pratique importante. Cependant, par un guignon survenant fort mal à propos, nous avons journellement l'occasion de faire usage de mots dont le sens n'a jamais été fixé, de sorte qu'à aucune époque un sens n'a pu prévaloir sur d'autres ; c'est le sort des mots de religion, de foi, de crédulité, que chacun de nous comprend à sa manière.

De nos jours, la question de savoir si la religion est compatible ou non avec la science est souvent débattue ; comment entamer une discussion sur ce sujet avant de s'être bien entendu sur ce que c'est que la religion ? Selon les uns, elle est un simple sentiment d'amour pour Dieu ; selon d'autres, c'est la manifestation de la croyance sous forme d'actes du culte, ou d'actes de charité, ou bien encore l'adhésion à certains dogmes.

Il en est de même pour le sentiment que nous appelons la foi et qui, je le remarque en passant, n'est la plupart du temps qu'une confiance irréfléchie dans la foi de ceux qui nous entourent. Les uns donnent le nom de foi au mouvement d'enthousiasme qui a suffi aux hommes pour les faire courir avec joie au martyre ; d'autres l'appliquent à l'idée populaire qu'une étoile a marché au ciel pour indiquer à quelques hommes le chemin qu'ils devaient prendre. Mais la foi ne mérite de porter ce nom que si elle est raisonnée, parce que seulement alors elle sait comment elle est arrivée à *être*. Si nous ne sommes pas de ceux qui tiennent à raisonner leur foi, prenons garde que la crédulité ne se glisse en nous sans que rien ne nous avertisse de son approche, car elle n'est qu'une défaillance de l'esprit et se concilie fort bien avec une tranquillité qui est tout autre chose que la paix ; et une fois maîtresse du terrain, elle s'y implante. Un sage arabe a bien dit : « Celui qui bâtit sa maison sur la crédulité humaine la bâtit sur le roc. »

« Abstrait. » Ce mot, qui remonte à Aristote, a une histoire intéressante à connaître. Aristote s'en servit d'abord pour caractériser la création d'une œuvre d'art ; le sculpteur taille dans un bloc de marbre une statue d'homme ou de femme, et rejette les éclats de marbre et la poussière qui ne lui sont bons à rien. Puis, Aristote appliqua ce même mot à une idée dont un penseur précise le fond en la revêtant d'une forme convenable et en la débarrassant de toutes les pensées qui viennent s'y mêler accidentellement ; cela fait, ce qui reste est une idée abstraite. Aristote a si bien expliqué ce que c'est que l'abstrait, que, si nos logiciens avaient simplement parlé du concret comme du *non-abstrait*, tout le monde eût bien mieux compris le sens du mot : *concret*.

Nous possédons et nous manions une énorme quantité de mots, et nous semblons en multiplier encore le nombre en prêtant au même mot, faute d'y voir clair, des significations différentes. Les anciens Hindous ont dû sentir qu'une trop grande abondance de termes est pernicieuse, et ç'aura été pour cela, sans doute, que les brahmanes, à une certaine époque de leur littérature, s'imposèrent la règle d'exprimer leurs pensées le plus sobrement possible. Ils réussirent ainsi à présenter chaque point d'une doctrine à l'état de squelette ; ce sont eux qui ont créé cet aphorisme : « Un auteur de Sûtras est plus heureux de l'économie d'une demi-voyelle brève que de la naissance d'un fils. » Il est à noter qu'un brahmane qui n'a point de fils pour accomplir le rite funéraire ne peut espérer entrer au ciel. Il serait difficile de pousser plus loin le respect de la parole et le soin d'entretenir dans son esprit la clarté.

Histoire d'un mot auquel je dois la direction qu'ont prise mes idées sur la vie et la résolution d'entreprendre les études qui forment le sujet de mon présent écrit : ce mot est un nom d'homme.

Je connaissais dans ma jeunesse un père jésuite très érudit qui employait son temps à faire des recherches sur les antiquités ecclésiastiques d'Orient. Une fois, — il y a fort longtemps de cela, — nous nous trouvions, lui et moi, en compagnie de quelques personnes occupées à passer en revue les plus marquants d'entre les ouvrages scientifiques et philosophiques publiés de nos jours : les noms de Darwin, de Pasteur, de Helmholtz, de Max Müller, furent prononcés. Lorsque le révérend père entendit ce dernier nom, il s'écria avec son impétuosité accoutumée : « Oh ! Max Müller ! ses travaux sont tout bonnement magnifiques. »

Vingt ans plus tard, l'annonce d'un nouvel ouvrage du professeur Max Müller me rappela l'exclamation du père jésuite ; je n'avais encore rien lu de cet auteur ; je me procurai le livre récemment paru ; ensuite, je lus ceux qui l'avaient précédé. Au bout de quelques années, j'écrivis au révérend père : l'état de sa santé l'avait obligé de se fixer dans une ville du Midi, et je ne le voyais plus depuis longtemps. Je le remerciai d'avoir attiré mon attention sur le nom de Max Müller. Je reçus immédiatement sa réponse, dont je cite textuellement les premières lignes : « Pour le coup, je ne m'attendais pas aux remerciements que vous voulez bien m'adresser ; Max Müller est pour moi un philologue incomparable, mais mon admiration pour lui ne va pas au delà de ce mérite. » Peu de semaines après, le digne père M... était mort de consomption.

XIII

DES SÉRIES D'OBSERVATIONS ET DE RÉFLEXIONS

Je n'avais pas fixé d'avance le nombre de mes chapitres ; il paraît que ce livre en aura treize. Si ces pages devaient avoir des lecteurs auxquels le nombre treize déplairait, je les prie instamment de vaincre ce sentiment en se disant : « Celui qui objecte à être treizième à table, confesse par là ne pas croire qu'une intelligence supérieure à la sienne gouverne le monde. »

Science, Religion, Raison, Foi, — ces quatre mots forment le cercle où se meuvent, de nos jours plus que jamais, tous les esprits ; tout le monde en convient. Mais tout le monde ne sait pas ce que les plus grands penseurs ont compris sous ces quatre mots.

Si nous ne voulons pas mériter de porter le nom de cet être collectif que les Anglais appellent : « the man in the street », c'est-à-dire un homme quelconque, le meilleur moyen de l'éviter est de s'avouer bravement que l'on a devant soi beaucoup de problèmes inexpliqués, et de comprendre que l'homme n'existe que pour arriver à les voir résolus. L'humanité n'étant pas un composé d'individus échappés par hasard de quelque corne d'abondance, sa destinée ne peut être de se répandre sur la terre, privée d'un moyen de savoir pourquoi elle y est.

Un ancien Grec a dit que les dieux sont prêts à vendre aux mortels toute espèce de bonnes choses, mais chèrement, au prix d'un grand travail. Si donc nous ne pouvons acquérir les bonnes choses promises qu'au prix d'un grand travail, c'est bien sur la science que se reporte d'abord notre pensée. Que peut-elle faire pour nous expliquer le motif de notre existence, cette science dont notre siècle est si fier?

LA PHYSIQUE

A mesure que la science physique étudie de plus près l'univers, elle reconnaît de plus en plus clairement que son phénomène le plus général est la vibration, mouvement périodique qui se propage suivant des ondes se succédant à intervalles réguliers.

Nous avons tous remarqué l'effet produit par des gouttes de pluie tombant sur l'eau que l'absence de vent laisse parfaitement tranquille; chaque goutte y forme un cercle; mais les causes de perturbation de la surface aqueuse sont infinies; le plongeon d'un insecte, le soubresaut d'un poisson, y déterminent sans cesse de nouveaux cercles qui se suivent, grandissent et se pourchassent sous nos yeux; on dirait l'eau en proie à des frissons; c'est une image des vibrations dont la répercussion se fait sentir dans le monde entier. Nous sommes tous tout entiers, corps et âme, soumis à la loi de vibration; chacun de nos sens reconnaît sa puissance par l'intermédiaire des sensations dont la physique explique les diverses espèces en calculant le nombre des vibrations qui, dans un temps donné, affectent différemment chacun de nos organes sensitifs; elle compte le nombre de vibrations qui révèlent à notre peau l'exacte hauteur de la température extérieure; elle compte les millions de vibrations qui donnent à nos yeux la capacité de voir dans l'espace d'une seconde des couleurs définies, et les milliers de vibrations qui mettent nos oreilles à même d'entendre, dans le même espace de temps, des sons définis.

C'est ainsi que la science physique explique un phénomène général qui exerce son action, sans qu'ils s'en doutent, sur tous les hommes depuis qu'il s'en trouve sur la terre.

LA SCIENCE COMPARÉE

Quand Bordas-Desmoulins, un des premiers penseurs parmi nous qui cherchèrent à entrer dans la voie de la science comparée, disait : « Sans les mathématiques, on ne pénètre point au fond de la philosophie; sans la philosophie, on ne pénètre point au fond des mathématiques; sans les deux, on ne pénètre au fond de rien », entrevoyait-il que cette vérité est si grande qu'elle peut tout embrasser?

Nous voyons des théologiens marcher avec fermeté sur les traces de ceux qui cultivent avec conviction la science comparée; le père Gratry nie que l'on puisse, en dehors d'elle, connaître Dieu, l'homme et la nature. La matière est inconcevable sans l'esprit, l'esprit l'est tout autant sans la matière. Tout le temps que l'être humain passe dans le sein de sa mère, l'âme, principe de vie, s'occupe à former le corps destiné à l'envelopper durant son existence terrestre. Le moment arrive où ce corps est suffisamment formé pour paraître au grand jour; il renferme deux réseaux nerveux dont l'un entretient la vie végétative, l'autre la vie animale; ils sont distincts, mais non séparés; et l'âme continue à travailler à son corps, soit qu'il veille, soit qu'il dorme; mais pendant son sommeil, alors que la volonté de l'homme est engourdie, l'âme élabore, par les mouvements rythmiques des nerfs, la matière nécessaire à la réparation des pertes subies par les organes pendant la veille.

Cette union intime de la matière et de l'esprit a été rejetée par certains grands philosophes; Descartes, par exemple, séparait complètement une substance immatérielle de pure pensée, de tout corps matériel. On dirait que nous sommes de son école, car nous parlons toujours de notre âme comme d'une chose, et de notre corps comme d'une autre chose ; c'est simplement faire deux vérités d'une seule et même vérité. Mais n'y voir qu'une seule vérité vaut mieux ; ainsi faisait autrefois Aristote ; plus tard, certains docteurs de l'Église ont pensé comme Aristote, et c'est maintenant la doctrine des théologiens chrétiens qui sont en même temps des penseurs.

Une nouvelle science est en train de s'élaborer. Elle relie les phénomènes psychiques, tels que la sensation, la pensée et l'action, à ce qui, étant matériel, peut être pesé et mesuré. Cette science porte déjà plusieurs noms plus ou moins caractéristiques ; pour ne pas sortir de la généralité, je l'appellerai la nouvelle psychologie ; elle est enseignée en Allemagne, en Angleterre, à Paris, en Russie, et peut-être ailleurs. Il n'y aurait vraiment qu'une seule bonne manière de parler d'une science si extraordinairement vaste, ce serait de l'exposer tout entière ; mais, désirant faire connaître quelques résultats seulement de ses dernières découvertes, je dois me contenter de le faire à bâtons rompus et brièvement.

Kant avait pour disciple J. Müller, physiologiste, qui appliqua la méthode du maître à l'étude des sensations ; et Helmholtz fut élève de J. Müller.

La vie, il y a de cela un demi-siècle, passait pour être sur le globe terrestre une exception ; Helmholtz la découvrit partout, même dans la roche ; et il prouva à Liebig que la putréfaction n'était pas une simple réaction chimique, mais était due à l'action d'organismes vivants. Pasteur fut un des premiers à profiter de cette leçon.

Chaque science particulière a sa propre sphère où elle ne s'occupe que d'elle-même ; Helmholtz, physicien et musicien, travaillait donc pour le compte de sa propre science, et ne se souciait pas du parti que la science comparée pourrait tirer de ses travaux ; il s'adonna à l'étude de la vitesse de transmission des impressions nerveuses, et développa magistralement ce thème dans sa « Théorie physiologique de la Musique », qui est peut-être le plus important de ses ouvrages ; en tout cas, c'est celui dont je me suis servi le plus.

Dans la nature on n'entend jamais de notes simples ; il n'y a que des fusions de bruits. Helmholtz a cependant réussi à distinguer la note simple dans le plus bruyant concert ; mais elle se confond vite avec deux ou trois notes plus élevées et plus faibles, pareilles à des échos lointains. Helmholtz se convainquit que la musique est un composé de sons simples accompagnés de sons d'intensité décroissante, et démontra par des calculs, que les nombres de vibrations de ces sons secondaires appelés harmoniques sont plus grands que ceux du son fondamental ; et la différence de groupement des sons harmoniques détermine les différences de timbre. C'est ainsi que Helmholtz découvrit ce que c'est que le timbre musical, et put expliquer la cause, ignorée jusque-là, qui fait que le son d'une flûte est autre que le son d'un hautbois, et qu'une voix de femme est autre que celle d'un homme.

Il y a dans la musique deux choses vraiment merveilleuses : le timbre et le rythme.

On appelle rythme, le nombre par seconde d'un groupe de vibrations correspondantes. Le rythme en général peut être défini : un mouvement continu, mais composé de parties inégales ; les battements du pouls, dans lesquels on distingue chaque pulsation à part, peuvent en donner quelque idée.

Le rythme est partout, dans la poésie comme dans la musique, et c'est lui qui en est le plus grand charme. La beauté de la prose rythmée des nâbis hébreux devait attirer autour d'eux la foule, indépendamment de l'action de leurs paroles ; et le langage rythmé de Renan dans sa traduction du livre de Job fait parfaitement comprendre le charme propre au rythme.

La musique est une provocatrice d'effets nerveux parfois intenses, bienfaisants pour certains individus, cruels pour d'autres ; Mozart, dans son enfance, s'évanouissait presque en entendant le son de la trompette.

Le professeur Wundt, qui, dans ses ouvrages, traite de l'âme humaine et de l'âme des bêtes, a fondé à Leipzig en 1879 un laboratoire portant au-dessus de l'entrée l'inscription : Institut de Psychologie expérimentale. Wundt a dit : « Les résultats de mes recherches ne cadrent pas avec le dualisme de Platon et de Descartes ; seul, l'animisme d'Aristote, qui rattache la psychologie à la biologie, se dégage, comme conclusion métaphysique plausible, de la Psychologie expérimentale ».

Singulier homme qu'Aristote ! Quand nous voulons remonter soit à ce qui remue le plus puissamment toutes nos fibres morales, soit à la véritable biographie d'un mot, soit à la plus moderne de toutes les sciences, la figure du sage de Stagire est la première à se dessiner devant nous !

Jamais la première note d'un air de Mozart, d'une symphonie de Beethoven, n'aura résonné sous leurs doigts par hasard ; elle aura été voulue par un pouvoir que ces compositeurs jugeaient être en dehors d'eux-mêmes.

Inspiration, révélation, même chose chez tous, dans tous les temps, en tous lieux, ne différant que dans le degré. Il est possible qu'un physicien musicien comme Helmholtz, doublé d'un physiologiste psychologue comme Wundt, les deux greffés sur un philosophe comme Aristote, auraient pu définir, du moins dans une certaine mesure, le sens des mots d'Inspiration et de Révélation.

C'est avec connaissance de cause qu'on a pu dire : « Le

phénomène universel de la vibration est un combat pour la vie, le combat entre *être* et *ne pas être.* »

A PROPOS DE QUELQUES AUTEURS

Mais on ne fait pas toujours de la science, et les écrivains à tempérament poétique aiment à écrire sur les plus graves sujets sous la dictée de leur cœur et de leur conscience, surtout quand ils se parlent à eux-mêmes sans songer à imposer leurs idées à autrui.

« En présence des problèmes sociaux de nos jours », écrit Renan dans son *Histoire du peuple d'Israël*, « et de la question : la vie a-t-elle un but prémédité ? quel est-il ? est-ce le bien de l'humanité ? est-ce le bien de l'individu ? ou le bien de l'un au moyen du bien de l'autre ? » — l'auteur répond : « L'univers, qui ne nous dit jamais son dernier mot, atteint son but par l'infinie variété des germes ; si nous sommes de ceux qui se trompent et travaillent à rebrousse-poil de la volonté suprême, cela n'a pas grande conséquence... soyons tranquilles ; si nous manquons la partie, d'autres la gagneront ; ce que veut Jahvéh arrive toujours. »

Comprenez si vous pouvez.

Tous ceux qui ont besoin d'adorer trouvent toujours un objet à adorer ; Renan qui cherche la religion dans l'amour de la science et de l'art, Comte qui croit la trouver dans une vie consacrée au bonheur de l'humanité, n'est-ce pas d'eux et de ceux qui leur ressemblent que parlait le plus spirituel et le plus clairvoyant des juges, le dieu mythologique Krishna : « Tous ceux qui adorent des idoles m'adorent ! »

Partout nous retrouvons Dieu et sa puissance, soit qu'Il triomphe de l'homme, soit que l'homme s'efforce de triompher de Lui.

Je remarque que la *Vie de Jésus*, ouvrage de Renan auquel les gens sérieux ont le plus à objecter, a eu la chance de consoler plus d'une âme sincère ; est-ce un bien ? est-ce un mal ? qui prendra sur soi de le dire ? Renan a un attrait tout particulier pour certains lecteurs ; ils ne savent jamais au juste ce qu'il pense, mais cela ne fait rien à l'affaire ; en général, il se borne à agiter l'eau ; elle se trouble ; une eau trouble promet une pêche abondante ; nos lignes y plongent et... ô merveille ! chacun de nous en retire son poisson favori.

Le père Gratry n'a rien de commun avec Renan, si ce n'est que tous deux sont poètes. Platon ayant dit que tout, excepté le mal, a son type éternel en Dieu, Gratry est autorisé à en conclure dans sa *Logique* que : « Rien en nous, ni le sentiment, ni l'imagination, ni la prière, ne peuvent aller trop loin ; tout est encore plus beau que ce que l'on rêve, tout est encore plus grand que ce qu'on croit ».

Ce langage a déplu à certains moralistes, et ils n'ont pas épargné leurs censures au théologien qui le tenait ; ils lui ont reproché de rêver en traitant de la religion, et eussent préféré que Gratry s'occupât simplement de littérature. « Et surtout, ont-ils dit, comment Gratry s'est-il permis d'écrire cinq longs chapitres sur le lieu probable de l'immortalité, et de se demander où vivront les hommes quand ils ne mourront plus ? »

Pourquoi donc ne pas nous permettre de nous adresser de ces questions et d'y répondre comme il nous plaît ? et pourquoi un théologien ne serait-il pas un homme comme nous autres ? Surtout le théologien qui a dit : « Le temps où la religion aura acquis le caractère d'une science est encore très éloigné. »

LA RELIGION ET LES RELIGIONS

Au commencement de notre ère, divers groupes d'hommes se formèrent, des assemblées, des « Églises », comme on dit ; toutes enseignaient la religion, et chacune à son point de vue.

L'étude de ces divers enseignements est pleine d'importantes leçons. D'abord, il y a le fait que les quelques vérités sur lesquelles tous s'accordaient pesaient beaucoup plus dans la balance que les idées qui les séparaient. Il faut apprendre à dégager la religion *en soi* de ses enveloppes, qui sont *les* religions; il n'y a qu'une seule religion, comme il n'y a qu'un seul Dieu et qu'une seule logique. Aussi, les expressions en usage parmi nous, de religion naturelle et de religion révélée, devraient être absentes de nos conversations, car elles nous font croire que ce sont deux religions différentes.

On prête souvent aux fondateurs des religions organisées des opinions qui appartinrent à leurs disciples, ou même à des théologiens d'une époque bien postérieure à la naissance historique de ces religions; la libre discussion intervenant, les suppositions et les doutes se seraient dissipés sans trop de peine, n'était la circonstance que là où est une Église établie, un livre qui en contient les préceptes se trouve immanquablement; et dès qu'il y a un livre, c'est-à-dire quelque chose de noir sur du blanc, la tentation est forte, presque invincible, de le revêtir d'une autorité plus qu'humaine.

Selon les premiers docteurs chrétiens, l'Église est intérieure ou invisible, et extérieure ou visible; ils ont appelé *Âme de l'Église* l'assemblée invisible de tous les hommes unis entre eux avec Dieu; elle a pour dogme : « Tous les justes, rien que les justes font partie de l'âme de l'Église; plusieurs sont dans l'Église visible qui n'appartiennent pas à son âme; plusieurs sont hors de l'Église visible qui font partie de l'âme de l'Église. »

En parlant ainsi, les Pères restaient dans une très ancienne tradition; elle leur venait de Platon, dont j'ai déjà cité ailleurs les paroles : « Il y a tout au fond de notre âme un point; c'est sa racine par laquelle le Divin suspend à lui la créature humaine; et c'est dans ce point central que se touchent tous les hommes d'une extrémité à l'autre du monde. » Ceci explique l'affirmation des docteurs chrétiens.

Mais ils ne se contentaient pas d'affirmer simplement ; ils s'expliquaient en appuyant sur la fonction dévolue à la raison pour arriver à connaître toutes choses. La première démarche de notre raison, dans la sphère des sciences naturelles, consiste à examiner les faits et à s'efforcer d'en découvrir les lois ; si une loi éternelle n'existait pas partout dans la nature, nous nous efforcerions en vain de l'y découvrir ; si cette même loi ne gouvernait pas notre raison, nous serions incapables de trouver celles qui gouvernent les phénomènes ; dès lors il n'y aurait pas de science physique, c'est clair. Ce qui n'est pas aussi clair d'abord, c'est que, si notre raison n'était pas gouvernée par une loi éternelle, il n'aurait pu y avoir de sciences morales non plus.

Beaucoup d'observations ont été faites par des esprits attentifs et profonds ; mais elles sont la plupart du temps restées isolées ; j'en cite quelques-unes que je ramasse où je les trouve ; il est utile de les passer en revue, quand ce ne serait que pour s'assurer qu'elles sont justes.

« On se trompe fort en croyant que ceux qui ont lu beaucoup de livres savent beaucoup de choses ; la lecture fournit les matériaux de la connaissance ; la réflexion seule la fait naître. » Cette observation est de Locke. J'ajoute que, pour réfléchir avec fruit, il faut être muni d'une bonne méthode. Le père Gratry, en homme très pratique, nous l'indique dans un chapitre de sa *Logique*, où il appuie sur l'importance de consacrer les heures du matin à l'étude et à la réflexion ; c'est une belle page qui mérite d'être rapportée.

« Le livre de l'Apocalypse dit quelque part : « Et il se fit dans le ciel un grand silence d'une demi-heure. » Dans le ciel des âmes, voilà un fait bien rare... la Sagesse éternelle, selon saint Augustin, ne cesse de parler à la créature humaine, et la raison ne cesse pas de fermenter en nous. Il n'y a donc qu'à écouter ; et, pour écouter, il faut faire silence. Mais parmi les hommes, et surtout parmi les penseurs, qui est-ce qui fait silence ? la plupart des hommes, surtout des hommes d'étude, n'ont pas une demi-heure de silence par jour. Pendant tout le jour, l'homme d'étude écoute les hommes qui parlent, ou il parle lui-même ; et quand on le croit seul et silencieux, il fait parler les livres, et avec l'extrême volubilité du regard, il dévore en peu d'instants de longs discours. »

Dans ces conditions-là, toute étude qui exige que l'on réfléchisse est impossible.

Attention, Distraction, Contradiction, Parole, — ces quatre mots n'ont d'importance que pour bien peu de gens, et presque personne ne se doute du rôle que les choses qu'ils représentent jouent dans notre vie.

Si nous voulons apprendre à nous connaître nous-mêmes, toutes sortes de sujets doivent être simultanément examinés, la religion et les religions, les opinions des anciens et celles des contemporains, les hommes tels qu'ils sont actuellement et les hommes tels qu'ils furent. Ceux-là, les primitifs, Renan les a bien caractérisés en leur attribuant « un sentiment spécial de la nature qui leur faisait apercevoir, avec une délicatesse dont nous n'avons pas d'idée, les qualités qui devaient fournir l'appellation des choses ; et ils voyaient mille choses à la fois ».

Les Hindous, devenus littérateurs bien des siècles avant notre ère, ont dû avoir hérité de leurs premiers ancêtres ce sentiment particulier de la nature ; sans cela, ils n'eussent pas composé ces versets de l'hymne 129 : « Tout était voilé dans l'obscurité profonde, — le germe qui dormait dans la gousse bondit dehors chassé par la grande chaleur, — sur ce germe se posa l'amour, le jeune printemps de l'esprit, oui, — et les poètes, en méditant, découvrirent en leur âme le lien entre les choses créées et les choses incréées, — Cette étincelle vint-elle de la terre, perçant tout, pénétrant dans tout, ou vint-elle du ciel ? — »

Ces passages ont quelque chose de bien moderne; on aurait pu les écrire maintenant que la science travaille, ce qu'elle ne faisait pas autrefois, à fusionner le ciel et la terre.

C'est que la corde n'a pas cessé de vibrer. On commente différemment la persistance de ce phénomène : « C'est un effet de l'hérédité, » dit la science moderne ; « c'est un effet contemporain de la chute de l'homme, » dit la théologie; peut-être l'un et l'autre font-ils du genre humain tout entier un être unique qui se continue le long des âges.

C'est comme si le temps n'existait pas pour l'humanité ! Mais l'espace non plus, paraît-il, ne compte pas pour elle ; si les singuliers faits qu'on raconte sont vrais, deux personnes séparées par une grande distance auraient parfois au même instant la même pensée ; non de ces pensées universelles, inhérentes à l'esprit humain, mais absolument personnelles. La sympathie, ce sentiment aussi essentiellement humain qu'il est mystérieux, serait-elle sœur de l'électricité, ce phénomène purement physique ? que ceux qui auraient à redire à cette supposition se chargent d'en trouver une autre.

Chacun de nous voit le paysage comme ses yeux sont faits ; à des yeux myopes — c'est la vue normale, — le paysage paraît simple ; ici des arbres, là des maisons, des rues, et des hommes qui marchent ; mais, munis de bonnes lunettes, ces mêmes yeux voient beaucoup plus de choses, c'est connu. Et encore : les plus myopes distinguent dans une feuille d'arbre la couleur, les veines, les dentelures, — rien de plus ; mais dans cette feuille placée sous le microscope, ils verront un champ vert étincelant de lumière et parsemé d'or et de diamants.

S'il y a deux manières de voir une feuille d'arbre, il y en a bien trois de voir la vie ; on peut la voir de son côté doux ou pénible, ce qui est simplement sentir que l'on vit; on peut aussi la comprendre du côté des devoirs qu'elle impose, ce qui est déjà la bien voir, mais sous une seule face seulement ; ou bien on la conçoit comme la science l'explique, c'est-à-dire moralement, rationnellement et religieusement tout ensemble.

Plus on observera et plus on réfléchira à ce qu'on a observé, plus on exercera la faculté de comprendre les choses ; et selon que cette faculté restera rapprochée, ou qu'elle se sera éloignée du type normal, mieux elle correspondra, soit à la feuille d'arbre vue à l'œil nu, soit à la feuille vue au microscope.

LA CONTRADICTION

Il y a deux manières de contredire. Très souvent nous rencontrons dans un livre une idée vraie qui nous choque parce que nous ne sentons pas qu'elle est vraie ; d'abord, nous ne songeons pas que toute vérité peut être vue sous des angles divers ; ou bien, nous ne la comprenons pas, parce qu'elle est exprimée d'une façon nouvelle.

Notre impression, qui est fausse, nous est expliquée par les manuels de physique. Lorsqu'un rayon lumineux se transmet plus ou moins obliquement d'un milieu transparent dans un autre de même nature, disons de l'air dans l'eau, il dévie de la ligne droite et se courbe ; ce changement de direction est appelé : *réfraction*. Le cardinal Newman a fait à ce sujet une observation très juste : « Il suffit, dit-il, qu'une idée se présente inopinément à nous, revêtue de mots auxquels nous ne sommes pas accoutumés, pour qu'elle nous paraisse erronée ; cette illusion est un simple effet de *réfraction de la parole*; c'est-à-dire que, dans l'esprit de l'écrivain qui nous a choqués en énonçant une vérité, l'idée suivait la ligne droite, et dans notre esprit elle s'est brisée. »

La seconde manière de contredire est toute différente. C'est un spectacle amusant que celui de deux individus qui s'échauffent en prenant parti pour tel philosophe contre tel autre : « Ce que je vous dis est certain : A., qui est un grand penseur, l'a dit. » — « Oh oui, mais je sais, moi, un autre grand penseur, B., qui dit juste le contraire. »

Il doit y avoir dans la controverse un charme auquel une certaine classe de gens semble ne pouvoir résister ; ils ignorent ce que vous dites, et de but en blanc prétendent prouver que vous avez tort.

LA DISTRACTION

Non seulement la distraction est fatale pendant qu'on étudie, elle nous joue aussi de bien mauvais tours en dehors de toute occupation. Parfois une idée qui nous semble avoir du bon traverse notre esprit, l'effleurant à peine ; si, par inattention ou par paresse, nous ne la fixons pas dans notre mémoire en la revêtant aussitôt de quelques mots convenables, il y a cent à parier contre un que cette idée se perdra pour toujours ; il n'est pas plus possible d'empêcher sa fuite que de fixer au mur une pancarte sans clou ni colle.

Il est extrêmement difficile de se rendre compte du degré d'inattention qui accompagne la plupart du temps notre acte d'ouvrir un livre sérieux, même avec la ferme intention de le lire.

Je me surpris une fois en flagrant délit de distraction. J'étais en visite chez un ami, et je tenais en main les *Pensées* de Pascal que je n'avais pas relues depuis longtemps ; l'édition en était autre que celle que je possédais à la maison. En feuilletant le livre, je me disais parfois : « Comme le style a vieilli..., et comme ceci n'est pas clair..., et voilà même une observation bien superficielle... », et je continuais ainsi, étonné de ne plus admirer autant que d'habitude ce célèbre ouvrage. Tout à coup, je rencontre cette phrase : « Monsieur Pascal confond tout cela. » Quelle fut mon humiliation en découvrant que, dans cette édition-là, les Pensées de Pascal étant suivies des Pensées de Nicole, j'avais passé des unes aux autres sans m'en apercevoir. Mais qu'est-ce qui pouvait avoir donné lieu à cette impression de Nicole ? Je tournai la feuille, et je lus sur les pages précédentes ces mots : « Il vient de paraître un livre qui est peut-être un des plus utiles que l'on puisse mettre entre les mains des princes ; c'est le recueil des Pensées de Monsieur Pascal... Je ne dirai pas que tout soit également bon... j'y trouve un grand nombre de pierres assez bien taillées et capables d'orner un grand bâtiment ; mais le reste ne m'a paru que des matériaux confus, sans que je visse l'usage que Monsieur Pascal en voulait faire... Il y a même quelques sentiments qui ne me paraissent point tout à fait exacts, et qui ressemblent à des pensées hasardées, que l'on écrit seulement pour les examiner avec plus de soin... Monsieur Pascal suppose que l'ennui vient de ce que l'on se voit, de ce que l'on pense à soi ; cela est peut-être plus subtil que solide ; mille personnes s'ennuyent sans penser à eux ; ils s'ennuyent non de ce qu'ils pensent, mais de ce qu'ils ne pensent pas assez... Monsieur Pascal confond tout cela. » — Ma foi, je fus consolé d'être tombé dans la distraction ; je devais à cette faute de connaître cette fine remarque de *Monsieur* Nicole : « Les hommes s'ennuyent non de ce qu'ils pensent, mais de ce qu'ils ne pensent pas assez. »

LA PAROLE

Lorsque les membres du troupeau humain arrivèrent à user du *clamor concomitans* qui accompagnait leurs occupations comme d'un *clamor significans*, de ces simples matériaux se formèrent des racines qui s'appliquèrent à tel ou tel acte, et produisirent des bases verbales et nominales composées d'éléments prédicatifs et démonstratifs ; dans le cours des siècles, les premières se conjuguèrent et les secondes se déclinèrent. Ce fut en additionnant leurs actes successifs et les retenant réunis en leur conscience, et en soustrayant de droite et de gauche, que nos ancêtres diversifièrent le sens des toutes premières racines ; ce fut en combinant qu'ils formèrent les noms collectifs et les noms abstraits sous leur forme la plus simple. Le procédé n'a jamais varié : ainsi a marché la pensée depuis la première racine jusqu'au dernier mot, depuis le premier percept jusqu'au dernier concept. Mais le tout premier mot prononcé par la créature humaine était déjà une véritable proposition, et notre dernier chef-d'œuvre littéraire est une série de propositions.

La phrase si brève de Descartes : « Je pense, donc je suis », peut être rendue plus brièvement encore et mieux, par un mot unique. Le mot grec *logos*, qui signifie mot et pensée tout ensemble, avait originairement, je l'ai déjà dit, les deux sens de rassembler et de combiner ; « cogito », je pense, c'est « co-agito », je rassemble. L'acte de rassembler implique celui de séparer, vu qu'on ne peut combiner deux ou plusieurs choses sans les séparer en même temps d'autres choses. L'enfant auquel on enseigne les premières règles de l'arithmétique additionne et soustrait, ce qu'il ne peut faire qu'en combinant et en séparant ; la tâche qui lui est imposée, s'il est tant soit peu intelligent, ne lui paraît pas bien difficile ; et cependant, le problème mathématique le plus compliqué n'est qu'une addition et une soustraction, et les plus étonnants calculs de Newton, et les plus profondes spéculations métaphysiques de Kant, ne sont que des résultats d'additions et de soustractions, de combinaisons et de séparations.

A la longue, tout ce qui remplit nos dictionnaires et nos grammaires se trouva élaboré et achevé, et il ne resta plus rien à faire aux poètes et aux philosophes, si ce n'est d'ajouter et de déduire de nouveau les matériaux dont ils avaient hérité ou qu'ils acquéraient eux-mêmes à la suite de leurs propres efforts ; et quelque puissante que soit l'imagination du poète, quelque subtil que soit le raisonnement du philosophe, les matériaux dont tous deux se servent pour élever leurs monuments sont exactement les mêmes ; ce ne sont que des mots dérivés de racines et collectionnés dans les dictionnaires. Certes, Michel-Ange était bien plus qu'un maçon et qu'un briquetier, mais la basilique de Saint-Pierre n'est faite que de pierres et de briques, et d'un peu de ciment qui, en dernière analyse, n'est que de la pierre pulvérisée. Certes, un drame de Shakespeare est autre chose que les quelques lettres de l'alphabet arrangées d'une certaine façon ; mais les matériaux dont est fait le drame furent tirés de l'inépuisable provision de mots accumulés durant des milliers d'années, et qui ne contiennent pas une seule parcelle d'or ou d'argent qui ne se trouve dans les quelques mille racines de notre langage et les 121 concepts de notre entendement.

Parmi les hommes qui savent penser, plusieurs s'étonnent de ce que l'humanité, dans sa partie dite civilisée, soit encore si peu avancée ; il n'y a rien là d'étonnant ; regardons-nous agir et comprenons que nous sommes à peine au lendemain du jour où nous n'étions encore que de la pacotille humaine, et où le caractère humain, avec son germe du langage et de la pensée, commençait seulement à se dessiner en nous. L'univers obéit à cette loi immuable que nous appelons la divine Providence ; loi fatale qui oblige la matière à exécuter des mouvements tracés d'avance, et l'esprit à tendre vers la perfection ; l'homme sait qu'il est moralement libre, et non forcément soumis aux impulsions de la brute.

La liberté morale étant garantie, l'homme en use comme il lui plaît ; il cherche et trouve le moyen de regimber contre la loi morale ; l'homme chrétien met un masque sur l'Évangile de l'esprit, et ensuite le fait parler le langage de la chair ; Pascal a dit avec vigueur : « Selon le chrétien charnel, le Messie est venu pour nous dispenser d'aimer Dieu en nous donnant des sacrements qui opèrent *tout sans nous* » ; et nos haines et nos injustices continuent, à couvert de la scrupuleuse observance des rites, à ravager le monde en commençant par nous-mêmes. Il voyait clair, celui-là qui a dit le premier : « Tout être tend à persévérer dans l'être. » Pour l'homme dont parle Pascal, « persévérer dans l'être » signifie ne pas cesser de pactiser avec ses mauvais instincts. Mais il est des hommes qui sentent qu'outre l'oxygène et le plaisir, il leur faut absorber, pour vivre, de la science et du bonheur.

Nous lisons dans le livre de l'*Ecclésiastique* : « En toutes tes œuvres, crois à ton âme avec foi. » Oui, croyons-en notre âme qui est notre véritable *moi*, et c'est lui qui nous commande de vivre. Je suis loin de partager l'avis de Pascal, que le moi est toujours haïssable.

Un moment arrive où la science, après avoir réussi à compter et à nommer le nombre exact des vibrations de toutes sortes qui de toutes parts agissent sur nous, cesse de pouvoir calculer, et reconnaît qu'au delà de toutes les vibrations, il y a ce qu'elle ne pourra jamais ni compter, ni nommer. Eh bien, je pense que ce que la science a de plus beau, c'est qu'elle a des limites ; car c'est pour quelques personnes un fait d'expérience : quand une fois elles ont bien compris l'état de la question, — que leur incapacité de savoir au juste ce qu'elles désireraient le plus savoir est due à un décret éternel, — celles-là se sentent pénétrées d'une paix profonde, très proche de la certitude.

Alors il ne reste plus pour la raison humaine qu'un seul pas à faire : sortir de cette raison acquise dans le temps, et se perdre dans la raison qui n'a ni commencement, ni fin. Ce dernier pas est un acte de foi. Quelques-uns, — qui ne pensent pas assez, — prétendent que c'est là plutôt un saut dans l'obscurité ; mais, pour celui qui l'accomplit, cette obscurité est transparente comme le cristal.

« Oui, » observent ces mêmes gens, « et tel fut le dernier acte de Kant » ; il serait plus correct de dire que Kant finit comme il avait commencé, par un acte de raison, puisqu'il sut tirer la conséquence logique de ce qu'il avait appris.

RÉSUMÉ

On ne saura jamais rien de l'évolution de la race humaine si l'on ignore ou si l'on oublie qu'il y eut une époque où l'homme était sans langage et sans raison.

Durant cette obscure période que nous appelons les débuts de l'humanité, les besoins matériels et leur satisfaction avaient fait tout l'être humain, comme il fait encore toute la brute. Avec l'homme commença la nouvelle série d'individus sociaux de l'ordre supérieur. On peut supposer que le sentiment d'être membre d'une troupe s'éveilla avant tout autre dans l'homme, parce que c'est au support prêté par ses semblables qu'il devait d'obtenir ce qui lui manquait ; il eut aussi le sentiment de la famille, qui est une émotion et une sensation et fut le berceau de ses meilleures qualités ; puis sera venu le sentiment de la race ; celui-ci aura pu fasciner l'individu au point de lui cacher d'abord qu'il était une entité séparée : puis, par un concours de circonstances difficiles à préciser, le sentiment national se forma de certains traits saillants de la race, et les langues nationales se détachèrent du tronc. Le sentiment d'être une portion de l'humanité, le plus élevé de tous les sentiments humains parce qu'il les renferme tous en lui, naquit bien plus tard ; il demeure jusqu'à présent le partage d'une faible minorité, et se résume dans la sentence connue dont les premiers mots sont : « Homo sum. » Quand on y voit autre chose encore qu'une simple citation d'un auteur classique, le sens de cette parole est extrêmement pénétrant.

Nous mentionnons souvent les temps préhistoriques, mais nous ne nous demandons jamais quand l'histoire a pu commencer. Avec le premier tas de pierres amoncelées par les gens d'une tribu sur la sépulture d'un chef vénéré, cette tribu entra dans l'histoire ; ce tas devint un point où le passé toucha l'avenir, un anneau visible de l'interminable chaîne des pensées humaines.

Une inspiration, un *fiat* poétique se sera trouvé à l'origine de tout ce travail mental. Ce fut un moment historique — et il n'y en eut jamais d'aussi grand, ni plus tôt, ni plus tard, — que celui où une horde de créatures salua par des sons inarticulés la première caverne, la première fosse creusée par elle. Bien plus tard, lorsque le regard de l'homme se fixa sur la voûte du ciel et que la curiosité s'éveillant, il se demanda : « Qu'est-ce qui fait qu'il y a là-haut tant de choses brillantes qui bougent ? » qu'était ce sentiment, sinon la sensation de la présence d'un être ignoré jusque-là, et que l'homme salua subitement en le nommant d'un nom quelconque ? Si la sensation n'avait pas apparu à l'instant même où la voûte céleste attira l'attention de l'homme, l'étincelle électrique n'eût pas jailli.

Et à quoi attribuer que, bien plus tard encore, un ensemble d'idées plus nettes et la voix intérieure du cœur vibrèrent à l'unisson, si ce n'est à la fusion de la première perception d'un souffle divin et de la conception d'un Dieu invisible et nécessaire, dont le nom descendit de génération en génération jusqu'à nous ? Aristote, saint Augustin, saint Thomas d'Aquin, Kant, Max Müller, ont décrit ce procédé d'ascension rationnelle à partir de la sensation, qui contient le premier germe de la raison, jusqu'à Dieu.

Nous avons monté bien haut, étant partis de très bas ; et nous serions déjà plus haut encore, n'était le retard de la pénétration mutuelle de la parole et de la pensée. Tant que nous nous imaginerons qu'en possédant un mot nous profitons de la pensée qui s'y trouve, et que d'apprendre à pénétrer jusqu'à la pensée à travers son corps n'est pour nous qu'un exercice linguistique, qu'une gymnastique intellectuelle, nous n'userons pas de l'unique moyen qui nous est donné de croître moralement, rationnellement et religieusement.

Nous avons l'idée de beaucoup de choses, mais nous les connaissons seulement à peu près, et par parties disjointes ; des sciences que nous avons faites possèdent l'unité, puisque la grammaire a la synthèse, et la mathématique a l'algèbre ; — ce mot d'algèbre, d'origine arabe : « al djabroun », signifie la réunion de membres disloqués : — pouvons-nous croire que nous, les créateurs de ces sciences, soyons destinés à errer en dehors de l'unité sans jamais y entrer ?

Il est temps de clore cette étude ; je soupçonne que je ne serai pas le seul de cet avis. Il se pourrait que parmi mes lecteurs, — si j'en ai, — quelques-uns trouvassent eux-mêmes le moyen de la rendre plus courte ; ils la feuilletteront d'abord, en liront peut-être quelques pages de suite, et se diront : « Au diable, le vieux savant, comme il est ennuyeux ! » Là-dessus, ils fermeront le livre et ne l'ouvriront plus.

Ce serait cependant dommage, selon moi ; qu'ils lisent encore un petit peu.

Aucun ouvrage de philosophie ne s'écrit sans que les termes de *percevoir* et *concevoir* y figurent nécessairement. La langue latine possède le mot « capio », qui veut dire saisir quelque chose avec la main ; seuls des faits probants peuvent nous amener à croire que les termes de percevoir et de concevoir dérivent de *capio ;* donc, le mot exprimant le mouvement physique si ordinaire de saisir une chose avec la main fut le point de départ des deux mots de *percept* et de *concept*, sans lesquels aucune idée philosophique n'eût pu naître et se développer en nous.

L'espace qui sépare le mot *capio* des mots *percept* et *concept* renferme ni plus ni moins que l'évolution de l'homme, c'est-à-dire notre propre histoire.

Ce à quoi nous songeons le moins, c'est précisément au

signe indélébile imprimé une fois pour toutes sur l'homme, qui seul le distingue de la brute, et doit en faire l'être dont le degré final d'excellence nous est encore inconnu ; ce signe est la pensée et la parole.

Nous sommes déjà des hommes ; mais le type du genre homme, l'avons-nous réalisé ? cette réalisation serait-elle impossible ?

Il est suffisamment prouvé que les hommes sont libres en certaines choses, et ne sont pas libres dans d'autres ; heureusement, ils ne sont pas libres de n'être pas des hommes.

TABLE DES MATIÈRES

	Pages.
Introduction	1

CHAPITRE PREMIER
Hypothèses 15

CHAPITRE II
Au temps de nos ancêtres aryens 41

CHAPITRE III
La Philosophie du langage 51

CHAPITRE IV
Les Bêtes 57

CHAPITRE V
Premières sociétés humaines 64

CHAPITRE VI
Histoire de l'ancien langage 96

CHAPITRE VII
Les Mythes 102

CHAPITRE VIII
Entre le sommeil et la veille 122

CHAPITRE IX
Un pas décisif 145

CHAPITRE X
Les Hymnes védiques 179

CHAPITRE XI
La Religion comme l'Homme l'a comprise 219

CHAPITRE XII
A propos de mots 282

CHAPITRE XIII
Des séries d'observations et de réflexions 292

IMPRIMERIE DE CHARLES HÉRISSEY, A ÉVREUX

Documents manquants (pages, cahiers...)
NF Z 43-120-13

www.ingramcontent.com/pod-product-compliance
Lightning Source LLC
Chambersburg PA
CBHW060359170426
43199CB00013B/1934